100 KIRCHEN

DIE MAN GESEHEN HABEN MUSS

100 KIRCHEN

DIE MAN GESEHEN HABEN MUSS

Bibliografische Information der Deutschen Nationalbibliothek
Die Deutsche Nationalbibliothek verzeichnet diese Publikation in der Deutschen Nationalbibliografie; detaillierte bibliografische Informationen sind im Internet über http://dnb.d-nb.de abrufbar.

ISBN 978-3-7462-3724-4

Umschlaggestaltung: Ulrike Vetter, Leipzig
Umschlagabbildung: Domberg zu Erfurt © El Gaucho/Fotolia.de
Gestaltung: Arnold & Domnick, Leipzig
Gesamtherstellung: Arnold & Domnick, Leipzig (B)

Inhalt

Rekorde – Die höchsten, größten und merkwürdigsten Kirchen 7

Die ältesten Kirchen. 57

Sternstunden des Kirchenbaus 79

Die großen Dome und Kathedralen. 121

Einzigartige Kirchen. 167

Die bedeutendsten Klöster. 213

Die romantischsten Kirchen. 255

Wallfahrtskirchen. 293

Historisch bedeutsame Kirchen 323

Holzkirchen. 353

Musikalische Rekorde – Orgeln und Kirchenmusik. 379

Kirchenbauten des 20. und 21. Jahrhunderts. 401

Rekorde – Die höchsten, größten und merkwürdigsten Kirchen

Berner Münster

Wendelsteinkircherl bei Brannenburg

Erfurter Dom

Freiburger Münster

St. Michaelis in Hamburg

Kölner Dom

St. Martin in Landshut

Linzer Dom

Dom und St. Marien in Lübeck

Kaiserdom in Speyer

Dorfkirche Suurhusen

Ulmer Münster

Das Berner Münster – der höchste Kirchturm der Schweiz

Bern, die Hauptstadt der Schweiz, wurde im Jahr 1191 gegründet. Die Freie Reichsstadt trat 1353 als achter Ort der Eidgenossenschaft bei. Bis zum 16. Jahrhundert entwickelte sich Bern zum größten Stadtstaat nördlich der Alpen. Weitgehend erhalten blieb das Stadtensemble mit seinen typischen Arkaden. Es gilt als großartiges Beispiel des mittelalterlichen Städtebaus.

Bereits bei der Stadtgründung wurde an der Stelle, an der heute das Münster aufragt, eine erste Kirche errichtet. Die Gründung einer selbständigen Pfarrei 1276 führte zum Bau einer neuen, größeren Kirche. Im Jahr 1421 schließlich legte man den Grundstein zum Bau des heutigen Münsters, das dem hl. Vinzenz von Saragossa geweiht war. Werkmeister Matthäus Ensinger (1390–1463) aus Ulm begann nach süddeutschem Brauch mit dem Bau nur eines Westturmes in der Breite des ganzen Kirchenschiffes. Er fasste alle drei Westportale zu einem reich geschmückten Vorbau zusammen. Der Steinmetz Erhart Küng (um 1420–1507) schmückte zwischen 1460 und 1480 das Münsterportal mit 234 filigran gearbeiteten Sandsteinfiguren, die das Jüngste Gericht darstellen. Zu schwach ausgeführte Fundamente waren der Grund für die Unterbrechung des Turmbaus bei einer Höhe von etwa 60 Metern im Jahre 1521. Erst von 1889 bis 1893 führte man den Turm zur jetzigen Höhe von 100 Metern auf.

Die Einführung der Reformation, beschlossen 1528 bei der Berner Disputation, hatte für das Münster Konse-

Große Glocke

Münsterportal

Der Münsterturm beherrscht die Berner Altstadt

quenzen. Ein Bildersturm zerstörte die mittelalterliche Ausstattung fast gänzlich. Erhalten blieben sechs spätgotische Chorfenster (1441–1455) mit wertvollen Glasmalereien. Das Hostienmühlenfenster, das Wurzel-Jesse-Fenster und das Dreikönigsfenster überstanden die Zeitläufe nahezu unversehrt. Hagelstürme setzten dem Passionsfenster und dem Fenster der Zehntausend Ritter erheblich zu. Zwei neue, 1868 gefertigte Fenster mit Szenen aus dem Neuen Testament ergänzen das Ensemble.

Jacob Ruess und Heini Seewagen schnitzten zwischen 1522 und 1525 das Chorgestühl. Zu sehen sind an den Rückseiten Brustbilder der Propheten (Südseite) und der Jünger Jesu (Nordseite). Biblische Szenen zeigen die Gestühlswangen. An den Trennwänden zwischen den Sitzen kann man Menschen verschiedener Stände in ihrer zeitgenössischen Kleidung entdecken.

Das farbig gefasste Münsterportal mit dem Jüngsten Gericht überstand den Bildersturm. Doch im 20. Jahrhundert setzte die Luftverschmutzung dem Portal stark zu. Die 47 lebensgroßen Figuren mussten durch Kopien ersetzt werden. Im Tympanon wägt der Erzengel Michael die Seelen. Die Gerechten gehen ins Paradies ein, die Verdammten stürzen in die Hölle. Im

Gewände des Portals sind links die klugen und rechts die törichten Jungfrauen zu sehen.

In der Reformationszeit entfernte man nicht nur die Bilder, sondern auch die Orgeln aus dem Berner Münster. Die 1729 eingebaute Orgel wurde im Jahr 2000 restauriert und besitzt 71 Register und mehr als 5.400 Pfeifen. Mit der 1611 gegossenen »Großen Glocke« beherbergt der Münsterturm die größte Glocke der Schweiz.

i

Münsterplatz 1, CH-3000 Bern
Tel.: +41(0)31/3120462 (Infostelle)
Internet: www.bernermuenster.ch

Mittelschiff

Kluge Jungfrauen vom Münsterportal

Das Wendelsteinkircherl bei Brannenburg – Deutschlands höchstgelegene Kirche

Mit 1838 Metern Höhe ist der Wendelstein der höchste Berg des Wendelsteinmassivs im östlichen Teil der Bayerischen Voralpen. Vom Wendelstein bietet sich bei klarem Wetter eine phantastische Aussicht in das Bayerische Alpenvorland. Seit 1912 führt die 10 Kilometer lange Wendelsteinbahn, eine meterspurige Zahnradbahn, hinauf bis zur 100 Meter unterhalb des Gipfels gelegenen Endstation. Ein befestigter Weg führt die letzten Meter bis zum Wendelsteinkircherl. Hier befinden sich auch noch eine Wetterwarte, eine Sternwarte, die Sendeanlage des Bayerischen Rundfunks und ein Geopark.

Rosa Krimbacher, die erste Wirtin des in den Jahren 1882/83 erbauten Wendelsteinhauses, hatte sich beklagt, »dass ma halt da herob'n des ganze Jahr in koa Kirchn ned kimmt«. Der Münchner Kunstprofessor und Wendelsteinfreund Max Kleiber hörte die Klage. Unermüdlich sammelte er in aller Welt Geld und Sachspenden, sogar in Amerika. Die Namen der Spender sind gleich am Eingang der Kirche verzeichnet. Auch eines der Fenster erinnert mit seinen Wappen an die Orte, aus denen die Geldgeber kamen. Drei Bauern schenkten Kleiber den Baugrund. Schließlich konnte man am 1. Juli 1889 den Grundstein für die Kirche legen. Ein Jahr später, am 20. August 1890, weihte der Münchner Erzbischof Antonius von Thoma (1829–1897) die Kirche.

Bis heute ist das Wendelsteinkircherl die höchstgelegene Kirche Deutschlands und wird als Nebenkirche der Pfarrei Brannenburg geführt. Auf der höheren Zugspitze gibt es nur eine Ka-

Die Wendelsteinkirche im Winter

pelle. Die Kirche auf dem Wendelstein ist Maria als der »Patrona Bavariae« geweiht. In den Sommermonaten wird jeden Sonntag, bei Wind und Wetter, ein Gottesdienst gefeiert. Und auch Trauungen finden hier immer wieder statt.

Münchner Künstler schufen die neugotische Ausstattung der Kirche. Hofvergolder Radspieler fertigte den Altar, Ludwig Blaim malte die Bilder der hl. Notburga und des hl. Ludwig, und die Mayersche Kunstanstalt stiftete die Madonnenstatue. Aus den Zettlerschen und Mayerschen Glaskunstanstalten kamen die Fenster, auf denen Szenen aus dem Münchner Leben und ein Kleiber als Reminiszenz an den Stifter zu sehen sind. Hofposamentierer Ludwig Beck stiftete das Turmkreuz. Max Kleiber trug das 85 Pfund schwere, seinerzeit mit sieben Dukaten vergoldete Kreuz höchstpersönlich den Berg hinauf – die Wendelsteinbahn wurde erst 22 Jahre später eröffnet. Ferdinand von Miller goss die beiden kleinen Glocken, die im Glockenstuhl über dem Eingang hängen. Neben der Kirche gibt es direkt auf dem Gipfel des Wendelsteins auch noch eine dem heiligen Wendelin geweihte kleine Holzkapelle, die spätestens seit Anfang des 19. Jahrhunderts besteht.

i
83098 Brannenburg
Tel.: 08034/90710 (Kath. Pfarrverband Degerndorf-Brannenburg)
Internet: www.pv-degerndorf-brannenburg.de

Dom St. Marien in Erfurt – Die größte frei schwingende mittelalterliche Glocke der Welt

Erfurt, wegen seiner vielen Kirchen und Klöster im Mittelalter »die Turmreiche« genannt, wird 729 erstmals erwähnt und gehört damit zu den ältesten Städten Deutschlands. Papst Zacharias (741–752) errichtete hier schon 742 auf Bitten des hl. Bonifatius ein Bistum. Adalar, einziger Bischof des kurzlebigen Bistums, starb zusammen mit Bonifatius und weiteren Gefährten 754 als Märtyrer in Friesland.

Triangelportal des Doms

Das Bistum Erfurt wurde Bestandteil des Erzbistums Mainz. Im Mittelalter gehörte Erfurt zu den bedeutendsten deutschen Städten. Es verdankte seinen Wohlstand vor allem dem Handel. Die Hauptstadt des Landes Thüringen wurde 1994 erneut Bischofssitz. Der Dom St. Marien beherrscht zusammen mit St. Severi das Stadtbild. Auf einer Freitreppe steigt man zu den beiden Kirchen hinauf. Vom spätromanischen Dom, der 1452 einstürzte, blieben die unteren Turmgeschosse erhalten. Damals begann der Bau des dreischiffigen Langhauses. Teilweise ruht der im dritten Viertel des 14. Jahrhunderts errichtete Chor auf einer künstlichen Erweiterung des Domhügels, den sogenannten Kavaten. Gleichzeitig entstand die reich verzierte Portalvorhalle am nördlichen Querhaus, wegen des dreieckigen Grundrisses Triangel genannt. Die Türme erhielten ihre heutige Form erst im 19. Jahrhundert.

Bedeutende Stücke der Innenausstattung des Domes sind der sogenannte

Dom St. Marien

Die »Gloriosa«, größte frei schwingende mittelalterliche Glocke der Welt

Einen herausragenden Rang nimmt die weltberühmte Glocke »Maria Gloriosa« ein. Mit einer Höhe von 2 Metern und einem Durchmesser von 2,5 Metern ist sie die größte frei schwingende mittelalterliche Glocke der Welt. Gerhardus Wou de Campis, ein niederländischer Glocken- und Geschützgießer, goss die 11,5 Tonnen schwere Glocke im Juli 1497 zwischen Dom und St. Severi. Es war bereits der fünfte Neuguss einer Glocke gleichen Namens.
Der Nachklang der »Gloriosa« beträgt sechs Minuten. Gerühmt wird ihre Klangschönheit und Fülle. Friese aus Rosetten- und Weinlaub zwischen Ringlinien zieren die Glocke, wie auch zwei gleichgestaltete Reliefs der Gottesmutter Maria im Strahlennimbus.
Größere Reparaturen aufgrund entstandener Risse erfolgten 1985 und 2004. Bei letzterer baute man die Glocke aus und brachte sie per LKW in eine Nördlinger Werkstatt. Dort wurde ein neuer Klöppel eingesetzt und der Läutewinkel verkleinert, um die Glocke zukünftig zu schonen. Heute wird die »Gloriosa« nur noch an hohen kirchlichen Festtagen geläutet.

»Wolfram« – ein Lichterträger aus Bronze (um 1160), der barocke Hochaltar (1697), das gotische Chorgestühl (um 1350/60) und das Heilige Grab in der Unterkirche (um 1420/30). Die riesigen Chorfenster beeindrucken durch ihre reiche Ikonographie.

St. Severi, ehemalige Stiftskirche der regulierten Augustiner-Chorherren, fand 1121 ihre erste Erwähnung. Mit dem Bau der frühgotischen Hallenkirche begann man 1278. Die Arbeiten zogen sich bis in die Mitte des 14. Jahrhunderts hin, die Gewölbe kamen erst Ende des 15. Jahrhunderts hinzu. Eine Marienfigur (1360) ziert das Portal der Vorhalle. Der steinerne Sarkophag für den hl. Severus (um 1365), ein Bischof aus Ravenna († 344), verdient besondere Beachtung. An den Seitenreliefs kann man die Geschichte des Bischofs, der vorher als Wollweber arbeitete, nachvollziehen. Seine Gebeine kamen im 9. Jahrhundert nach Erfurt. Auch der Taufstein mit seinem 15 Meter hohen Überbau ist ein Meisterwerk der gotischen Steinmetzkunst (1467). Aus der Barockzeit stammt der Hochaltar. Auch zwei mittelalterliche Flügelaltäre haben sich erhalten.

i

Domplatz, 99084 Erfurt
Tel.: 0361/576960 (Kath. Dompfarrei); 0361/6461265 (Dominformation)
Internet: www.domberg-erfurt.de

Dom und St. Severi

Münster Unserer Lieben Frau in Freiburg – Der »schönste Turm der Christenheit«

Der Schweizer Kunsthistoriker Jacob Burckhardt (1818–1897) verglich den 116 Meter hohen, von einer durchbrochenen Helmpyramide bekrönten Westturm des Freiburger Münsters mit den Türmen in Basel und Straßburg und kam zu dem Schluss: »Und Freiburg wird wohl der schönste Turm auf Erden bleiben.« Im Volksmund wurde daraus die Rede vom »schönsten Turm der Christenheit«.

Um das Jahr 1200 begann der Bau des Münsters. Herzog Berthold V. von Zähringen (um 1160–1218) wollte sich eine gebührende Grablege schaffen. Dafür eignete sich die um 1120 erbaute erste Freiburger Pfarrkirche nicht. Als Vorbild der spätromanischen Kirche diente das Basler Münster, doch schon um 1230 ging man zum gotischen Stil über. Bereits um 1330 konnte der Turmbau abgeschlossen werden. Damit ist der Freiburger Münsterturm der einzige gotische Großturm in Deutschland, der noch im Mittelalter seine Vollendung fand. Johann Parler der Ältere (um 1330–nach 1359) errichtete ab 1354 den großen Kapellenkranz, der den Chorraum umschließt. Über ein Jahrhundert ruhte der Bau. Im Jahre 1510 vollendete man das Chorgewölbe. Drei Jahre später erfolgte die Weihe des Chores. Hinzu kamen noch die von Kaiser Maximilian gestifteten Glasmalereien. So entstand in drei Jahrhunderten Bauzeit ein Meisterwerk der deutschen Gotik. Seit 1827 ist das Münster die Kathedrale des Erzbistums Freiburg.

Neuere Forschungen ergaben, dass Erwin von Steinbach (um 1244–1318),

Blick in den Turm

auf den wesentliche Teile der Fassade des Straßburger Münsters zurückgehen, auch den Freiburger Münsterturm entworfen hat. Massiv wächst der Turm zunächst auf quadratischem Grundriss empor. Oberhalb des ersten Drittels umgibt eine Sternengalerie den Turm. Nun verändert sich der Grundriss zum Achteck. Große Maßwerkfenster durchbrechen den Turm. Den Abschluss bildet der filigrane und vielfach durchbrochene Turmhelm, der einen faszinierenden Einblick gewährt. Aufgrund seiner transparenten Architektur überstand der Turm den Bombenangriff vom 27. November 1944 weitgehend unversehrt, obwohl die Umgebung des Gotteshauses stark zerstört worden war.

Zu den Höhepunkten der reichen Innenausstattung zählen die um 1290 geschaffene Madonna am Innenpfeiler des Westportals, farbenprächtige Glasfenster aus dem 14. Jahrhundert in den Seitenschiffen und der Oberried-Altar (1521) von Hans Holbein dem Jüngeren in der Universitätskapelle. Ein um 1200 gearbeitetes monumentales Silberkruzifix hängt seit 2009 über dem Hauptaltar im Triumphbogen des Chores.

Den Hochaltar mit Szenen aus dem Marienleben malte Hans Baldung Grien (1484/85–1545) von 1512 bis 1516. Zu sehen sind Mariä Verkündigung, Mariens Besuch bei Elisabeth, die Geburt Christi und die Flucht nach Ägypten. Außerhalb der Weihnachtszeit zeigt der Flügelaltar eine Marienkrönung und die zwölf Apostel. Das Münster besitzt ein bedeutendes Hungertuch aus dem Jahr 1612. Bei einer Größe von 10 x 12 Metern wiegt das Tuch über eine Tonne. Als spätes Werk aus nachreformatorischer Zeit zeigt es eine große Nähe zur Bildwelt Albrecht Dürers. Mit dem restaurierten Hungertuch wird seit 2003 in der Fastenzeit wieder der Chor verhängt.

i

Münsterplatz, 79098 Freiburg
Tel.: 0761/202790 (Erzbischöfl. Dompfarramt)
Internet: www.freiburgermuenster.info

Madonna am Sakristeieingang

Westportal

Hauptkirche St. Michaelis in Hamburg – Deutschlands größte Turmuhr

Die Hauptkirche St. Michaelis, von den Hamburgern kurz »Michel« genannt, ist mit ihrem 132 Meter hohen Turm das Wahrzeichen der Hansestadt. Von den in den Hamburger Hafen einlaufenden Schiffen ist sie nicht zu übersehen. Nach einem Brand im Jahre 1906 und der Zerstörung im Zweiten Weltkrieg wurde der Barockbau bereits zum dritten Mal nach den Originalplänen wiederaufgebaut.

Außerhalb der Altstadt legte man um 1600 einen Friedhof mit einer kleinen Kirche an. Vor den Toren der Stadt siedelten immer mehr Menschen – die von Befestigungen umgebene Neustadt entstand. In den Wirren des Dreißigjährigen Krieges (1618–1648)

Deutschlands größte Turmuhr

suchten hier viele Menschen Schutz. Bald lebten 20.000 Einwohner in der Neustadt. So beschlossen Rat und Bürgerschaft 1647 den Bau einer neuen und größeren Kirche. Zwölf Jahre dauerte der Bau des Gotteshauses, 1669 wurde noch der Turm fertiggestellt. St. Michaelis wurde 1687 die fünfte Hauptkirche Hamburgs.

Ein Blitz traf die St. Michaeliskirche am 10. März 1750 und setzte den Turm in Brand, der ins Kirchenschiff stürzte. Die Kirche brannte völlig ab. Bereits ein Jahr später legte man den Grundstein für den Wiederaufbau von St. Michaelis. Das Gotteshaus entstand in Backsteinbauweise als barocker Zentralbau mit monumentalem Westturm. Johann Leonhard Prey und Ernst Georg Sonnin (1713–1794) entwarfen die Pläne. Differenzen zwischen den Architekten verhinderten einen raschen Fortgang der Arbeiten. Die Streitigkeiten endeten erst mit dem Tod von Prey. Sonnin vollendete den Bau, der am 19. Oktober 1762 eingeweiht werden konnte, allein. Der erst 24 Jahre später von Sonnin fertiggestellte und

ganz ohne Gerüst erbaute Turm wurde zum Wahrzeichen Hamburgs.

Am 3. Juli 1906 kam es bei Bauarbeiten am Kirchturm zur Katastrophe. Ein Schwelbrand entstand, der die gesamte Kirche vernichtete. Turmwächter Carl Beurle, der mit seinem Morseapparat noch die Feuerwehr alarmierte, kam in den Flammen ums Leben. Einen Tag nach dem Brand beschloss die Hamburger Bürgerschaft den unveränderten Wiederaufbau der Kirche, die 1912 eingeweiht wurde. Auch in den Jahren 1944 und 1945 erlitt St. Michaelis schwere Bombenschäden, die man bis 1952 behob.

In der Hamburger St. Michaeliskirche befindet sich Deutschlands größte Turmuhr. Nach dem Brand von 1906 schuf die Straßburger Firma Ungerer die neue Uhr. Acht Meter messen die vier Zifferblätter im Durchmesser. Ein großer Zeiger bringt es auf eine Länge von 4,91 Metern, ein kleiner auf 3,65 Meter und 130 Kilogramm. Zeiger und Ziffern sind mit Blattgold belegt, jede Ziffer misst 1,35 Meter. Übrigens war die Uhr der Michaeliskirche die erste Turmuhr Hamburgs, die über einen Minutenzeiger verfügte. Bis 1868 hatten die Turmuhren nur einen Stundenzeiger.

Der Erzengel Michael besiegt das Böse

Im Zentrum des Kirchenraumes steht die marmorne Kanzel. Rund 20 Meter hoch ist der ebenfalls aus Marmor geschaffene Altar (1910). Ein Glasmosaik zeigt den auferstandenen Christus, den der Tod nicht halten kann.

Schon immer spielte die Kirchenmusik an St. Michaelis, das über drei Orgeln verfügt, eine große Rolle. Als Kantoren wirkten hier Georg Philipp Telemann (1681–1767) und Carl Philipp Emanuel Bach (1714–1788).

i

Englische Planke 1, 20459 Hamburg
Tel.: 040/37678-0 (Hauptkirche)
Internet: www.st-michaelis.de

Hoher Dom St. Peter und Maria in Köln – Die größte Kirche Deutschlands

Köln, heute mit einer Million Einwohnern die viertgrößte deutsche Stadt, wurde bereits im Jahr 50 n. Chr. als Colonia Claudia Ara Agrippinensium zur Stadt erhoben. Seit Beginn des 4. Jahrhunderts gibt es in Köln eine christliche Gemeinde, als deren erster Bischof Maternus († 328) gilt. Unter dem Chor des heutigen Domes entdeckte man bei Ausgrabungen eine erste Kirche, die bis ins späte 4. Jahrhundert zurückreichen könnte. Im Jahre 873 wurde der Alte Dom, der unmittelbare Vorgängerbau des heutigen Domes, geweiht.

Der im Jahr 1248 begonnene Domneubau wurde im 16. Jahrhundert eingestellt und erst 1842 wieder aufgenommen. Am 15. Oktober 1880 erfolgte die Weihe. Zu dieser Zeit war der Dom mit einer Turmhöhe von 156 Metern das höchste Bauwerk der Welt und eine der größten Kirchen überhaupt (144 Meter lang, 45 Meter breit, 43 Meter Innenhöhe). Als Vorbild für den Bau des Kölner Doms diente die Kathedrale von Amiens.

Heute ist das gotische Gotteshaus nach dem Ulmer Münster die zweithöchste Kirche Deutschlands und die

Der Altar der Stadtpatrone von Stephan Lochner

Bekehrung des Paulus – Fenster im Südquerhaus

Hinter dem Hochaltar steht der Schrein der Heiligen Drei Könige. Die Reliquien kamen als Geschenk Kaiser Friedrich Barbarossas (um 1122–1190) im Jahr 1164 aus Mailand nach Köln. Der Goldschmied Nikolaus von Verdun (um 1130–nach 1205) erhielt den Auftrag, dafür den größten Schrein des Mittelalters zu schaffen (ab 1181). Das Äußere des Schreins erinnert an ein Kirchengebäude. Darstellungen der Anbetung der Heiligen Drei Könige und der Taufe Jesu zieren die Stirnseite. Den Heiligen Drei Königen schließt sich König Otto IV. (1175/76–1218) als vierter König an. Weiterhin sind beginnend mit Moses die Propheten, Priester und Könige des Alten Bundes, die Leidensgeschichte Jesu und das Weltgericht mit den Aposteln zu sehen. Dazu kommen apokalyptische Szenen und die Auferweckung der Toten.

Der enorme Pilgeransturm nach der Übertragung der Reliquien nach Köln führte schließlich zum Neubau des Kölner Doms. Die alte Kathedrale war dieser Anforderung nicht mehr gewachsen.

dritthöchste der Welt. Die Fläche der Westfassade misst 7.100 Quadratmeter und blieb bis heute unübertroffen. Mit durchschnittlich 20.000 Besuchern täglich ist Deutschlands größte Kirche zugleich seine meistbesuchte Sehenswürdigkeit. Seit 1996 zählt der Dom, die Kathedrale des Erzbistums Köln, zum UNESCO-Weltkulturerbe. Wichtigste Ausstattungsstücke des Kölner Domes sind das mit 104 Sitzplätzen größte mittelalterliche Chorgestühl Deutschlands, die zahlreichen

Glasgemälde, der Clarenaltar (um 1350/60), der Altar der Stadtpatrone (1450) von Stephan Lochner, die »Mailänder Madonna« (um 1280) und die Chorpfeilerfiguren (Ende des 13. Jahrhunderts).

Peter Fuchs schuf zwischen 1872 und 1880 die Figuren des Hauptportals, des mittleren der drei Westportale. Sie erzählen die Heilsgeschichte, beginnend mit Adam und Eva. Nur die am mittleren Südportal dargestellte Leidensgeschichte Jesu fehlt. Über dem Hauptportal erscheint Christus als Weltenrichter mit dem Buch des Lebens, umgeben von den vier großen Propheten. Die Tympanonreliefs spannen den Bogen vom Sündenfall bis zur Bergpredigt Jesu. Das Hauptportal fasst so das gesamte Bildprogramm am Äußeren des Domes noch einmal in Christus als dem Weltenrichter zusammen. Als »porta coeli« (Tor des Himmels) steht Maria mit dem Jesuskind am Teilungspfeiler des Portals.

Westportal

> **i** Kölner Dom, Domkloster 4,
> 50667 Köln
> Tel.: 0221/17940-100 (Dompropstei), 0221/92584730 (Domforum, zuständig für Führungen)
> Internet: www.koelner-dom.de; www.domkirche.de

St. Martin in Landshut – Das höchste Backsteingebäude der Welt

Das Stadtbild Landshuts, das zu den schönsten in Deutschland gehört, wird von der Gotik bestimmt. Die Stadtpfarr- und Kollegiatstiftskirche St. Martin und Kastulus, mit ihrem 131 Meter hohen Turm das höchste Backsteingebäude der Welt, prägte schon die mittelalterliche Residenzstadt. Überreicher Figurenschmuck zeichnet die fünf Portale der Kirche aus. An der Südwand befindet sich das Grabdenkmal für den Baumeister Hans von Burghausen.

Westportal

Ein erster Kirchenbau stammte vermutlich aus der Zeit der Stadtgründung im Jahr 1204. Nach dem verheerenden Stadtbrand 1342 hob man das Straßenniveau um etwa 3 Meter an. Somit war ein Kirchenneubau unausweichlich. Spätestens 1389 müssen die Arbeiten begonnen haben, wie eine Urkunde belegt. Wahrscheinlich 1398 konnte der Bau des Chores abgeschlossen werden. Danach schloss sich die Errichtung des Kirchenschiffs an, und 1444 begann der Turmbau. Um 1500 endeten die Bauarbeiten mit der Eindeckung des Turmes.

Die neun Stockwerke von Bayerns höchstem Kirchturm verjüngen sich nach oben hin. Nach dem vierten Geschoss geht der quadratische Grundriss in ein Achteck über, das von vier schlanken Treppentürmchen flankiert wird. Den Spitzhelm umgeben zwei filigrane Kronen aus Sprengwerk. Zwei Kapellen flankieren das Erdgeschoss des Turms.

Kunsthaus

Gewaltige Dimensionen beeindrucken im Inneren des Gotteshauses. Mit Turm und Chor ergibt sich eine Länge von 92 Metern. Das Mittelschiff erreicht eine Höhe von 29 Metern, noch etwas höher ist der Chor. Flache Kapellen schließen sich an die Seitenschiffe an. Ein durchlaufendes Netzgewölbe erwächst im Mittelschiff aus den schlanken Achteckpfeilern. Scheidbögen trennen die Sternrippengewölbe der einzelnen Joche in den Seitenschiffen.

Der aus Sandstein gearbeitete gotische Hochaltar

Bedeutendstes Ausstattungsstück ist die Landshuter Madonna, eine überlebensgroße Schnitzfigur. Hans Leinberger schuf diese Rosenkranzmadonna um 1520. Obwohl noch überwiegend gotisch, zeigen sich am bauschigen Faltenwurf und der Gestik des Jesuskindes erste Anzeichen des Barock. Kostbar ist auch das um 1500 geschnitzte Chorgestühl mit etwa 130 verschiedenen Figuren und Darstellungen. Das Chorbogenkreuz (1495) zählt mit einer Länge von 8 Metern zu den größten der Spätgotik. Bemerkenswert ist auch die sechseckige Kanzel: Sie wurde aus einem einzigen Stein gehauen.

Der gotische Hochaltar (1424) ist vollständig aus Sandstein gemeißelt und stellt damit Ausnahme in Altbayern dar. Vermutlich schuf Hans Stethaimer den Altar um 1424. Er war zu dieser Zeit Baumeister der Martinskirche. Die Barockisierung der Kirche überlebte der Altar, da er als Unterbau für ein neues Altargemälde diente. Mitte des 19. Jahrhunderts entfernte man die barocken Einbauten, restaurierte und ergänzte das wertvolle Kunstwerk. Die Predella zeigt Halbreliefs von Propheten, Aposteln und Kirchenvätern. Im eigentlichen Schrein sind unten Heilige zu sehen, darüber die Mantelteilung des hl. Martin, Mariä Verkündigung und die Anbetung der Könige. Eine Kreuzigungsgruppe bekrönt den Schrein.

i

Altstadt, 84028 Landshut
Tel.: 0871/922178-0
(Kath. Pfarramt)
Internet: www.st.martin-landshut.de

Der neue Dom in Linz – Die größte Kirche Österreichs

Fast 135 Meter ragt der Turm des Mariä-Empfängnis-Domes in Linz in den Himmel. Doch der Turm des Stephansdomes in Wien ist noch zwei Meter höher. Eine weit verbreitete, allerdings historisch nicht belegte Legende berichtet, dass der ursprünglich höher geplante Linzer Domturm nicht genehmigungsfähig war. Angeblich durfte kein Gebäude in Österreich-Ungarn die Höhe des Stephansdomes übertreffen.

Linz geht auf ein von den Römern im ersten nachchristlichen Jahrhundert angelegtes Kastell zurück. Im Mittelalter gewann die Stadt an Bedeutung und bekam 1490 den Status einer Landeshauptstadt Oberösterreichs. Aber erst im Zuge der josephinischen Kirchenreformen bekamen Linz und das

Die Grundsteinlegung des Neuen Domes

Land ob der Enns im Jahre 1785 einen eigenen Bischof. Die Jesuitenkirche wurde zum Dom bestimmt. Diesen sogenannten »Alten Dom«, der von 1669 bis 1678 erbaut wurde, findet man unweit des Hauptplatzes. Bis 1909 diente der »Alte Dom« als Bischofskirche der Diözese Linz. Heute leben in Linz, der drittgrößten Stadt Österreichs, rund 190.000 Einwohner. Der Linzer Bischof Franz Joseph Rudigier (1811–1884) veranlasste den Bau des Neuen Domes aus Dank für die am 8. Dezember 1854 von Papst Pius IX. (1846–1878) veröffentlichte Bulle »Ineffabilis Deus«. Mit dieser Bulle verkündete der Papst das Dogma von der Unbefleckten Empfängnis. Die neue Kirche erhielt den offiziellen Namen »Mariä-Empfängnis-Dom«.

Im Jahr 1862 erfolgte die Grundsteinlegung des Domes, der erst am 1. Mai 1924 von Bischof Johannes Maria Gföllner (1867–1941) geweiht wurde. Die Bauarbeiten zogen sich noch bis 1935 hin. Vincenz Statz (1819–1898), Kölner Dombaumeister und seinerzeit der beste Kenner der Gotik, entwarf die Pläne. Er orientierte sich dabei an den Schöpfungen der französischen Hochgotik.

Im Inneren der Kirche beeindrucken zahlreiche Glasgemälde. Sie erzählen die Geschichte der Grundsteinlegung

Der Linzer Dom gilt als größte Kirche Österreichs und fasst rund 20.000 Menschen. Davon finden 17.000 in der Kirche und weitere 3.000 in der Krypta Platz. Die Kirche erreicht eine Höhe von 44 Metern und eine Länge von 130 Metern. Eine Grundfläche von knapp 5.200 Quadratmetern wurde überbaut, und 7.120 Quadratmeter Dachfläche mussten eingedeckt werden.

und der Glockenweihe im Jahr 1902. Vincenz Statz fertigte auch den Entwurf für den 15 Meter hohen Baldachinaltar. Der Hochaltar steht auf einem Sockel aus schwarzem Cyenit. Im Zentrum des Altares erhebt sich ein vier Meter hohes Kruzifix mit einem lebensgroßen Christus. Der Entwurf stammt von Vinzenz Statz. Ludwig Linzinger aus Linz führte den Altar im Jahre 1901 aus. In der Krypta befindet sich die Anfang des 20. Jahrhunderts geschaffene Domkrippe, die zu den größten Krippen überhaupt gehört. Zwei Orgeln, die Domorgel und die Chororgel, dienen der Pflege der Kirchenmusik. Die 1968 erbaute Domorgel verfügt über 70 Register und 5890 Pfeifen.

Chororgel

i

Domplatz, A-4020 Linz
Tel.: +43(0)732/946100 (Führungen)
Internet: www.dioezese-linz.at/redaktion/index.php?page_new=2500

Dom und St. Marien in Lübeck – Faszinierende Backsteingotik

Wahrscheinlich im Jahr 968 gründete Kaiser Otto I. (912–973) das Bistum Oldenburg in Ostholstein zur Missionierung der Slawen, die den neuen Bischofssitz aber schon bald zerstörten. Herzog Heinrich der Löwe (um 1130/35–1195) verlegte das vakante Bistum im Jahr 1160 nach Lübeck,

Dom

und 1173 begann der Bau einer Maria, Johannes dem Täufer, Blasius und Nikolaus geweihten Domkirche. Im 13. und 14. Jahrhundert erfolgte der Umbau zu einer gotischen Hallenkirche. Mit dem Lübecker Dom beginnt die Geschichte der großen Backsteinkirchen des Ostseeraumes. Mit 130 Metern Länge und den beiden 115 Meter hohen Türmen ist der Dom eines der größten Backsteingebäude überhaupt. Zur reichen Ausstattung der nach schweren Kriegszerstörungen bis 1982 wiederaufgebauten Kirche gehört ein 1477 geschaffenes 17 Meter hohes Triumphkreuz des Lübecker Künstlers Bernt Notke (um 1435–1509). Neben dem Gekreuzigten stehen Adam und Eva, Maria und Johannes, Maria Magdalena sowie der Stifter. In den Ranken des als Lebensbaum gestalteten Kreuzes sind Propheten, Märtyrer und Apostel zu sehen. Bernt Notke schuf auch die Schnitzfiguren der Dompatrone an der Außenverkleidung des Lettners.

Dem nördlichen Hauptportal vorgelagert ist eine Vorhalle, das sogenannte »Paradies«. Im Tympanon sieht man

Marienkirche

Das Gewölbe des Domes

den thronenden Christus in der Mandorla als Weltenrichter. In der nach dem Wiederaufbau der Kirche neu gestalteten Taufkapelle zwischen Lettner und Chor fand die eherne Taufe aus dem Jahr 1455 ihren Platz. Fünf mittelalterliche Flügelaltäre blieben im Dom erhalten. Zwei weitere, darunter der von Hans Memling (um 1433/40–1494) gemalte Greveraden-Altar mit einer Darstellung der Kreuzigung, stehen heute im St. Annen-Museum.

Mit repräsentativen Großbauten wollten die Lübecker Bürger im Mittelalter auch ihrem Bischof gegenüber Reichtum und Macht demonstrieren. Das eindrucksvollste Beispiel dafür ist zweifellos die Marienkirche als geistliches Pendant zum Rathaus. Ab 1265 entstand die hochgotische Basilika nach dem Vorbild französischer Kathedralen. Gewaltig sind ihre Ausmaße: Die Türme ragen 125 Meter in die Höhe, und die Gewölbe befinden sich 40 Meter über dem Fußboden der Kirche. Damit hat die Lübecker Marienkirche das höchste Backsteingewölbe der Welt aufzuweisen.
Im Zweiten Weltkrieg nahm auch St.

Marien schweren Schaden. Der weiße Kalkanstrich der Wände blätterte ab. Zum Vorschein kam die ursprüngliche Farbgebung des Mittelalters, die behutsam restauriert wurde. Bemerkenswert sind das von Hans Apengeter 1337 gegossene bronzene Taufbecken, das 9,5 Meter hohe und in Deutschland einzigartige Sakramentshaus aus Bronze (1476–79), der spätgotische Swarte-Altar (ca. 1495), das Antwerpener Retabel (1518) in der Marientidenkapelle, die Darsow-Madonna (1420) und zahlreiche Epitaphien.

Mit der Restaurierung der gotischen Fresken beauftragte man nach dem Zweiten Weltkrieg u. a. den Lübecker Maler Lothar Malskat (1913–1988). Dort, wo Malskat keine mittelalterlichen Bilder vorfand, fügte er seine eigenen Entwürfe hinzu. Kunstkenner lobten die hervorragenden Fresken und datierten sie auf die Zeit um 1300. Erst nach Malskats Selbstanzeige flog der Schwindel auf und die Malereien wurden wieder abgewaschen.

i

Mühlendamm (Dom) bzw. Marienkirchhof (St. Marien), 23552 Lübeck
Tel.: 0451/74704 (Gemeindebüro der Ev.-Luth. Domgemeinde); 0451/77391 (Kiosk in der Marienkirche)
Internet: www.domzuluebeck.de; www.st-marien-luebeck.de

Domlanghaus

Marienkirche, Antwerpener Retabel in der Marientidenkapelle

Der Kaiserdom zu Speyer – Die größte erhaltene romanische Kirche der Welt

Der Kaiserdom in Speyer, der Gottesmutter Maria und dem hl. Papst Stephan I. geweiht, ist das größte erhaltene romanische Gotteshaus der Welt. Größer war nur die Abteikirche von Cluny in Burgund, die jedoch während der Französischen Revolution aufgehoben, dann als Steinbruch benutzt und schließlich gesprengt wurde. Der Speyerer Dom entstand in zwei Abschnitten zwischen dem ersten Drittel des 11. und dem Anfang des 12. Jahrhunderts. Seit 1981 zählt der Dom zu Speyer zum UNESCO-Weltkulturerbe.

Kaiser Konrad II. (um 990–1039) ließ vermutlich um 1030 den Grundstein für den heutigen Dom legen. Es entstand eine dreischiffige Basilika mit Querhaus. In der wohl im Jahre 1041 geweihten Krypta, der größten romanischen Säulenhalle Europas, fanden acht Könige und Kaiser des Heiligen Römischen Reiches und einige ihrer Gemahlinnen die letzte Ruhestätte. Konrads Sohn Heinrich III. (1017–1056) stiftete anlässlich der Altarweihe 1046 das Speyrer Evangeliar. Erst sein Sohn Kaiser Heinrich IV. (1050–1105) erlebte im Jahr 1061 die Weihe des Domes. Doch nur 20 Jahre später veranlasste Heinrich IV. selbst einen gewaltigen Umbau des Gotteshauses: Die Hälfte des Domes wurde eingerissen, die Decke abgetragen, neue Fundamente gelegt. Noch größer als zuvor sollte die Kirche neu erstehen.

Ein Vierteljahrhundert dauerten die Arbeiten, im Todesjahr Heinrichs IV.

Krypta

(1106) kamen sie zum Abschluss. Eine 134 Meter lange und 38 Meter breite Kirche war entstanden, eines der größten Bauwerke des Hochmittelalters. In Speyer lebten damals nur rund 500 Menschen. Der riesige Bau sollte wohl den Machtanspruch Heinrichs IV. auch über die Kirche symbolisieren.

Bereits Ende des 17. Jahrhunderts nahm der Dom infolge Brandstiftung plündernder französischer Soldaten schweren Schaden. In den auf die Französische Revolution folgenden Kriegen wurde der Dom wiederholt verwüstet, die gesamte Innenausstattung ging verloren, und man sah seinen Abbruch vor. Nur das energische Einschreiten des Mainzer Bischofs Joseph Ludwig Colmar (1760–1818) verhinderte den Abriss. Als Speyer 1817 Bischofssitz der bayerischen Rheinpfalz wurde, besserte man die Schäden aus. In den 1850er Jahren errichtete der Karlsruher Architekt Heinrich Hübsch (1795–1863) das neoromanische Westwerk. Zwischen 1957 und 1966 wurde die Bischofskirche in den romanischen Zustand zurückgeführt.

Neben der Grablege der deutschen

Könige und Kaiser sind auch die Doppelkapelle und zahlreiche Grabmäler sehenswert. Direkt über dem Portal stellte man Skulpturen u. a. der Dompatrone auf: in der Mitte Maria mit dem Jesuskind, rechts Johannes der Täufer und Bernhard von Clairvaux, links der Erzengel Michael und Stephanus.

i

Domplatz, 67346 Speyer
Tel.: 06232/102118 (Domführungen)
Internet: www.dom-speyer.de

Die Dorfkirche in Suurhusen – schiefer als der Schiefe Turm von Pisa

Der Turm der evangelisch-reformierten Kirche des Dorfes Suurhusen, rund 5 Kilometer nördlich von Emden gelegen, gilt als der schiefste Turm der Welt und fand sogar Aufnahme in das Guinness-Buch der Rekorde. Jedes Jahr kommen bis zu 8.000 Besucher, um sich den Turm anzusehen. Rekord waren sechs Busgesellschaften an einem Tag.

Bereits seit der Mitte des 13. Jahrhunderts existierte in Suurhusen eine turmlose Kirche mit Apsis. Als man um 1450 einen Kirchturm an die Westseite der Kirche anbauen wollte, musste das Langhaus zunächst um ein Viertel verkürzt werden. Eichenstämme, die als Fundament dienten, wurden in den Moorboden getrieben. Auf einer Grundfläche von 11 x 11 Metern errichtete man einen 27 Meter hohen Turm mit einem 12 Meter hohen Dachreiter.

Erstmals bemerkte man 1885 eine Neigung des Kirchturmes. Wie sich herausstellte, führten Entwässerungsarbeiten zu einem Absinken des Grundwasserspiegels. Die Eichenstämme, auf denen der Turm ruhte, begannen zu verfaulen. Erste Messungen ergaben 1925 einen Überhang des Turmes von 1,13 Metern. Um den Turm zu entlasten, wurde 1926 zunächst der Dachreiter entfernt. Bis zu Beginn der 1970er Jahre hatte sich der Überhang des Turmes verdoppelt. Die Gemeinde dachte an eine Aufgabe der Kirche, verkaufte die Orgel und vernagelte die Fenster. Im Ortszentrum entstand ein neues Gemeindezentrum. Schließlich musste die Kirche 1975 für die Öffentlichkeit gesperrt werden.

Taufstein

Der Suurhusener Kirchturm fand sogar Eingang ins »Guinness-Buch der Rekorde«

Sanierungsarbeiten begannen 1982, das freigelegte Fundament wurde mit Beton und Stahl verfüllt. Drei Jahre später konnte die Kirche wieder eingeweiht werden. Damals wies der Turm einen Überhang von 2,39 Metern auf. Doch der Kirchturm sank weiter ab, 5 bis 10 Millimeter pro Jahr. Seit der Durchführung weiterer Sicherungsmaßnahmen im Jahr 1989 gilt das Absacken des Turmes nun als aufgehalten. Heute hat der Turm am Dachfirst einen Überhang von 2,43 Metern. Das entspricht einer Neigung von 5,19 Grad. Der berühmte Schiefe Turm von Pisa bringt es nur auf 3,97 Grad. Die Gemeinde nutzt die Kirche seit 1985 wieder für Taufen, Trauungen und an Feiertagen für ihre Gottesdienste.

Im Turm hängt noch eine Glocke aus dem Jahre 1733. Aus der Erbauungszeit stammt der aus Bentheimer Sandstein gefertigte, ornamental reich verzierte Taufstein. Bei Arbeiten am Turm entdeckte man eine Grabplatte mit ganz ähnlichen Verzierungen. Die 1959 gefertigte Orgel kam 1989 in die Kirche. Eine Tafel über der Eingangstür erinnert an die Allerheiligenflut 1570, als weite Teile der Nordseeküste überflutet wurden.

Der Schiefe Turm von Pisa

Anders als der Turm der Kirche in Suurhusen bekam der Turm des Domes in Pisa bereits bei seiner Erbauung eine Schräglage. Geplant war ein 100 Meter hoher Turm. Als der Bau bei der dritten Etage angelangt war, neigte er sich bedenklich, und die Arbeiten wurden für 100 Jahre unterbrochen. Schließlich erreichte der Pisaer Turm eine Höhe von 55 Metern. Als 1990 die Schräglage zu gefährlich wurde, musste der Turm für Besucher gesperrt werden. Experten berieten lange Jahre. Schließlich gelang es ihnen, die Schieflage um knapp 50 Zentimeter zu verringern. Seit 2001 kann der Schiefe Turm von Pisa wieder besichtigt werden. Er gilt für die nächsten 300 Jahre als gesichert.

i

OT Suurhusen, 26759 Hinte
Tel.: 04925/1228 (Ev.-Ref. Pfarramt), 04925/1895 und 525 (Führungen)
Internet: www.kirche-suurhusen.de

Das Ulmer Münster – Die höchste Kirche der Welt

Aus einer um 850 gegründeten Königspfalz entwickelte sich eine Siedlung, die im Jahre 1181 das Stadtrecht erhielt. Bereits drei Jahre später stieg Ulm zur freien Reichsstadt auf. Im 14. Jahrhundert vervierfachte sich das Stadtgebiet und erhielt eine Befestigung. Doch die Pfarrkirche der aufstrebenden Stadt lag außerhalb ihrer Mauern. Das bekamen die Ulmer 1376 während einer Belagerung schmerzhaft zu spüren: Kaiser Karl IV. (1316–1378) hatte sie von ihrem Gotteshaus abgeschnitten. Schon ein Jahr später begann der Neubau der Pfarrkirche innerhalb der Stadtmauern. Es entstand eine großartige Kirche, das Ulmer Münster. Die Hauptkirche der Stadt besitzt den mit 161 Metern höchsten Kirchturm der Welt, der allerdings erst im Jahre 1890 vollendet wurde.

Den Grundstein für das Ulmer Münster legte am 30. Juni 1377 Altbürgermeister Lutz Krafft. So bedeutende Baumeisterfamilien wie die Parler, Ensinger und Böblinger arbeiteten an der Kirche, bis die Arbeiten im Jahr 1543 eingestellt wurden. Doch im Jahr 1844 rief man die Münsterbauhütte wieder ins Leben. Auf der Grundlage der mittelalterlichen Pläne nahm man die Arbeiten erneut auf. Unter Ferdinand Thrän (1811–1870) entstanden Strebepfeiler, Strebebögen und Wasserspeier. Ludwig Scheu vervollständigte die Osttürme und die Chorgalerie. August Beyer (1834–1899) schließlich vollendete in nur fünf Jahren den rund 100 Meter hohen West-

turm in weitgehender Anlehnung an den Plan Matthäus Böblingers und führte ihn bis in eine Höhe von 161,53 Meter auf. Im Zweiten Weltkrieg nahm das Münster nur geringen Schaden. Die mittelalterlichen Chorfenster hatte man rechtzeitig ausgebaut und in Sicherheit gebracht. Zwischen 1965 und 1970 erfolgte die letzte Innenrestaurierung des Ulmer Münsters.

Fünf Portale mit reichem Figurenschmuck zieren den Außenbau. Dem Westportal vorgelegt ist eine Eingangshalle. Skulpturen der Kirchenpatrone Maria, Martin, Antonius und Johannes der Täufer zieren die schlanken Pfeiler. Hans Multscher (um 1400–1467) schuf den ausdrucksstarken Schmerzensmann am Mittelpfeiler des eigentlichen Kirchenportals, der auf die Seitenwunde deutet und den Hereintretenden unmittelbar ansprechen will. Das große Bogenfeld über dem Portal zeigt Szenen aus der Schöpfungsgeschichte.

Im Inneren beeindruckt das 42 Meter hohe Mittelschiff, das damit fast dreimal so hoch wie breit ist. Jörg Syrlin der Jüngere (um 1455–1521) schuf den filigranen, zum Himmel strebenden Schalldeckel der Kanzel (um

1510). Wohl auf einen Plan von Hans Multscher geht das feingliedrige Sakramentshaus (1464–71) zurück. Jörg Syrlin der Ältere (um 1425–1491) schnitzte das figurenreiche Chorgestühl (1469–74). Dabei unterstützten ihn mehrere Bildhauer. Zu sehen sind Sibyllen, Dichter und Philosophen der Antike, Vertreter des Alten Testaments, Apostel und Heilige. Der 1521 geschaffene Choraltar gehört zu den wenigen Altären, die den Bildersturm der Reformationszeit überlebten. Auch die prächtigen Chorfenster des 15. Jahrhunderts tragen wesentlich zum großartigen Raumeindruck des Ulmer Münsters bei.

i

Münsterplatz, 89073 Ulm
Tel.: 0731/379945-0 (Ev. Münstergemeinde); 0731/9675023 (Münsterpforte)
Internet: www.ulmer-muenster.de

Choraltar

Ptolemäus am Chorgestühl

Tympanon des Westportals

Die ältesten Kirchen

Dom und St. Ulrich und Afra in Augsburg

Stiftskirche in Gernrode

Baptisterium in Riva San Vitale

Dom und Konstantinsbasilika in Trier

Dom zu Xanten

Dom und St. Ulrich und Afra in Augsburg – Römische Spuren in Bayern

Augsburg ist eine der ältesten deutschen Städte und geht auf die römische Gründung Augusta Vindelicorum zurück. Als Hauptstadt der römischen Provinz Raetia secunda war Augsburg wahrscheinlich schon seit dem 4. oder 5. Jahrhundert Bischofssitz. In fränkischer Zeit kam es zu einer Erneuerung des Bistums.

In der Reformationszeit spielte Augsburg eine wichtige Rolle. Der Rat führte 1534 die Reformation ein. Der Augsburger Religionsfrieden des Jahres 1555 brachte die endgültige Gleichstellung der römisch-katholischen und der evangelisch-lutherischen Konfession im Heiligen Römischen Reich.

Augsburg, Dom, Prophet Jona, um 1100

Bis heute nicht zweifelsfrei geklärt ist die Frühzeit der Augsburger Bischofskirche. Unter dem Dom ausgegrabene Fundamente des 4. Jahrhunderts deuten auf eine frühchristliche Kirche hin. Zur Zeit der Bischöfe Wikterp († um 772) und Simpert (um 778–807) entstand ein karolingischer Neubau. Nach dessen Einsturz im Jahr 994 unterstützte Kaiserin Adelheid (931–999) den Wiederaufbau. Noch heute kann man den alten ottonischen Dom mit dem unverputzten Mauerwerk und den beiden Türmen im Westteil der Kirche deutlich erkennen. Im 14. Jahrhundert erfuhr der Dom gotische Umbauten. Westapsis und Kapellen wurden neu aufgeführt. Anschließend baute man die äußeren Seitenschiffe an. Ihren Höhepunkt erreichten die gotischen Umbauten mit der Errich-

Innenansicht des Augsburger Domes

Augsburg, Dom, Krypta

tung des mächtigen, weiß verputzten Ostchores (1356–1431). Die Barockausstattung (17. Jahrhundert) ersetzte man im 19. Jahrhundert im neogotischen Stil. Neuere Restaurierungen versuchten, die mittelalterliche Raumgestalt zu rekonstruieren.

Von der reichen Ausstattung verdienen fünf um 1100 geschaffene Glasgemälde der südlichen Mittelschiffswand Beachtung. Die Darstellungen der alttestamentlichen Propheten Jona, Daniel, Hosea, König David und Moses gelten als ältester Glasgemäldezyklus Europas. Hans Holbein der Ältere (um 1465–um 1524) malte 1493 die Tafelbilder der Altäre an den vier östlichen, Jörg Stöcker (um 1461–nach 1527) die Altarbilder an den westlichen Pfeilern. Eine lebensgroße Darstellung des leidenden Christus (1630) kam aus der aufgelassenen Dominikanerkirche in den Dom. Interessant sind die neugotischen Altäre, die zahlreiche mittelalterliche Ölbilder und Skulpturen bergen.

Als Gegenüber zur Domkirche entstand das Ensemble von St. Ulrich und Afra am anderen Ende der Altstadt. Über dem Grab der frühchristlichen Märtyrerin Afra († um 304) wurde schon eine spätrömische Kirche nachgewiesen. Im karolingischen Bau begrub man den später heiliggesprochenen Augsburger Bischof Ulrich (890–973). Von 1467 bis 1526 erfolgte ein spätgotischer Neubau. Das gleichnamige Benediktinerkloster wurde 1802 aufgehoben, das Gotteshaus zur Pfarrkirche umgewidmet. In Stadtrichtung ist der Kirche ein Predigtsaal aus dem Jahr 1457 vorgelagert, der 1710 zur evangelischen St. Ulrichs-Kirche ausgebaut wurde.

St. Ulrich und Afra ist eine dreischiffige Backsteinbasilika mit Querschiff. Der sich anschließende lang gestreckte Ostchor beherbergt drei mächtige Altäre (1604–07), welche die christlichen Hauptfeste Weihnachten, Ostern und Pfingsten thematisieren. In den Seitenkapellen befinden sich einige Grabmäler von Angehörigen der Familie Fugger.

i

Kornhausgasse 8, 86152 Augsburg (Dom) bzw. Ulrichsplatz, 86150 Augsburg (St. Ulrich und Afra)
Tel.: 0821/3166-353 (Kath. Dompfarramt); 0821/345560 (Kath. Stadtpfarramt St. Ulrich und Afra)
Internet: www.bistum-augsburg.de; www.ulrichsbasilika.de

Der Augsburger Dom

Marienkapelle des Augsburger Domes

Stiftskirche St. Cyriakus in Gernrode – Die älteste Kirche im Osten Deutschlands

Am Nordostrand des Harzes in Sachsen-Anhalt liegt die Kleinstadt Gernrode mit einer der bedeutendsten Kirchen des ottonischen Zeitalters. Markgraf Gero (um 900–965) gründete hier im 10. Jahrhundert eine nach ihm benannte Burg und 961 ein Kanonissenstift, in dem das Andenken der Stifterfamilie bewahrt und für ihr Seelenheil gebetet wurde. Bis ins 12. Jahrhundert hatte das Stift den Status einer Reichsabtei. Äbtissin Elisabeth von Weida (1460/61–1532) bekannte sich schon 1521 zur lutherischen Lehre, und 1530 wandelte man das Kloster in ein evangelisches Damenstift um, das Ende des 16. Jahrhunderts aufgelöst wurde.

Kapitell im Kreuzgang

Wahrscheinlich bereits 959 begann der Bau der Kirche. Es entstand eine dreischiffige ottonische Basilika mit flacher Decke und Stützenwechsel. Im 12. Jahrhundert erfolgten der Umbau des ursprünglichen Westwerkes zu einem Westchor mit darunterliegender Hallenkrypta und eine Aufstockung der Türme. St. Cyriakus ist die älteste erhaltene Kirche in Ostdeutschland und zählt zu den herausragenden Sehenswürdigkeiten an der »Straße der Romanik« in Sachsen-Anhalt.

Mit dem Bau der Ostkrypta begannen die Bauarbeiten. Die Ostkrypta gilt, neben der Krypta im ehemaligen Benediktinerkloster des thüringischen Dörfchens Rohr, als älteste erhaltene Hallenkrypta nördlich der Alpen. Vier Stützen tragen die wuchtigen, archaisch wirkenden Tonnengewölbe. Vermutlich hielt man die ersten Gottes-

Westchor

dienste in Gernrode in dieser Krypta. In einer kleinen Nische in der Westwand befand sich ursprünglich auch die Armreliquie des Kirchenpatrons Cyriakus.

Nachdem die anhaltinischen Fürsten das reformierte Bekenntnis angenommen hatten, vernichtete eine »zweite Reformation« 1616 große Teile des reichen Inventars. Die um 1840 sehr heruntergekommene Kirche restaurierte Ferdinand von Quast (1807–1877), einer der Begründer der Denkmalpflege, zwischen 1858 und 1866 in glänzender Weise. Original erhalten sind die reich geschmückten Kapitelle, der romanische Taufstein (um 1150) und das von Maria, den Aposteln und Heiligen gezierte zweite, 1519 geschaffene Grabmal des Markgrafen Gero. Die bei der Restaurierung 1864 entdeckten Malereien im Ostchor wurden damals frei ergänzt. Christus thront als Weltenherrscher über Himmel und Erde. In der mittleren Reihe sind Märtyrer und in der unteren Markgraf Gero und Mitglieder seiner Familie zu sehen.

Das »Heilige Grab«

Ferdinand von Quast war es, der das wichtigste Ausstattungsstück der Gernröder Stiftskirche wieder richtig einzuordnen wusste. Lange konnte man den Einbau im Südseitenschiff nicht deuten. Dabei handelt es sich um ein »Heiliges Grab« aus der zweiten Hälfte des 11. Jahrhunderts. Im Mittelalter waren diese Nachbildungen des Grabes Christi weit verbreitet. Man bezog sie am Karfreitag und Ostersonntag mit einem liturgischen Spiel und Prozessionen in die Gottesdienste ein. Seit 1989 erfüllt die evangelische Gemeinde diese Tradition wieder mit Leben. Der reiche Bildschmuck erzählt sowohl außen als auch im Inneren des begehbaren »Heiligen Grabes« die Ostergeschichte. Doch bis heute gibt die Deutung einiger Symbole und Figuren Rätsel auf.

i

Kirchplatz, 06507 Gernrode
Tel.: 039485/275 (Ev. Pfarramt)
Internet: www.stiftskirche-gernrode.de

Christus als Weltenrichter

Das Baptisterium in Riva San Vitale – Ältestes christliches Bauwerk der Schweiz

Die kleine Gemeinde Riva San Vitale liegt am Südufer eines Armes des Luganer Sees im italienischsprachigen Schweizer Kanton Tessin. Mit großer Wahrscheinlichkeit geht die in den Jahren 962 oder 966 erstmals erwähnte Pfarrkirche San Vitale auf die Zeit der beginnenden Christianisierung des südlichen Alpenvorlandes zurück. Der heutige Barockbau wurde zwischen 1756 und 1759 errichtet.

Doch Riva San Vitale hat noch ein viel älteres Gotteshaus aufzuweisen. Aus der Zeit um 500 stammt das frühchristliche Baptisterium San Giovanni, das älteste erhaltene christliche Bauwerk der Schweiz. Die kleine, Johannes dem Täufer geweihte Taufkirche wurde auf den Grundmauern einer römischen Villa oder einer Therme errichtet. Ein Quadrat bildet den Grundriss, doch im oberen Teil geht der Baukörper in ein Achteck über. Erhalten blieb der ursprüngliche Mosaikfußboden. Hingegen ging ein überdachter Umgang, der für Prozessionen genutzt wurde, verloren. Er führte zum Vorgängerbau der Kirche San Vitale.

Weltgericht

Ursprünglich betrat man das Baptisterium über den noch vorhandenen Eingang von Norden her. Erst später kam das Westportal hinzu. An der Ostseite befindet sich eine Apsis aus karolingischer Zeit, deren heutige Form nach zwei Umbauten auf das 9. Jahrhundert zurückgeht.

Der achteckige Kapelleninnenraum weist tiefe halbkreisförmige Nischen auf. Das monolithische, achteckige Taufbecken aus der Zeit um 1200 be-

Im Inneren des Baptisteriums

findet sich in der Mitte. Es hat einen Durchmesser von fast zwei Metern. Darunter befindet sich das originale, 60 Zentimeter tiefe Taufbecken, das über einen aus Backsteinen gemauerten Abfluss verfügt. Man betrat es über zwei Stufen. Bis ins 9. oder 10. Jahrhundert vollzog man hier die in der Antike übliche Taufe durch Untertauchen. Neben dem nördlichen Eingang steht auch noch ein kleines marmornes Taufbecken des 19. Jahrhunderts. Im 12. Jahrhundert wurde das Baptisterium mit wertvollen romanischen Fresken ausgemalt. Zu sehen sind, gemalt in byzantinischem Stil, eine Geburt Christi, die Verkündigung an die Hirten, Josephs Traum, eine Himmelfahrtsszene und die Gottesmutter in der Mandorla. Die linke Nische zeigt Christus als Richter und das Jüngste Gericht, die Symbole der vier Evangelisten und die Auferweckung der Toten durch einen Posaune blasenden Engel. Reste einer Kreuzigung aus späterer Zeit finden sich in der Apsis. Erwähnenswert ist auch der schön gestaltete Fußboden aus weißem und schwarzem Marmor.

CH-6826 Riva San Vitale (TI)
Tel.: +41 (0) 91/6481306
(Gemeindeinformation; Italienisch erforderlich)
Internet: www.rivasanvitale.ch

Taufbecken

Dom St. Peter und Konstantinsbasilika in Trier – Deutschlands älteste Kirchen

Der Dom St. Peter in Trier ist Deutschlands älteste Bischofskirche und die Kathedrale des Bistums Trier. Zusammen mit der in unmittelbarer Nachbarschaft stehenden Liebfrauenkirche zählt der Dom zum Weltkulturerbe der UNESCO.

Wie ihre antiken Vorgänger präsentieren sich Dom und Liebfrauen als Doppelkirchenanlage. Anfang des 4. Jahrhunderts schenkte Helena (248/50–um 330), die Mutter Kaiser Konstantins (270/88–337), ihren Palast dem Trierer Bischof Agritius (um 260–nach 329). Agritius ließ den Palast niederreißen und die Doppelkirche erbauen. Der Kern dieser Doppelkirche ist der heutige Dom. Allerdings war die antike Kirche doppelt so groß! Und die sich südlich anschließende, für die Laien erbaute Basilika hatte noch einmal die gleiche Größe!

Franken und Normannen beschädigten im Mittelalter die Kirche, so dass Erzbischof Poppo (1016–1047) das alte Langhaus abreißen und die neue Westfront bauen ließ. Diese gliedert sich in runde und viereckige Türme, Bogengalerien und die halbrunde Apsis. Damit entstand eine der eindrucksvollsten Fassaden der Romanik. Letzte Veränderungen erfuhr der Dom im 18. Jahrhundert.

Die archäologische Erforschung des Trierer Doms und das Bedürfnis, die Kunstschätze aus den aufgehobenen

Der Heilige Rock

Der Heilige Rock

Vom Ende des 12. Jahrhunderts stammt der Ostchor, der den Hochaltar birgt. Dieser gibt den Blick frei in die »Heiltumskammer«, in der die bekannteste Reliquie des Domschatzes, der »Heilige Rock«, aufbewahrt wird. Es handelt sich dabei nach der Legende um das von der Kaiserinmutter Helena nach Trier verbrachte Gewand Christi.

Der Dom zu Trier

Das Innere des Domes

Klöstern der Stadt einem breiten Publikum zugänglich zu machen, gaben 1904 den Anstoß zur Gründung des Bischöflichen Dom- und Diözesanmuseums. In der archäologischen Abteilung werden Fundstücke aus den antiken Vorgängerbauten von Dom und Liebfrauenkirche gezeigt. Darunter befindet sich ein 60 Quadratmeter großes Fresko aus dem Palast der Kaiserin Helena. Es gelang, das aus etwa 70.000 Teilen bestehende Bild wieder zusammenzusetzen. Auch die Krypta des ehemaligen Benediktinerklosters St. Maximin mit ihren karolingischen Wandmalereien konnte wiederaufgebaut werden.

Anfang des 4. Jahrhunderts ließ Kaiser Konstantin die nach ihm benannte Basilika als Palastaula und Mittelpunkt seiner Trierer Residenz erbauen. Wie noch heute gliederten schon damals zwei Reihen übereinander angeordneter Rundbogenfenster den Außenbau, der sich nun unverputzt zeigt. Ursprünglich trugen die Außenwände einen rot angemalten Putz.
Im Inneren verdeckte ein Marmorfußboden die darunterliegenden Heizka-

näle. Kostbare Mosaiken zierten Teile der Apsis und des Triumphbogens. Im Mittelalter diente die Basilika zunächst als Burg merowingischer Grafen und später als Residenz der Trierer Erzbischöfe. Nachdem Trier 1815 an Preußen gefallen war, ließ König Friedrich Wilhelm IV. (1795–1861) den antiken Bau wiederherstellen, den seit 1856 die evangelische Gemeinde der Stadt als Gotteshaus nutzt. Damit ist die Konstantinsbasilika das älteste Gebäude in Deutschland, in dem eine Gemeinde Gottesdienst feiert. Mit einer Breite von 28 Metern und einer Höhe von 30 Metern erwartet den Besucher im Inneren der größte ungeteilte antike Raum, der bis heute erhalten blieb.

Liebfrauenkirche

i

Domfreihof (Dom); Bischof-Stein-Platz 1 (Dommuseum); Konstantinsplatz (Basilika); 54290 Trier
Tel.: 0651/979079-0 (Dom-Information); 0651/7105-255 (Dommuseum); 0651/9949120-0 (Ev. Kirchengemeinde)
Internet: www.dominformation.de; www.welterbe-trier.de; www.bistum-trier.de/museum

Konstantinsbasilika

Dom St. Viktor in Xanten – Märtyrergräber aus römischer Zeit

Xanten war bereits im Jahr 13 v. Chr. Standort eines römischen Heerlagers. In der Nähe angesiedelte Germanen legten ein Dorf an, das sich zu einem bedeutenden Handelsplatz entwickelte. Um 100 n. Chr. erhob Kaiser Trajan (53–117) die Siedlung zur Zivilstadt Colonia Ulpia Traiana. Nun entstand eine völlig neue Stadt, die etwa 10.000 Einwohner zählte und nach Köln und Trier die drittgrößte römische Stadt nördlich der Alpen war. In den Wirren der Völkerwanderungszeit gab man die Stadt im 5. Jahrhundert auf.

Ende des 6. Jahrhunderts gründete der Kölner Bischof Everigisil († um 594) auf einem Gräberfeld südlich der alten Römerstadt ein Oratorium. Mitte des 8. Jahrhunderts existierte eine Kirche, die kurz darauf zu einem Stift zu Ehren des Märtyrers Viktor von Xanten erhoben wurde. Da man glaubte, die Kirche stünde über dem Grab des Heiligen, entwickelte sich daraus der heu-

Im Jahr 1933 entdeckte man bei Ausgrabungen unter dem Chor ein Doppelgrab aus dem 4. Jahrhundert, in dem zwei gewaltsam umgekommene Männer bestattet waren. Damit bestätigte sich die Gründungsgeschichte des Stifts auch archäologisch. Allerdings konnten den aufgefundenen Gebeinen keine Namen zugeordnet werden. Bischof Clemens August Graf von Galen (1878–1946) weihte 1936 eine Krypta ein, die man um das entdeckte Grab anlegte. Dreißig Jahre später wurde die Krypta durch die Errichtung einer Gedenkstätte für die Opfer des Nationalsozialismus erweitert.

tige Stadtname: Aus »Ad Sanctos« (»Zu den Heiligen«) wurde Xanten. Im Mittelalter war Xanten eine relativ unbedeutende Stadt. Auch heute leben in der nicht weit von der niederländischen Grenze am Rhein gelegenen Stadt kaum doppelt so viele Einwohner wie in römischer Zeit.

Erzbischof Konrad von Hochstaden und sein Bruder Friedrich legten 1263 den Grundstein zur heutigen Stiftskirche St. Viktor, die auch die Bezeichnung »Dom« trägt. Fast drei Jahrhunderte zog sich der Bau hin, der 1544 mit der Weihe der im Winkel zwischen Nordwand und Kreuzgang gelegenen Heilig-Kreuz-Kapelle abgeschlossen wurde.

Die monumentale Westfassade bestimmt den Außenbau. Hier mischen sich romanische und gotische Formen. Fast völlig erhalten blieb die reiche Ausstattung der Erbauungszeit. Aus den mehr als 20 Altären ragen der Märtyreraltar, der Marienaltar, der Antoniusaltar und der Martinusaltar heraus. Der 1525 in Antwerpen gefertigte dreiflügelige Märtyreraltar zeigt Szenen aus der Leidensgeschichte Jesu und aus dem Marienleben. Statuen von Heiligen und Kirchenvätern sind an den Pfeilern des Mittelschiffs angebracht.

Nördlich der Kirche schließen sich Kreuzgang und Stiftsgebäude an. Hier wurde im Jahre 2010 das Stiftsmuseum eröffnet. Auf einer Fläche von 800 Quadratmetern sind Reliquiare, Tragaltäre, eine Taufschale des 12. Jahrhunderts, mittelalterliche Vortragekreuze und Monstranzen, Paramente und zahlreiche liturgische Bücher zu sehen. Die zwischen dem 5. und dem

Der Märtyreraltar

19. Jahrhundert entstandenen Kostbarkeiten vermitteln einen Eindruck von der einstigen Bedeutung des Xantener Stifts.

Kapitel 8, 46509 Xanten
Tel.: 02801/7131-0 (Kath. Pfarramt); 02801/98778-0 (Stiftsmuseum)
Internet: www.stviktor-xanten.de; www.xantener-dombauverein.de; www.stiftsmuseum-xanten.de

MARTIN LUTHER

Sternstunden des Kirchenbaus

Aachener Dom

Altenberger Dom

Münster in Bad Doberan

Dresdener Frauenkirche

Freiberger Dom

Dom und Domschatz in Halberstadt

Magdeburger Dom

Elisabethkirche in Marburg

Asamkirche in München

Naumburger Dom

Der Dom zu Aachen – Krönungskirche der deutschen Könige

Die römische Gründung Aachen trug in der Antike den Namen Aquae Granni. Pippin (714–768), der Vater Karls des Großen, errichtete hier ein Hofgut mit einer Kapelle. Karl der Große erbaute schließlich den Dom, in dem von 936 bis 1531 insgesamt 30 deutsche Könige und Kaiser inthronisiert wurden. Karl der Große und Otto III. fanden hier ihre letzte Ruhe. Zwischen 786 und etwa 800 wurde der Aachener Dom als Pfalzkapelle erbaut. Die byzantinische Baukunst lieferte das Vorbild. Kernstück ist das Achteck (Oktogon). Ein Sechszehneck aber umschreibt den äußeren Grundriss. Direkt inspiriert wurde die Kirche

Thron Karls des Großen

wohl durch San Vitale, die Hofkirche Kaiser Justinians (um 482–565), und das Grabmal des ostgotischen Herrschers Theoderich (451/56–526) in Ravenna. Damit erhob Karl der Große auch den Anspruch, direkter Nachfolger der römischen Kaiser zu sein.

Durch den Aufbau eines Turmes im 14. und 18. Jahrhundert erfuhr der Westteil eine starke Veränderung. Zwischen 1355 und 1414 erweiterte man die Kapelle durch einen gotischen Chor nach Osten. Sechs Kapellen sprießen wie Knospen aus dem Baukörper. Seit 1664 bekrönt das charakteristisch gefaltete Kuppeldach den Dom.

Auf dem Antependium des von Kaiser Heinrich II. (973/78–1024) gestifteten Hauptaltars zeigen 17 Reliefs Christus, die Evangelisten und Passionsszenen. Im Zentrum des Chores steht der in Silber getriebene Karlsschrein aus dem 13. Jahrhundert. Im Obergeschoss des Oktogons fand der Kaiserthron Karls des Großen Aufstellung. Sechs Stufen führen hinauf wie zum Thron König Salomos. Mosaiken schmücken das Oberteil des Oktogons

Chorraum mit Strahlenkranzmadonna

und die Deckenwölbung. 1165 kam der große Radleuchter hinzu.

Zur überaus reichen Ausstattung gehört die in der Mitte des Chorraumes hängende, zweiseitig gearbeitete Madonna im Strahlenkranz. Die lebensgroße Skulptur aus dem Jahre 1524 wendet sich dem Oktogon als apokalyptische Frau zu. Maria steht auf der Mondsichel, um die sich die Schlange als Symbol des besiegten Bösen windet. Krone und Zepter kennzeichnen die Gottesmutter als Himmelskönigin. Auf das Messopfer bezieht sich die dem Chor zugewandte Marienfigur: Ihr Kind hat die Rechte zum Segen erhoben. In der Linken hält Christus eine Traube, die auf die Eucharistie verweist.

In der neuen Domschatzkammer, die man durch einen Zugang im Westflügel des Kreuzgangs erreicht, erwartet den Besucher eine Fülle einzigartiger Kunstwerke. Zu den herausragenden Stücken gehören der römische Proserpina-Sarkophag aus dem 2. Jahrhundert, seidener Stoff aus Byzanz, ein von der Aachener Hofschule gefertigtes Evangeliar, ein edelsteinbesetztes Weihwassergefäß aus Elfenbein, das ottonische Lotharkreuz und die berühmte Karlsbüste. In diesem Kopfreliquiar wird die Schädeldecke Karls des Großen aufbewahrt.

Karl der Große kam wahrscheinlich am 2. April 747 oder 748 zur Welt. Er stammte aus dem Geschlecht der Karolinger, war seit 768 fränkischer König und seit dem 25. Dezember 800 Römischer Kaiser. Karl der Große starb am 28. Januar 814 in Aachen.

Der Enkel des Hausmeiers Karl Martell erhielt bereits zu Lebzeiten den Beinamen »der Große« und gilt seit dem Mittelalter als einer der bedeutendsten Herrscher des Abendlandes. Das Frankenreich erfuhr unter ihm seine größte Ausdehnung. Mit seiner Krönung durch Papst Leo III. am Weihnachtstag des Jahres 800 in Rom wurde das Kaisertum in Westeuropa erneuert. Auf Initiative Kaiser Friedrich Barbarossas sprach Gegenpapst Paschalis III. Karl im Jahre 1165 heilig. Doch schon Ende des 8. Jahrhunderts wurde er »Vater Europas« genannt.

i

Münsterplatz, 52062 Aachen
Tel.: 0241/47709-127 (Dom- und Schatzkammerführungen)
Internet: www.aachendom.de

Blick in die Kuppel

Der große Radleuchter aus dem Jahr 1165

Der Dom in Altenberg – Zisterziensergotik in Vollendung

Im Jahre 1133 erhielten die Zisterzienser die alte Burg Berge von den Grafen von Berg zum Geschenk. Ein Erdbeben verursachte 1222 den Einsturz der ersten Kirche. Daraufhin baute man von 1259 bis 1379 den jetzigen Dom, eines der bedeutendsten gotischen Bauwerke in Deutschland. Seine Schlichtheit bietet ein gutes Beispiel für die turmlose Architektur des Zisterzienserordens. Die dreischiffige Basilika mit Querhaus und Chorumgang weist sieben Chorkapellen auf. Im Dom liegen die Grafen und Herzöge von Berg begraben.

Der Innenraum des Altenberger Domes strahlt eine strenge Spätgotik aus. Leicht wirken die schmucklosen Strebepfeiler. Klar gegliedert ist das Mittelschiff. Im Chorumgang befinden sich die ältesten Bleiglasfenster, noch schlicht und ohne figürliche Darstellungen. Nach Westen hin werden die Fenster jünger, sind reicher ornamentiert und haben kräftigere Farben.

Den prächtigen Abschluss der mittelalterlichen Verglasung bildet das monumentale Westfenster mit 8 Metern Breite und 18 Metern Höhe. Das Fenster gliedert sich in 8 lange Bahnen mit jeweils einer mehrgeschossigen Turmarchitektur, in die große Heiligenfiguren eingestellt sind. Leuchtendes Gold der Architekturbaldachine dominiert den Farbeindruck. Die eingestellten Figuren sind fast weiß mit silbergelben, mit dem Pinsel aufgebrachten Details, und nur die Flächen hinter den Figuren sind mit farbigen Rautenmustern gefüllt. So entsteht der Eindruck, die

Das monumentale Westfenster

recht plastischen Figuren ständen in kleinen Kapellen mit bunten Glasfenstern. Ein Dreipass mit einem musizierenden Engel bekrönt jede Fensterbahn. Weiter oben erscheinen die Kirchenväter Gregor, Hieronymus, Augustinus und Ambrosius. Schließlich werden vier Fensterbahnen zusammengefasst und zwei große Vierpässe entstehen, in denen Maria und Johannes zu sehen sind. Bekrönt wird das Fenster von einem weiteren Vierpass mit einem Christuskopf, den Dreipässe mit musizierenden Engeln umgeben.

In der ganzen Kirche sichtbar ist die Altenberger Madonna, die im ersten Joch des Chores ihren Platz hat und die Abt Andreas Boelgen um 1530 in Auftrag gab. Ursprünglich gehörte sie als Bekrönung zu einem großen siebenarmigen Leuchter, dessen Kerzen von den Mönchen jeden Abend zum Salve Regina, dem letzten Gebet des Tages, angezündet wurden. Die Altenberger Madonna ist eine Doppelmadonna mit zwei Vorderseiten. In der Offenbarung des Johannes wird »die Frau mit den Strahlen der Sonne bekleidet« beschrieben, und dieser Text wird bezogen auf Maria als Himmelskönigin. Im Jahre 1862 gelangte die hölzerne Figur nach Berlin, konnte aber 1911 als Dauerleihgabe nach Altenberg zurückkehren. In diesem Zusammenhang erhielt sie ihre an einen Blüten- oder Rosenkranz erinnernde Rahmung.

Nach der Säkularisation 1803 ging das Kloster in Privatbesitz über, diente als Fabrik und nach einem Brand als Steinbruch. König Friedrich Wilhelm IV. (1795–1861) von Preußen veranlasste 1835–46 die Restaurierung der Kirche. Aufgrund einer Kabinettsorder des Königs wird die Kirche, die auch »Bergischer Dom« genannt wird, seit 1857 simultan sowohl von der katholischen wie von der evangelischen Gemeinde genutzt.

Altenberger Madonna

> **i**
> Eugen-Heinen-Platz,
> 51519 Odenthal
> Tel.: 02174/4533 (Kath. Pfarramt),
> 02174/4282 (Ev. Pfarramt)
> Internet: www.altenberger-dom.de;
> www.altenberg-dom.de;
> www.altenbergerdom.de

Das Münster in Bad Doberan – Eine der reichsten Zisterzienserkirchen Europas

Mitte des 12. Jahrhunderts galt Mecklenburg als »ein Land des Mangels und des Hungers«. Herzog Pribislaw († 1178) wollte diesen Zustand verbessern. So gründete er mit Mönchen aus Amelungsborn im Jahre 1171 das Zisterzienserkloster Doberan. Doch das gerade gegründete Kloster wurde in kriegerischen Auseinandersetzungen um die Erbfolge des bei einem Turnier ums Leben gekommenen Pribislaw angezündet. Aber die Amelungsborner Mönche ließen sich nicht entmutigen und wagten wenige Kilometer entfernt am 25. Juni 1186 einen Neuanfang.

Rasch schritt der Aufbau des Klosters voran. Als Baumaterial verwendeten die Mönche Backstein. Im Jahre 1232 konnte die erste, noch romanische Klosterkirche geweiht werden. Nun errichtete man Sakristei, Klausur und Kreuzgang, Speisesaal, Küche und Wirtschaftsgebäude sowie das Brunnenhaus und Räume für die Laienbrüder. Die Abtei verfügte auch über eine Bibliothek, ein Spital, ein Haus für die Novizen sowie ein extra für den Abt erbautes Wohnhaus.

Ein Blitzschlag am 30. Mai 1291 richtete im Kloster Doberan schweren Schaden an. Die Mönche nutzten die Gelegenheit und begannen 1294 mit dem Abbruch der alten und dem Bau einer neuen Klosterkirche. Als Vorbilder der neuen Kirche zog man französische Kirchen wie Notre-Dame in Paris oder die Kathedrale in Bourges heran. Mehr als sieben Jahrzehnte nahm der Neubau des Doberaner Münsters in Anspruch. Vermutlich vermittelten Bauhütten aus dem nahen Lübeck die neuesten Kenntnisse. Am 4. Juni 1368 wurde die 78 Meter lange, im Querhaus 39 Meter breite und im Mittelschiff 26 Meter hohe Kirche geweiht.

Backsteingotik

Hochaltar

Noch im 15. Jahrhundert stand das Kloster sowohl in geistlicher als auch in wirtschaftlicher Blüte. Doch Ende des Jahrhunderts setzte der allgemeine Niedergang auch Doberan zu, und mit der Reformation kam 1552 das Ende des Klosters. Herzog Ulrich III. von Mecklenburg-Güstrow (1527–1603) verhinderte die Zerstörung der Kirche und sorgte 1580 für deren Restaurierung.

Noch heute umgibt eine um 1285 errichtete, 1400 Meter lange und fast vollständig erhaltene Mauer den früheren Klosterbereich. Dahinter erhebt sich das Doberaner Münster, eines der schönsten Beispiele der norddeutschen Backsteingotik. An der monumentalen Westwand kann man gut die Baustruktur der dreischiffigen Basilika erkennen. Auf dem ehemaligen Mönchsfriedhof steht noch eines der wenigen in Norddeutschland erhaltenen Beinhäuser.

Bedeutendste Zeugnisse der reichen Innenausstattung sind der Hochaltar – nach jüngstem Kenntnisstand der älteste Flügelaltar der Kunstgeschichte überhaupt –, der älteste Sakramentsturm Deutschlands (11,60 Meter hoch, um 1360), der Kreuzaltar mit einem doppelseitigen, monumentalen Triumphkreuz (um 1360), der Marienleuchter im Chor (um 1420), Glasmalereien vom Anfang des 14. Jahrhunderts und ein um 1320 geschaffener Kelchschrank mit gemalten Bildnissen Abrahams und Melchisedeks. Zahlreiche Grabmäler von mecklenburgischen Fürsten zeigen die Bedeutung des Doberaner Münsters als Grablege des Herrscherhauses.

i

Klosterstraße, 18209 Bad Doberan
Tel.: 038203/62716 (Münster und Ev.-Luth. Pfarramt)
Internet: www.muenster-doberan.de; www.muenstergemeinde-doberan.de

Die Frauenkirche in Dresden – »Sankt Peter der wahren evangelischen Religion«

Die Kuppel der Frauenkirche, eine der gewaltigsten evangelischen Kirchen weltweit, dominiert seit 2004 wieder die Silhouette von Sachsens Landeshauptstadt Dresden. Für den Dresdner Ratszimmermeister George Bähr (1666–1738) diente Michelangelos Kuppel in Rom als Vorbild. Bähr entwarf die Pläne für den 1726 begonnenen Kirchenbau. Anfangs war wohl eine Holzkuppel vorgesehen, doch Bähr ließ Umfassungsmauern und Pfeiler sehr viel stärker als genehmigt ausführen – wahrscheinlich plante er von Anfang an eine Steinkuppel. Seine

Zeitgenossen sahen in der Frauenkirche ein »Sankt Peter der wahren evangelischen Religion«, inmitten der Residenzstadt des katholischen Kurfürsten-Königs August des Starken (1670–1733).

Im Jahr 1734 konnte die Kirche geweiht werden, aber erst fünf Jahre nach dem Tod Bährs war der Bau wirklich vollendet. Zwei Tage nach dem verheerenden Bombenangriff vom 13. Februar 1945 stürzte die ausgebrannte Frauenkirche in sich zusammen. Der Dresdner Denkmalpfleger Fritz Löffler (1899–1988) setzte sich nach 1945 erfolglos für einen Wiederaufbau ein. Fast fünf Jahrzehnte erinnerten der Trümmerberg und die Reste der Frauenkirche an die Zerstörung Dresdens. Anfang 1990 erging der »Ruf aus Dresden«, der zum Wiederaufbau der Kirche aufrief. Er wurde in ganz Deutschland und weit darüber hinaus gehört. Der schließlich 1994 begonnene Wiederaufbau nahm zehn Jahre in Anspruch.

Auf acht Stützen ruhen sowohl die Kuppel als auch die raumbildenden

Blick in die Kuppel

drei Emporen. Die liturgischen Ausstattungsstücke Taufstein, Altar, Kanzel und Orgel sind in einer Achse angeordnet. Das Innere strahlt barocke Farbigkeit aus. Acht Gemälde zieren die Kuppel. Zu sehen sind die vier Evangelisten und die christlichen Tugenden Glaube, Liebe, Hoffnung und Barmherzigkeit.

Dem Hauptportal der Kirche gegenüber steht der prächtige Altar. Johann Christian Feige schuf ihn nach einem Entwurf George Bährs. Den Feuersturm 1945 überstand der Altar, weil die Pfeifen der darüber angebrachten Orgel geschmolzen waren. Flüssiges Zinn schützte den Altar, und die Holzteile der Orgel minderten den Aufprall der schweren Kuppeltrümmer. Nach 1945 mauerte man den Altar ein, um ihn vor weiteren Zerstörungen zu schützen. Bewusst integrierte man den beschädigten Altar als Mahnmal in den Neubau. Im Zentrum des Altars ist Jesus im Garten Gethsemane zu sehen. Links daneben stehen Skulpturen von Moses mit den Gesetzestafeln und Paulus mit seinen Attributen Schwert und Kreuz, rechts Philippus mit einem Kreuz und Moses' Bruder Aaron mit einem Weihrauchfass. Über der ganzen Szene thront das von Wolken umgebene »Auge Gottes«.

Die 1945 völlig zerstörte Orgel war ein Werk Gottfried Silbermanns (1683–1753). Eine Kopie der Silbermann-Orgel, die mehrfach umgebaut worden war, erschien nicht sinnvoll. Auch sind die genaueren Baupläne Silbermanns nicht überliefert. In das nach alten Fotos rekonstruierte Gehäuse wurde eine moderne Orgel (65 Register, 4 Manuale) eingebaut, auf der man Orgelliteratur aus allen Epochen spielen kann.

i

Neumarkt, 01067 Dresden
Tel.: 0351/65606-100 (Stiftung Frauenkirche Dresden)
Internet: www.frauenkirche-dresden.de

Orgel

Dom St. Marien in Freiberg – Hans Wittens filigrane Tulpenkanzel

Freiberg, zwischen Chemnitz und Dresden gelegen, wurde im Jahre 1186 gegründet. Die Entdeckung reicher Silberadern zwei Jahrzehnte zuvor löste einen schnellen wirtschaftlichen Aufstieg aus. Bergleute aus dem Harz ließen sich in Freiberg nieder. In mehreren Etappen erfolgte der Ausbau der Stadt. Nach dem Stadtbrand von 1484 entstand das heutige Stadtbild. Bis zum Dreißigjährigen Krieg blieb Freiberg das Wirtschaftszentrum Sachsens. Zwischen 1484 und 1514 wurde der Neubau des Freiberger Domes als eine der ersten obersächsischen Hallenkirchen errichtet. Vom romanischen Vorgänger blieb die berühmte, um 1230 geschaffene »Goldene Pforte« erhalten. Das Bildprogramm dieses Portals entspricht in kleinerem Rahmen dem der Westfassaden der großen Kathedralen Frankreichs. Maria thront umgeben von Engeln, den Heiligen Drei Königen und Josef im Tympanon. An den Gewänden sind biblische Gestalten zu sehen. Der deutsche Kunsthistoriker Georg Dehio (1850–1932) nannte das Portal »an Pracht selten, an innerem Adel niemals mehr überboten«.

An der Ausstattung der gesamten Kirche kann man den einstigen Reichtum der Bergbaustadt ablesen. Schlanke, achteckige Pfeiler gliedern das dreischiffige Langhaus. Doch die Pfeiler treten für den Betrachter kaum in Erscheinung, er erlebt den Raum als Einheit.

Hans Witten (1470/80–nach 1522), ein bedeutender spätgotischer Bildhauer, schuf um 1510 die Tulpenkanzel. Dieses letzte Werk sächsisch-thüringischer Gotik weist schon barocke Züge auf. Ein Bergmann trägt die Kanzeltreppe. Die um 1230 geschaffene, spätromanische Triumphkreuzgruppe verdient ebenso Beachtung wie die 13 spätgotischen Apostelfiguren an den Wandpfeilern. Skulpturen der klugen und der törichten Jung-

Tympanon der »Goldenen Pforte«

Die Tulpenkanzel von Hans Witten

Die Große Silbermann-Orgel

frauen finden sich an den Pfeilern des Mittelschiffs.

Seit 1541 dient der Chorraum als Grablege für neun sächsische Kurfürsten und zahlreiche weitere Verwandte. Beeindruckend ist das mächtige, dreigeschossige Renaissancegrabmal für Kurfürst Moritz von Sachsen (1521–1553).

Ein weiterer Anziehungspunkt im Freiberger Dom ist die 1714 vollendete Orgel von Johann Gottfried Silbermann (1683–1753). Silbermann gilt als der bedeutendste sächsische Orgelbauer der Barockzeit. Zusammen mit seinem Bruder Andreas schuf er etwa 50 Orgeln. Von den 31 erhaltenen Orgeln Silbermanns stehen allein vier in Freiberg.
Johann Gottfried Silbermann erlernte bei seinem Bruder in Straßburg den Orgelbau. Als Meister kehrte er 1710 in seine sächsische Heimat zurück. Die große Orgel im Freiberger Dom war sein zweites Projekt in Deutschland. Thomaskantor Johann Kunau (1660–1722) aus Leipzig nahm die Orgel ab, die noch heute fast original erhalten ist. Sie zählt 45 Register und 2674 Pfeifen. Das Werk wurde 1738 gereinigt, neu vergoldet und noch von Gottfried Silbermann in zwei Registern umdisponiert. In den Jahren 1981 bis 1983 erfolgte die letzte Restaurierung durch die Dresdener Firma Jehmlich. Die originale Farbfassung des Gehäuses wurde 1961 freigelegt. Gegenüber der großen Orgel befindet sich noch eine zweite, kleinere. Auch diese Chororgel schuf Gottfried Silbermann.

i
Am Dom, 09599 Freiberg
Tel.: 03731/300340 (Ev.-Luth. Domgemeinde); 03731/300966 (Domführungen)
Internet: www.freiberger-dom.de

Die »Goldene Pforte«

Dom St. Stephanus in Halberstadt – Deutschlands größter mittelalterlicher Kirchenschatz

Im nördlichen Harzvorland Sachsen-Anhalts liegt an der Straße der Romanik die alte Bischofsstadt Halberstadt. Ein Stift wurde hier im Jahr 802 gegründet, ein Bischofssitz ist erstmals 827 bezeugt. Die mittelalterliche Stadt wurde bei einem Bombenangriff im April 1945 größtenteils zerstört.

Erhalten hat sich in Halberstadt eine reiche Kirchenlandschaft. Um 1239 wurde mit dem Bau des vierten, bis heute erhaltenen Domes begonnen. Nach französischem Vorbild entstand eine hochgotische Kathedrale, die im Jahr 1491 geweiht wurde. Die Seitenschiffe setzen sich im Osten als Chorumgang fort. Das gewaltige Westwerk mit den beiden schlanken Türmen stammt aus der ersten Bauphase um 1240.

Im Inneren beeindrucken die reichen Glasmalereien aus dem 14. und 15. Jahrhundert, der gewaltige Taufstein aus grünlichem Marmor vom Ende des 12. Jahrhunderts, die um 1200 noch für den ottonischen Dom geschaffenen Figuren der Triumphkreuzgruppe, 14 Heiligenstatuen an den Pfeilern des Mittelschiffes und das Chorgestühl (vom Anfang des 15. Jahrhunderts). Im Chorscheitel befindet sich die 1362 geweihte Marienkapelle mit einer großen Madonna aus der zweiten Hälfte des 13. Jahrhunderts.

Zum großartigen Ensemble des Halberstädter Domplatzes gehört auch die

Die Domschatzkammer bewahrt den größten mittelalterlichen Kirchenschatz Deutschlands, der bis heute an seinem ursprünglichen Ort erhalten blieb. Insgesamt rund 650 Stücke umfasst der Bestand. Seit April 2008 präsentiert die gänzlich neugestaltete Ausstellung den Besuchern 300 Exponate. Einzigartig sind die liturgischen Gewänder. Prunkstück ist ein 900 Jahre altes Pluviale, ein luxuriöser Chormantel aus goldfarbener Seide. Auch zwei 11 Meter lange Wandteppiche des 12. Jahrhunderts zählen zu den Kostbarkeiten. Der eine erzählt die Geschichte von Abraham und seinem Sohn Isaak, der andere zeigt Christus und die Apostel. Noch bis 1930 wurden die Teppiche an Festtagen im Dom aufgehängt.
Bischof Konrad von Krosigk († 1225) brachte als Teilnehmer des vierten Kreuzzuges einen Span vom Kreuz Christi aus Konstantinopel mit. Das Reliquiar ist reich verziert mit Perlen, Goldfiligran, Halbedelsteinen und Emailleplättchen. Unter geschliffenem

Bergkristall ist der Splitter des Kreuzes zu erkennen. Einige byzantinische Exponate reichen bis ins 5. Jahrhundert zurück. Besonders wertvoll ist auch die byzantinische Weihbrotschale aus dem 11. Jahrhundert.

Liebfrauenkirche. Bischof Arnulf (996–1023) gründete hier ein Augustiner-Chorherrenstift. Die Untergeschosse der Westtürme stammen noch aus dieser Zeit. Zwischen 1140 und 1170 wurde die heutige romanische Basilika erbaut. Sich abwechselnde quadratische und rechteckige Pfeiler trennen die Seitenschiffe vom Hauptschiff. An das Querhaus schließt sich der quadratische Chor mit halbrunder Apsis an, den zwei ebenfalls mit Apsiden versehene Nebenchöre flankieren. Vier romanische Türme prägen das Äußere des Gotteshauses, eines der reinsten Beispiele spätromanischer Baukunst.
Reliefs schmücken die Chorschranken (um 1200). Sie zählen zu den besten Arbeiten der deutschen Plastik im Zeitalter der Romanik. Jeweils sieben Nischen zeigen Christus (Nordseite) und Maria (Südseite) zwischen den Aposteln. Das Kruzifix im westlichen Vierungsbogen entstand um 1230.

i

Domplatz, 38820 Halberstadt
Tel.: 03941/24237 (Domschatzverwaltung); Tel.: 03941/24210 (Liebfrauenkirche – Ev.-Ref. Kirchengemeinde)
Internet: www.dom-und-domschatz.de; www.liebfrauenkirche-halberstadt.de

Dom

Liebfrauenkirche

Der Dom zu Magdeburg – Eine französische Kathedrale auf deutschem Boden

Bereits im Jahre 805 wurde Magdeburg, seit 1990 Hauptstadt Sachsen-Anhalts, erstmals erwähnt. Papst Johannes XIII. (965–972) erhob Magdeburg 968 zum Erzbistum. Die neue Diözese wurde ein wichtiger Vorposten bei der Missionierung der Slawen. Das von Magdeburg ausgehende »Magdeburger Stadtrecht« prägte weite Teile Ostmittel- und Osteuropas. Die Reformation wurde 1524 eingeführt, nur der Dom blieb bis zum Tode Kardinal Albrechts von Brandenburg (1490–1545) noch katholisch. Danach schloss man die Bischofskirche.

Magdeburg erlebte in seiner Geschichte zwei große Katastrophen. Im Dreißigjährigen Krieg zerstörten die Truppen des kaiserlichen Generalfeldmarschalls Tilly (1559–1632) im Jahr 1631 die Stadt nahezu vollständig. Es dauerte 200 Jahre, bis die Einwohnerzahl Magdeburgs wieder den Stand von 1631 erreichte. Im Januar 1945 ging die Altstadt im Bombenhagel unter und wurde modern wiederaufgebaut.

Kaiser Otto I. (912–973) ließ in Magdeburg eine erste Domkirche erbauen. Reste dieses im Jahre 1207 abgebrannten ottonischen Domes blieben mit den Untergeschossen der Osttürme und den römischen Marmorsäulen im Chorhaupt erhalten. Erzbischof Albrecht von Käfernburg (um 1170–1232) legte 1209 den Grundstein für eine neue Kathedrale. Der gotische Neubau ist das erste, nach dem Schema der französischen Kathedralen konzipierte Bauwerk in Deutschland. Bis zur Weihe des Langhauses wurden die Pläne allerdings, anders als im nahen Halberstadt, mehrfach verändert und auch beträchtlich erweitert. Vollendet wurde der Dom aber erst mit der Fertigstellung der Westfassade zwischen 1477 und 1520.

Kaiser Otto I. und Editha oder Christus und Ecclesia?

Ein Meisterwerk frühgotischer Architektur ist das als »Bischofsgang« bezeichnete Obergeschoss des Chorumgangs. Gedrückt spitzbogige Arkaden öffnen sich zum Chor hin. Zwischen den Öffnungen stehen die Bistumspatrone und weitere Heilige auf Säulen. Im Chor fanden antike Säulen, der Sarkophag Ottos I. mit einem antiken Marmordeckel und Bronzegrabplatten einiger Erzbischöfe aus dem Vorgängerbau Aufstellung.

Skulpturen der klugen und törichten Jungfrauen sowie Ecclesia und Synagoge aus der Zeit um 1250 schmücken das Portal der Vorhalle vor dem nördlichen Querschiff. Mit ihrer emotionalen Gestik und Mimik handelt es sich um Bildwerke von höchstem Rang.

Hervorzuheben ist das sechzehneckige Heilige Grab mit den Sitzfiguren eines Herrscherpaares. Es könnte sich um Kaiser Otto I. und seine erste Frau Editha, aber auch um Christus als Weltenherrscher und Ecclesia, das Brautpaar des Hohenliedes handeln. Eine um 1270 geschaffene und im Südquerhaus aufgestellte Madonna wurde bereits kurze Zeit später als wundertätig verehrt. Mitte des 15. Jahrhunderts wurde der gotische Lettner mit seiner reichen Architektur und den zahlreichen Skulpturen eingebaut. Vollständig erhalten blieb der Kreuzgang aus dem 12. und 13. Jahrhundert. Im Mai 2008 erhielt der Magdeburger Dom wieder eine große Orgel. Das von der Potsdamer Firma Schuke gebaute Instrument ersetzt die 1945 zerstörte Orgel.

i

Am Dom 1, 39104 Magdeburg
Tel.: 0391/5410436 (Ev. Dompfarramt), 0391/5432414 (Führungen)
Internet: www.magdeburgerdom.de

Die Elisabethkirche in Marburg – Erste gotische Hallenkirche Deutschlands

Große Bedeutung erhielt Marburg, als die hl. Elisabeth die Stadt 1228 als Witwensitz wählte. Sie baute ein Hospital, in dem sie sich bei der Pflege Kranker aufopferte. Elisabeth starb 1231 im Alter von nur 24 Jahren. Bereits 1235 sprach Papst Gregor IX. (1227–1241) Elisabeth von Thüringen heilig. Der Deutsche Orden begann sogleich mit dem Bau einer Kirche über ihrem Grab. Pilger aus ganz Europa strömten nach Marburg. Im Zuge der Reformation ließ Landgraf Philipp von Hessen (1504–1567) 1539 die Gebeine Elisabeths aus dem Schrein entfernen, die Wallfahrt fand ein Ende.

Die Elisabethkirche ist die erste rein gotische Hallenkirche Deutschlands. Im Jahre 1235 erfolgte die Grund-

Elisabethschrein

steinlegung, 1283 die Weihe des Baus. Voll entwickelt ist das System der Strebepfeiler. Ein reicher Bestand mittelalterlicher Glasmalereien hat sich erhalten. Mit einer Schauwand versehen ist der um 1290 geschaffene Hochaltar, den jetzt ein modernes Kruzifix (1931) von Ernst Barlach schmückt. Zahlreiche Grabplastiken enthält der Landgrafenchor.

Wichtigstes Ausstattungsstück der Kirche ist der zwischen 1235 und 1250 in einer rheinischen Werkstatt entstandene gotische Reliquienschrein der hl. Elisabeth. Vergoldetes Kupfer umhüllt einen Kern aus Eichenholz. Das Behältnis hat die Form eines Hauses und den Grundriss einer Kirche mit Querschiff – Hinweis auf das himmlische Jerusalem. Auf den Dachschrägen zeigen vergoldete Kupferreliefs Szenen aus dem Leben der Heiligen. Diese müssen von links nach rechts gelesen werden. Auf der Kreuzseite sind zu sehen: Landgraf Ludwig IV. von Thüringen wird vom Bischof von Hildesheim vor dem Auszug zum Kreuzzug gesegnet, Abschied Ludwigs von Elisabeth, Kreuzritter bringen Elisabeth den Ehering ihres verstorbenen Gemahls, Elisabeth kleidet Bedürftige. Auf der gegenüberliegenden Christusseite setzt sich das Ganze fort: Elisabeth erhält das Kleid des dritten Ordens der Franziskaner, verteilt Almosen, speist Arme, wäscht Bettlern die Füße und lässt Durstige tränken. Beziehungsreich ist der theologische Sinngehalt der Darstellung: Das unterschiedliche Handeln Elisabeths und des Landgrafen sind zwei Seiten des gemeinsamen Weges der Nachfolge Jesu.

Auf den Seitenwänden sind je sechs thronende Apostel zu sehen, in ihrer Mitte jeweils unterbrochen durch eine Christusdarstellung. Der segnende Christus als Weltenherrscher blieb er-

Elisabeth von Thüringen

Die im Jahr 1207 geborene ungarische Prinzessin Elisabeth kam als Kind nach Thüringen, wo sie später die Ehefrau des Landgrafen wurde. Sie lebten auf der Wartburg bei Eisenach und führten eine glückliche Ehe. Als ihr Mann nach sechs Ehejahren auf einem Kreuzzug starb, widmete sie sich und ihr Witwengut der Sorge an Armen und Kranken. Dargestellt wird sie als junge Frau, mit einem Korb voll Rosen, mit Weinkrug, Kirchenmodell oder Almosen spendend.

halten, während die Darstellung des Gekreuzigten 1806 verlorenging. An den Stirnseiten werden eine demütige Elisabeth und die Himmelskönigin Maria mit dem Jesuskind einander gegenübergestellt. Elisabeth steht als einzige der Figuren. Auf die Einladung der Gottesmutter hin schreitet sie ins Paradies.

i

Elisabethstraße, 35037 Marburg
Tel.: 06421/65573 (Kirche)
Internet: www.elisabethkirche.de

Asamkirche St. Johann Nepomuk in München – Deutschlands schönste Barockkirche

Der Bildhauer Egid Quirin Asam (1692–1750) und sein Bruder, der Maler Cosmas Damian Asam (1686–1739) errichteten die wunderschöne, spätbarocke Kirche mit der überaus reichen Ausstattung auf eigene Kosten und mit eigener Hand. »So bald man die Thüre öfnet, wird das Aug mit Gold und Schimmer von allen erfüllt«, so beschrieb Lorenz von Westenrieder im Jahre 1782 in seinem Werk »Beschreibung der Haupt- und Residenzstadt München« seinen Eindruck von dem im Volksmund nach ihren Schöpfern »Asamkirche« genannten Gotteshaus.

In der Häuserfront der Sendlinger Straße fällt die schmale Fassade der zwischen 1733 und 1746 errichteten Kirche erst auf den zweiten Blick auf. Egid Quirin Asam legte zwischen die Brandmauern der Nachbarhäuser einen Ornat an Architekturmotiven, der einzigartig ist. Die Motive wurden von ihm nicht neu erfunden, die Vorbilder finden sich zwischen Würzburg, Prag, Wien und Rom. Aber die Kombination der einzelnen Elemente ist eine ganz eigene künstlerische Leistung.

Mächtige Säulen rahmen das Portal, über dem der von Engeln begleitete Kirchenpatron in kniender Haltung beim Gebet dargestellt ist. Das geschwungene Gebälk über dem großen Mittelfenster trägt zwei Frauengestalten, Glaube und Hoffnung symbolisierend. Zwischen ihnen befindet sich ein Herz als Sinnbild der Liebe. Das

Blick vom Altarraum durch das Kirchenschiff

Rundfenster im Giebel dient dem Lichteinfall ins Gewölbe. Zwei Eckpilaster, die den seitlich des Portals aufgetürmten Felsen zu entwachsen scheinen, wirken wie ein Rahmen der Fassade.
Hinter dem Portal rundet sich ein niedriger Raum unter der Orgelempore. Seine seitliche Rundung enthält zwei Beichtstühle. Darüber stehen monumentale, weiße Gestalten, die auf das Beichtsakrament hinweisen. Über dem rechten Beichtstuhl steht der Kirchenvater Hieronymus mit Kardinalshut und Totenkopf und einem Engel, der ihm Tintenfass und Buch hinhält. Petrus erinnert über dem linken Beichtstuhl mit seinen beiden Schlüsseln an die Binde- und Lösegewalt der Kirche.
Ein Gitter trennt den Vorraum vom langgestreckten Kirchenraum. Das Deckenfresko thematisiert das Leben des hl. Johannes Nepomuk. In einem gläsernen Schrein des Hochaltars liegt eine Wachsfigur des Heiligen. Vier gewundene Säulen umrahmen den direkt darüber sich befindenden Galeriealtar. Am Gesims über dem Altar ist ein sogenannter Gnadenstuhl zu sehen: Gottvater mit der Papstkrone beugt sich über den gekreuzigten Christus, im Strahlenkranz darüber die Taube des Hl. Geistes.
Beim Blick zur Orgelempore blenden zunächst die zwei großen Fassadenfenster, aber sie hinterleuchten auch zwei Säulen, die lichtumflutet auf der Empore stehen und zwei große Töpfe mit blühenden Agaven tragen. Die aus Mittelamerika stammende Pflanze symbolisiert die Fülle des Lebens. Wie die Vorhalle darunter ist die Orgelempore zu einer selbstständigen Raumzelle abgerundet. Die Orgelpfeifen sind in zwei flache Türme geteilt, die das Licht des großen Fensters einströmen lassen. Die Hohlkehle unter dem Gewölbe ist durch das große Rundfenster unterbrochen. Es beleuchtet das De-

Blick zum Altar

ckenbild der Vision des hl. Nepomuk vor dem Gnadenbild im tschechischen Altbunzlau, einer gerahmten Ikone, über der ihm Maria als himmlische Frau mit einem Kranz von zwölf Sternen erscheint. Nepomuk legt seine Hand auf das Evangelien-Buch, das ihm eine thronende Frau im violetten Gewand – die Allegorie des Glaubens – reicht. Auf dem geschwungenen Gebälk darunter sitzen zwei Englein, zwei weitere mit Laute und Geige sitzen auf den Orgeltürmen. Die 1944 zerstörte Orgel des Münchner Hoforgelbauers Antonius Baier wurde 1982 durch eine mechanische Orgel von Wilhelm Stöberl im rekonstruierten Gehäuse ersetzt.

i

Sendlinger Straße 32,
80331 München
Tel.: 089/21023776-0 (Kath. Pfarrbüro St. Peter)
Internet: www.erzbistum-muenchen-und-freising.de; www.ganz-muenchen.de/tourist/stadt/kirchen/asamkirche/info.html

Beichtstuhl mit dem hl. Hieronymus im Kirchenvorraum

Dom St. Peter und Paul in Naumburg – Uta: eine der genialsten Schöpfungen deutscher Bildhauerkunst

Naumburg, im Süden Sachsen-Anhalts an der Saale gelegen, ist eine wichtige Station an der Straße der Romanik. Um 1000 gründeten die Markgrafen von Meißen in der Nähe ihres bisherigen Stammsitzes eine »Neue Burg«, das spätere Naumburg. Im Jahr 1028 wurde das Bistum Zeitz in den Schutz der knapp 30 Kilometer entfernten »Neuen Burg« verlegt. Naumburg entwickelte sich im Mittelalter zu einer bedeutenden Handels- und Messestadt. Der Bischofssitz bestand bis 1555, das seit der Mitte des 16. Jahrhunderts evangelische Domstift existiert bis heute.

Uta von Naumburg

Der Naumburger Dom erhebt sich auf einem Bergsporn nordwestlich der Altstadt. Das Gotteshaus wurde als Basilika mit östlichem Querhaus und zwei Chören etwa ab 1210 errichtet. Spätromanische Formen sind im Langhaus und den Turmuntergeschossen zu erkennen. In der Mitte des 13. Jahrhunderts erbaute man den frühgotischen Westchor, Anfang des 14. Jahrhunderts den Ostchor. Die vier Türme zeigen romanische und gotische Formen. Barocke Hauben bekrönen die Osttürme. Auf der Südseite schließen sich Kreuzgang und Stiftsgebäude an den Dom an. Ins Auge fällt die Dreikönigskirche mit ihrem überaus steilen Satteldach und einer um 1420 geschaffenen vollplastischen Anbetung der Heiligen Drei Könige.

In seiner Bedeutung für die Einführung der gotischen Architektur in Mit-

Petrus schlägt Malchus ein Ohr ab – Skulpturengruppe des Naumburger Meisters am Westlettner

teldeutschland kann der Westchor des Naumburger Domes kaum überschätzt werden. Eine Reihe von Bezügen zur nordfranzösischen Gotik ist feststellbar. Das äußert sich vor allem in der Gliederung der Innenarchitektur. Weltberühmt sind der Lettner und die Stifterfiguren. Schöpfer dieser ausdrucksstarken Plastiken ist der unbekannte »Naumburger Meister« bzw. die Werkstatt dieses in Frankreich geschulten Bildhauers. Der Lettner trennt Westchor und Mittelschiff. Acht meisterhaft belebte Reliefs erzählen die Leidensgeschichte Jesu vom letzten Abendmahl bis zur Kreuztragung. Den Abschluss bildet die vollplastische Kreuzigungsgruppe. Unter den ausgebreiteten Armen des Gekreuzigten geht man in den Chor, ins

Paradies hinein. Im Westchor wurden zwölf Stifterfiguren, darunter die weltbekannten Skulpturen von Ekkehard und Uta, in die Gewölbedienste eingefügt. Neu in der Kunst der Zeit war, dass die Menschen ganz deutlich als individuelle Persönlichkeiten charakterisiert wurden.

Reich ist auch der Bestand historischer Glasmalereien. Besondere Beachtung verdienen die Fenster im Ostchor. Im 14. Jahrhundert wurden das Jungfrauenfenster rechts neben dem Chorscheitel und das Marienfenster geschaffen. Das Passionsfenster und das Apostel-Propheten-Fenster kamen im 15. Jahrhundert hinzu. Auch der Westchor hat noch zahlreich originale Bleiglasfenster aus der Erbauungszeit aufzuweisen. In der 2007 wieder zugänglich gemachten Elisabethkapelle im Erdgeschoss des Nordwestturmes befinden sich drei vom Leipziger Maler Neo Rauch (* 1960) geschaffene moderne Fenster. Sie zeigen Szenen aus dem Leben der hl. Elisabeth von Thüringen (1207–1231).

Hermann und Reglindis

i

Domplatz 16/17, 06618 Naumburg
Tel.: 03445/2301-120 bzw. -133
(Besucherservice)
Internet: www.naumburger-dom.de

Die großen Dome und Kathedralen

Bamberger Dom

Baseler Münster

Berliner Dom

Bremer Dom

Essener Münster

Mainzer Dom

Dom zu Meißen

Liebfrauendom in München

Regensburger Dom

Salzburger Dom

Stephansdom in Wien

Dom St. Peter und Georg in Bamberg – Das einzige Papstgrab nördlich der Alpen

Der deutsche Kaiser Heinrich II. (973/78–1024) gründete das Bistum Bamberg im Jahre 1007 und stiftete auch den ersten Dom, der bereits am 6. Mai 1012 geweiht werden konnte. Brände vernichteten diese Bischofskirche und ihren Nachfolgebau. Heute steht vor unseren Augen die dritte, 1237 geweihte Kathedrale. Der Dom legt Zeugnis ab von der Blüte der hochmittelalterlichen Kunst.

Adamspforte, Kaiser Heinrich und Kaiserin Kunigunde

Bau- und kunstgeschichtlich gilt der den Heiligen Petrus und Georg geweihte Dom als ein großartiges Bauwerk der späten Romanik und der frühen Gotik. Die Kathedrale des heutigen Erzbistums wurde zwischen 1215 und 1237 errichtet. Ihr Äußeres dominieren vier Türme, die paarweise die beiden gegenüberliegenden Chöre umschließen. Die Westtürme entstanden nach dem Vorbild der Türme der Kathedrale im nordfranzösischen Laon.

Besonders das Äußere des Bamberger Domes zeigt sich noch immer in seiner spätromanischen Gestalt. Nur die Dächer und die Turmhelme erhielten ihr heutiges Aussehen im Jahre 1766. Damals stockte man die Osttürme um ein Geschoss auf und entfernte den Dachreiter. Der bayerische König Ludwig I. (1786–1868) veranlasste die Entfernung der Barockausstattung. So präsentiert sich der Bamberger Dom heute relativ schlicht, hat aber trotzdem bedeutende mittelalterliche Kunstwerke aufzuweisen.

An der um 1200 geschaffenen Gnaden- oder Marienpforte im Nordost-

turm haben sich die ältesten Skulpturen des Domes erhalten. Im Bogenfeld thront Maria mit dem Jesuskind, umgeben von Georg und Petrus. Etwas kleiner gehalten sind die Figuren der Stifter, des Kaiserpaares Heinrich und Kunigunde (um 975–1033). Den Abschluss bilden zwei nur sehr klein dargestellte Geistliche. Die etwa gleichzeitige Adamspforte am Südostturm beeindruckt durch ein archaisch wirkendes Zickzackfries. 1230 kamen die Skulpturen von Adam und Eva, Heinrich und Kunigunde sowie von Petrus und Stephanus hinzu.

Die Gesichter der Skulpturen an der Gnadenpforte sind der zeitgenössischen Buchmalerei entlehnt und lassen noch jegliche Individualität vermissen. Ganz anders gestaltet sind die Gesichtszüge am Fürstenportal. Im Tympanon des um 1225/30 entstandenen Portals ist eine Darstellung des Jüngsten Gerichts zu sehen. Christus thront als Weltenrichter, Maria und Johannes knien fürbittend zu seinen Füßen. Unter den Verdammten, die von einem Teufel in die Hölle geführt werden, befinden sich auch ein König und ein Bischof.

Tilman Riemenschneider schuf das Hochgrab des Stifterpaares Heinrich und Kunigunde in den Jahren 1499 bis 1513. Weltberühmt ist der wohl

Blick durch das Mittelschiff in den Westchor

um 1230 entstandene »Bamberger Reiter«. Vermutlich ist der hl. König Stephan von Ungarn (969–1038), ein Schwager Heinrichs II., dargestellt. Veit Stoß schuf 1523 den Marienaltar im südlichen Querhaus, das letzte große Werk des schon über Fünfundsiebzigjährigen. Im Bamberger Dom befindet sich das Grab Papst Clemens´ II. (1046–1047), das einzige Papstgrab nördlich der Alpen.

i

Domplatz, 96049 Bamberg
Tel.: 0951/2995590 (Kath. Dompfarramt); 0951/502330 (Touristikstelle am Dom)
Internet: www.bamberger-dom.de

Der Bamberger Reiter

Das Münster zu Basel – Ökumene im 16. Jahrhundert

Auf dem langgestreckten Münsterhügel, hoch über dem steilen Rheinufer gelegen, beherrscht das Münster mit seinen beiden schlanken Türmen das Stadtbild von Basel. Im Sonnenschein leuchtet der aus rotem Sandstein errichtete Bau, und die glasierten Dachziegel reflektieren die Strahlen der Sonne.

Mitte des 4. Jahrhunderts ist erstmals ein Bischof im Nordwesten der heutigen Schweiz bezeugt, der seinen Sitz im nahen Kaiseraugst hatte. Alemanneneinfälle um 400 machten eine Verlegung des Bischofssitzes auf den besser geschützten Basler Münsterhügel notwendig. Bei ihren Kriegszügen zerstörten die Ungarn im frühen 10. Jahrhundert das alte karolingische Münster. Ein von Kaiser Heinrich II. (1002–1024) gestifteter Neubau wurde im Jahre 1019 in seinem Beisein geweiht.

Galluspforte

Der nach einem Großbrand (1185) errichtete spätromanische Bau ist heute noch deutlich im Inneren des Langhauses erkennbar. Es entstand ein dreischiffiger Bau mit Querschiff. Starken Schaden nahm das Münster 1356 bei einem Erdbeben. Die Erneuerung im gotischen Stil erfolgte durch Johannes von Gmünd (um 1330–nach 1359). Ulrich Ensinger (um 1350–1419), der Schöpfer der berühmten Münstertürme in Straßburg und Ulm, lieferte auch den Entwurf für den Ausbau des nördlichen Georgsturmes. Mit der Fertigstellung des südlichen Martinsturmes galt das Münster im Jahr 1500 als vollendet. Zu diesem Zeitpunkt waren auch die Arbeiten an den beiden gotischen Kreuzgängen abgeschlossen.

Das Basler Münster diente den Bischöfen von Basel bis zur Reformation als Kathedrale. Mit dem Bildersturm

Blick durch das Mittelschiff zum Chor

Erasmus-Epitaph

am 9. Februar 1529 endete diese Zeit. Ein großer Teil der Innenausstattung ging damals zugrunde. Restaurierungen im 19. und 20. Jahrhundert brachten die romanisch-gotische Substanz wieder stärker zur Geltung.

Von den ursprünglichen fünf Türmen baute man nach dem Erdbeben nur die beiden Westtürme wieder auf. Links vom Hauptportal sind die Stifterfiguren Kaiser Heinrichs II. und seiner Frau Kunigunde angebracht. Am nördlichen Querhaus befindet sich heute die um 1150/70 geschaffene spätromanische Galluspforte, vermutlich das Hauptportal des romanischen Doms und das älteste Figurenportal im deutschen Sprachraum. Christus thront im Bogenfeld als Weltenrichter. Unter der Gerichtsszene sind die klugen und die törichten Jungfrauen zu sehen. Im Gewände stehen Skulpturen der Evangelisten. Über dem Bogenfeld blasen Engel zum Jüngsten Gericht, und die Toten stehen auf. Ein weiteres Meisterwerk romanischer Kunst ist die um 1100 entstandene Vincentiustafel, die auf vier Feldern aus dem Leben des frühchristlichen Märtyrers Vincentius von Valencia erzählt. Aus der Zeit der Gotik blieben der Bischofsthron, der Taufstein und die Kanzel erhalten.

Der berühmte Humanist Erasmus von Rotterdam (1464/69–1536) lebte viele Jahre in Basel. Obwohl der Priester Erasmus die katholische Kirche des frühen 16. Jahrhunderts stark kritisierte, blieb er ihr treu und wechselte nicht ins Lager der Reformatoren. Als er 1536 in Basel starb, wurde deutlich, welch hohes Ansehen er über die Konfessionsgrenzen hinweg genoss: Man begrub den katholischen Priester Erasmus von Rotterdam im reformierten Basler Münster. Im nördlichen Seitenschiff findet man ein Epitaph, das an ihn erinnert. Direkt davor befindet sich sein erst 1974 wiederentdecktes Grab.

i

Münsterplatz, CH-4051 Basel
Tel.: +41(0)61/2774542 u. 2729157 (Münsterkiosk)
Internet: www.baslermuenster.ch; www.muensterbasel.ch

Vincentiustafel

Der Berliner Dom – Grablege der Hohenzollern

Bis ins 15. Jahrhundert gehen die Wurzeln der Berliner Domgemeinde zurück, als im Cöllner Schloss eine Kapelle und später ein Domstift eingerichtet wurden. Das Domstift wurde 1536 in die Klosterkirche der Dominikaner verlegt. Nach deren Abbruch entstand von 1747 bis 1750 am heutigen Standort nach niederländischen Vorbildern ein neuer, schlichter Dom, den Karl Friedrich Schinkel (1781–1841) nach 1817 umgestaltete. Doch auch danach konnte der Dom das Repräsentationsbedürfnis der preußischen Könige nicht dauerhaft erfüllen.

Das Kuppelkreuz

So kam es unter Kaiser Wilhelm II. (1859–1918) zwischen 1894 und 1905 zu einem Neubau, den Julius Carl Raschdorff (1823–1914) ausführte.

Der Berliner Dom ist ein Zentralbau im italienischen Hochrenaissancestil. Flankiert von vier Ecktürmen erhebt sich die Kuppel. Die ursprünglich dreifache Gliederung des Domes in Tauf- und Traukirche, Predigtkirche und Denkmalskirche ist so nicht mehr erlebbar. In den 1970er Jahren erfolgte der ideologisch motivierte Abriss der Denkmalskirche, in der sich die Prunkgräber einiger bedeutender Hohenzollern befanden. Lange wurde auch ein Abbruch der kriegsbeschädigten Kirche in Betracht gezogen. Schließlich setzten sich die Befürworter eines etwas vereinfachten Wiederaufbaus durch, der mit westdeutscher Unterstützung von 1974 bis 1993 möglich wurde.

An der Lustgartenseite erhebt sich die zweigeschossige Hauptfront, der eine 80 Meter lange Säulenhalle mit Freitreppe vorgelagert ist. Mächtige Turmaufbauten an den Ecken begleiten zu-

Altarraum

sammen mit den kleineren Türmen an der Spreeseite die Hauptkuppel, die den Innenraum mit hellem Licht erfüllt.

Von der Lustgartenseite betritt man das Innere des Domes und gelangt durch zwei Vorhallen hindurch in die Predigtkirche. Ein unregelmäßiges Achteck bildet den Grundriss des festlich wirkenden Raumes. Vier mächtige Pfeiler tragen die eine Höhe von 74 Metern erreichende Kuppel. Jedem Pfeiler sind zwei Säulen vorgelagert, auf den Standbilder der Reformatoren Luther, Melanchthon, Zwingli und Calvin sowie von den der Reformation wohlgesinnten Fürsten Albrecht von Preußen, Joachim II. von Brandenburg, Friedrich des Weisen von Sachsen und Philipp des Großmütigen von Hessen zu sehen sind. Vier darüber angebrachte Reliefs zeigen Ereignisse aus der Apostelgeschichte. Acht Mosaiken mit Darstellungen der Seligpreisungen schmücken die Kuppel.

Unter der Predigtkirche befindet sich die Fürstengruft, in der die Hohenzollern ihre letzte Ruhe gefunden haben. Hier befinden sich 97 Särge aus dem 16. bis 20. Jahrhundert. Die besonders kunstvollen Grabmäler der Kurfürsten Johann Cicero (1455–1499) und Friedrich Wilhelm (1620–1688) sowie des ersten preußischen Königs Friedrich I. (1657–1713) und seiner zweiten Frau Sophie Charlotte (1668–1705), die sich in der 1976 abgebrochenen Denkmalskirche befanden, stehen unter der nördlichen und südlichen Empore.

Die 1905 von der Firma Sauer in Frankfurt/Oder erbaute Orgel ist mit 7269 Pfeifen, 113 Registern und 4 Manualen die größte vollpneumatische Orgel mit einem Klangbild der Hochromantik. Im Jahre 2006 erfolgte eine grundlegende Sanierung des Instruments.

Blick in die Kuppel

i

Am Lustgarten, 10178 Berlin
Tel.: 030/20269-140 (Domshop);
030/20269-164 (Führungen)
Internet: www.berlinerdom.de

Der Dom St. Petri in Bremen – Kirche mit fünf Orgeln

Direkt neben dem zum UNESCO-Weltkulturerbe zählenden Bremer Rathaus mit dem Roland steht der Dom, mit dessen Bau man 1042 begann. Bei Ausgrabungen fand man die Überreste des ersten steinernen Domes, der auf das Jahr 805 zurückgehen soll. Die erste, noch hölzerne Domkirche war bereits im Jahre 789 vom ersten Bremer Bischof Willehad († 789) geweiht worden. Willehad hatte um 780 im nordwestlichen Sachsen zu missionieren begonnen und von Karl dem Großen (747/48–814) die Bischofswürde erhalten. Bis ins hohe Mittelalter war die wichtigste Aufgabe des Erzbistums Hamburg-Bremen die Christianisierung Nordeuropas.

Epitaph für Domvikar Henricus Borcherdi im Bremer Dom-Museum

Nach einer Brandkatastrophe im Jahr 1041 begann man sofort mit dem Bau eines neuen Domes, von dem die Westkrypta und Teile des Westchores erhalten blieben. Das frühromanische Kirchenschiff wurde erst im 12. Jahrhundert fertiggestellt. Erhalten blieben die Pfeiler des Langhauses und Teile von Lang- und Querhaus. Noch vor 1100 könnte die Ostkrypta erbaut worden sein. Im 13. und 14. Jahrhundert erfolgten gotische Umbauten, Gewölbe wurden eingezogen, und die Westfassade mit den frühgotischen Türmen kam hinzu. Nach 1350 fügte man noch Seitenkapellen an.

In der Reformationszeit wurde der Dom mehrmals geschlossen, eine Zeit des äußeren Verfalls begann. So stürzten im Jahre 1638 die Südtürme ein. Im selben Jahr wurde der Dom als

Rathaus und Bremer Dom

evangelisch-lutherische Pfarrkirche im weitgehend reformierten Bremen wiedereröffnet. Ende des 19. Jahrhunderts begann unter Max Salzmann (1850–1897) und Ernst Ehrhardt die Restaurierung und die Wiederherstellung der Türme und großer Fassadenpartien. Dabei orientierte man sich an der Gestalt des Domes, wie sie ein Bild aus dem Jahr 1532 zeigt. An rheinische Vorbilder lehnt sich die Neuschöpfung des Vierungsturmes an.

Wenige, aber dafür sehr qualitätvolle Stücke blieben von der reichen mittelalterlichen Ausstattung erhalten. Das älteste Kunstwerk des Domes ist ein um 1050 geschaffener thronender Christus als Weltenrichter, der in der Westkrypta zu sehen ist. Hier befinden sich auch das Bronze-Taufbecken aus dem frühen 13. Jahrhundert, dessen Kessel von vier auf Löwen reitenden Männern getragen wird, und wertvolle Kapitelle. Sehenswert sind auch die Lettnerbrüstung am Westchor (Anfang des 16. Jahrhunderts) und die sieben erhaltenen Wangen des Chorgestühls (um 1360–80). Zahlreiche Epitaphien des 16. und 17. Jahrhunderts sind Zeugnisse einer ausgeprägten Memorialkultur.

Fünf Orgeln findet man im Dom, darunter auch eine kleine Orgel des berühmten sächsischen Orgelbaumeisters Gottfried Silbermann. Das vermutlich 1732/33 gebaute Instrument kam 1939 aus Etzdorf in Sachsen nach Bremen. Substanzverluste der Orgel konnten bei der Restaurierung im Jahr 1994 durch die Werkstatt des Dresdner Orgelbauers Kristian Wegscheider behoben werden. In die Orgeltradition der Barockzeit stellt sich auch die 1962/64 von den Brüdern van Vulpen aus Utrecht geschaffene »Bach-Orgel«.

Bach-Orgel 1962/64

Die historischen Glasfenster haben die Bombenangriffe des Zweiten Weltkrieges nicht überstanden. Zwischen 1951 und 1987 erhielten die Domfenster eine neue Verglasung. Besonders gelungen sind die sich an mittelalterlichen Vorbildern orientierenden Chorfenster, das Rosettenfenster über der Sauer-Orgel (alle 1951 von Georg K. Rohde) und das Weihnachtsfenster in der östlichsten Südkapelle (1953 von Charles Crodel).

Chorfenster

i

Am Dom, 28195 Bremen
Tel.: 0421/36504-0 (Ev. Pfarramt St. Petri-Dom)
Internet: www.stpetridom.de

Das Münster St. Maria, Cosmas und Damian in Essen – Älteste Marienstatue der Welt

Essen, im Zentrum des Ruhrgebietes gelegen, entwickelte sich aus einem um 845 gegründeten Stift für Damen des Hochadels. Im 13. Jahrhundert erhielt Essen das Stadtrecht. Obwohl 1563 die Reformation eingeführt wurde, blieb das Stift katholisch und die Äbtissin herrschte als Landesherrin auch über die Stadt. Erst 1802, im Zuge der Säkularisation, löste man das Stift auf. Ihren Aufstieg im 19. Jahrhundert verdankte die Stadt dem Steinkohlenbergbau. Heute ist das Essener Münster die Bischofskirche des 1958 errichteten Ruhrbistums, das sich aus Gebieten zusammensetzt, die ehemals zu den Diözesen Köln, Münster und Paderborn gehörten.

Das Essener Damenstift entstand in der Zeit der Christianisierung der Sachsen unmittelbar an der Grenze des Frankenreiches. Mädchen und Frauen des sächsischen Adels fanden hier Aufnahme. Der Gründer des Stifts, der Adelige Altfried († 874) aus dem Geschlecht der Ottonen, fand hier seine letzte Ruhe. Seine Schwester Gerswit hatte er als erste Äbtissin des Stiftes eingesetzt. Altfried, der bis zum Bischof von Hildesheim aufstieg, ließ in Essen ab 852 eine erste Stiftskirche erbauen.

Goldene Madonna

Am Ende des 10. und im 11. Jahrhundert erreichte das Stift seine Blütezeit. Damals war Essen neben Quedlinburg das bedeutendste Frauenkloster im Heiligen Römischen Reich. Das Kaiserhaus beschenkte das Stift mit Grundbesitz und zahlreichen Privilegien. Mit den Äbtissinnen Mathilde (949–1011) und Theophanu (um 997–1058) standen dem Stift sogar zwei Enkeltöchter Ottos des Großen und Ottos II. vor. Mathilde gab zahlreiche der noch heute erhaltenen Kunstwerke des Domschatzes in Auftrag.

Buchdeckel der Äbtissin Theophanu in der Domschatzkammer

Schon die erste Stiftskirche war ein dreischiffiger Bau mit Querhaus, dreiteiligem Chor und einer Vorhalle. Im 10. Jahrhundert legte man eine erste Krypta an. Äbtissin Mathilde errichtete schließlich die wie ein mächtiges Westwerk wirkende Dreiturmanlage. Das Innere erinnert mit seinem teilweise achteckigen Grundriss an die Aachener Pfalzkapelle. Im Norden schließt sich an die Kirche der mehrfach erneuerte Kreuzgang an, um den sich einst die Stiftsgebäude gruppierten.

Nach einem Brand im Jahr 1275 entstand über der Krypta des 11. Jahrhunderts von 1276 bis 1327 eine dreischiffige gotische Hallenkirche. Der Chor ist von der Elisabethkirche in Marburg inspiriert worden. Im 18. Jahrhundert erfolgte eine Barockisierung des Inneren, die man um 1880 wieder entfernte. Im Zweiten Weltkrieg zerstörten Bomben die Kirche, bis 1958 erfolgte der Wiederaufbau mit einem neu gestalteten, verschieferten Walmdach.

Trotz der Kriegsschäden konnten viele Kunstwerke aus ottonischer Zeit gerettet werden: eine Kreuzsäule aus dem 11. Jahrhundert, der über zwei Meter hohe siebenarmige Leuchter (um 1000), drei wertvolle Vortragekreuze und die Goldene Madonna (um 980).

Die 74 Zentimeter große Holzfigur wurde mit dünnen Goldblechen überzogen. Aus Email fertigte man die Augen von Maria und dem Jesuskind. Nur Reste blieben vom einstigen reichen Schmuck der Madonna erhalten. Diese erste vollplastische Marienfigur des Abendlandes ist wertvollster Bestandteil des Domschatzes.

> **i**
> Burgplatz, 45127 Essen
> Tel.: 0201/226766 (Dombüro),
> 0201/2204-206 (Domschatzkammer)
> Internet: www.dom-essen.de

Siebenarmiger Leuchter

Der Dom zu Mainz – Romanische Gottesburg

Der den hll. Martin und Stephanus geweihte Mainzer Dom ist die Kathedrale des vermutlich bis in die Spätantike zurückreichenden Bistums Mainz. Eine erste Bischofskirche wurde vermutlich im Tempelbezirk der römischen Stadt angelegt. Kurz nach 975 begann der Bau des heutigen Domes unter Erzbischof Willigis (um 940 –1011). Mit diesem Bau sollte auch die Bedeutung sichtbar werden, welche die Erzbischöfe als Erzkanzler des Heiligen Römischen Reiches hatten. Vierzehn Bistümer gehörten im Mittelalter zur Mainzer Kirchenprovinz, und sieben Krönungen deutscher Könige fanden im Lauf der Jahrhunderte im Dom zu Mainz statt.

Im Jahre 1009, am Vorabend der Weihe, brannte der von Willigis erbaute Dom fast gänzlich ab. Noch einmal dauerte es fast 30 Jahre, bis Erzbischof Bardo (980/81–1051) den wiedererrichteten Dom konsekrieren konnte. Als der Dom 1081 durch einen erneuten Brand wiederum schwere Schäden davontrug, beauftragte Kaiser Heinrich IV. (1050–1106) lombardische Baumeister mit der Reparatur. An der Apsis des Ostchores und an der Bauplastik zeigt sich deutlich ihr Einfluss. Mit der Vollendung des Westwerkes und der Wölbung des Langhauses kamen die Bauarbeiten 1239 zum Abschluss. Aber auch im Spätmittelalter, in der Barockzeit und im 19. Jahrhundert wurde immer wieder am Mainzer Dom gebaut.

Roter Sandstein drückt dem Äußeren des über Jahrhunderte gewachsenen

»Domgebirges« seinen Stempel auf. Deutlich davon hebt sich die aus hellem Stein vor 1137 als Hauskapelle der Erzbischöfe errichtete Gotthard-Kapelle ab. Der mächtige Westturm erhielt sein heutiges Aussehen durch Ignaz Michael Neumann (1733–1785), Sohn des berühmten Balthasar Neumann (1687–1753), der den Turmhelm nach einem Brand im Jahre 1767 schuf. Ältester Teil des Domes ist der Ostchor, dessen gotischer Vierungsturm Anfang des 19. Jahrhunderts wieder aufgebaut wurde. Heute ist dieser eines der Wahrzeichen der Stadt.

Bedeutendste Stücke der Innenausstattung des Domes sind die zahlreichen Bischofsgräber. In der Marienkapelle liegt Bischof Wilhelm Emmanuel von Ketteler (1811–1877) begraben, auf den in wesentlichen Teilen die Soziallehre der katholischen Kirche zurückgeht. Sehenswert sind auch das prächtige Rokoko-Chorgestühl und der Marienaltar in der Ketteler-Kapelle.

Mit mehr als 2.000 Quadratmetern Ausstellungsfläche zählt das 1925 eröffnete Dom- und Diözesanmuseum zu den größten seiner Art. Die ehemaligen Räume des Domkapitels und der zweigeschossige spätgotische Domkreuzgang bilden den Rahmen für Kunstwerke aus zwei Jahrtausenden. Gezeigt werden Objekte, die ehemals zur Ausstattung des Domes oder der Kirchen der Diözese Mainz gehörten. Im Untergeschoss, einer vor wenigen Jahren freigelegten zweischiffigen Gewölbehalle aus staufischer Zeit, sind Zeugnisse aus der römischen Epoche der Stadt sowie aus Romanik und Gotik zu sehen. Besonders beeindrucken die einzigartigen Fragmente der 1682 im Dom abgebrochenen Westchorschranke (um 1240) des »Naumburger Meisters«. Das Obergeschoss des Kreuzgangs beherbergt die Abteilung Spätmittelalter und Neuzeit. Hier zieht gleich am Eingang eine triumphale, sechs Meter hohe Kreuzigungsgruppe (1519) aus der Werkstatt des Hans Backoffen (um 1470–1519) die Blicke auf sich. Über 60 weitere Kunstwerke sind zu sehen, so Gemälde aus der Cranach-Werkstatt, ein Drehtabernakel oder das 1841 geschaffene Denkmal für den Sänger Heinrich von Meißen († 1318). Nikolauskapelle und Sakristei beherbergen den reichen Domschatz.

Kreuzgang

i

Am Markt (Dom) bzw. Domstraße 3 (Dommuseum), 55116 Mainz
Tel.: 06131/253412 (Dominformation); 06131/253344 (Dommuseum)
Internet: www.mainz-dom.de; www.dommuseum-mainz.de

Dom St. Johannes und Donatus in Meißen – Ausgangspunkt der Christianisierung Sachsens

Hoch über der Elbe bilden die Bauten der Meißener Burg das Wahrzeichen der Stadt. In der Mitte erhebt sich der den hll. Johannes dem Täufer und Donatus geweihte Dom, den die Albrechtsburg, das ehemalige Bischofsschloss, Domherrenhöfe und Kornhaus umgeben. König Heinrich I. (um 876–936) ließ nach 929 den Burgberg befestigen und nutzte ihn als Ausgangspunkt für die weitere Unterwerfung der Slawen. Eine erste Burgkapelle diente wahrscheinlich seit 968 als erste Kathedrale des neuen Bistums Meißen. Reste dieser Kapelle blieben unter dem Chor des heutigen Domes erhalten.

Innenportal

Die dreischiffige gotische Hallenkirche ersetzte ab der zweiten Hälfte des 13. Jahrhunderts einen romanischen Vorgängerbau, der vermutlich zwischen 1006 und 1073 erbaut wurde. Zunächst entstanden Chor, Querhaus und der frühgotische Lettner, der den Chorraum vom Langhaus trennt. Auch die Allerheiligenkapelle am Kreuzgang entstand in dieser Zeit. Die alte romanische Basilika war den Meißner Bischöfen in einer Zeit, in der sich der neue gotische Baustil von Frankreich aus auch in Deutschland immer mehr durchsetzte, wohl nicht mehr modern genug und musste einem Neubau weichen.

Vor das Westportal baute man nach 1423 die Dreikönigskapelle als Grablege der sächsischen Kurfürsten. Ar-

Hotel Burgkeller

Lettner mit dem Cranach-Altar

nold von Westfalen († 1481) errichtete die Obergeschosse der Westtürme (1471–1481). Doch erst zu Beginn des 20. Jahrhunderts erhielten die Türme ihre markanten, weithin sichtbaren neogotischen Aufsätze und Helme.

Zwischen dem gewaltigen Westabschluss und den frühgotischen Ostteilen des Domes erhebt sich die hochgotische Hallenkirche. Durch die mächtigen Pfeiler erlebt man den Raum nicht als Einheit, die Seitenschiffe mit ihren mächtigen Maßwerkfenstern sind für den Betrachter beim Blick vom Mittelschiff zum Chor nicht zu sehen.

Die Innenausstattung des Domes ist eine der bedeutendsten in Sachsen. Dazu zählen die Stifter- und Patronatsfiguren (um 1270) im Chor, die aus der Werkstatt des Naumburger Meisters stammen. Von den ehemals etwa 50 Altären blieben nur 3 erhalten. Auf dem qualitätvollen, von einem niederländischen Meister um 1500 gemalten Hochaltarbild ist die Anbetung Jesu durch die Heiligen Drei Könige zu sehen. Je zwei Apostel auf den Altarflügeln flankieren die Anbetungsszene. Aus der Cranach-Werkstatt in Wittenberg stammt der vermutlich 1526 geschaffene Laienaltar

vor dem Lettner, ein frühes Beispiel lutherischer Reformationskunst. Im Zentrum der Mitteltafel steht die Kreuzigung Christi, gerahmt von den alttestamentlichen Vorbildern des Opfers Abrahams und der Aufrichtung der Ehernen Schlange. Lucas Cranach der Ältere (um 1475–1553) malte 1534 das Altarbild der Georgskapelle. Maria und Johannes stützen Christus, der in einer eigentümlichen Verbindung zugleich als Schmerzensmann und als Auferstandener dargestellt wird. Auf den Seitenflügeln knien anbetend Herzog Georg der Bärtige (1471–1539), begleitet von den Aposteln Jakobus und Petrus, und seine Frau Barbara (1478–1534) mit den Aposteln Paulus und Andreas.

i
Domplatz, 01662 Meißen
Tel.: 03521/452490 (Hochstift Meißen)
Internet: www.dom-zu-meissen.de

Blick über die Elbe zum Burgberg

Dom zu Unserer Lieben Frau in München – Wahrzeichen der Hauptstadt Bayerns

Mit seinen weithin sichtbaren Doppeltürmen ist der meist nur »Frauenkirche« genannte Dom das weltbekannte Wahrzeichen der bayerischen Landeshauptstadt München. Seit 1821 ist das Gotteshaus die Metropolitankirche der südbayerischen Kirchenprovinz und Bischofskirche des damals neugeschaffenen Erzbistums München und Freising. Im Zuge der Gegenreformation kamen 1580 die Reliquien des hl. Bischofs Benno von Meißen († 1106) in die Frauenkirche. Heute ist der hl. Benno Patron der Stadt und des Erzbistums.

Jörg Halspach (vor 1444–1488) errichtete die Frauenkirche zwischen 1468 und 1488 an der Stelle einer früheren Marienkapelle als Pfarrkirche der Münchner Bürgerschaft. Im Jahre 1494 wurde die Kirche geweiht. Anstelle der geplanten Spitzgiebel erhielten die knapp 99 Meter hohen Türme 1525 ihre charakteristischen welschen Hauben, deren grüne Patina mit dem dunklen Rot des Backsteins kontrastiert. Das Äußere des gewaltigen Baues wirkt relativ schlicht, da die sonst für gotische Kirchen so typischen Strebepfeiler in den Innenraum verlegt wurden. Nach den schweren Zerstörungen im Zweiten Weltkrieg wurde die Kirche bis 1953 wiederaufgebaut.

Türme der Liebfrauenkirche und Mariensäule

Das Innere der dreischiffigen, 1858 regotisierten Hallenkirche beeindruckt durch seine Schlichtheit. Auf bunten figürlichen Konsolen ruhen die Sterngewölbe, der einzige architektonische Schmuck des Innenraums. Ein Kranz aus 21 Kapellen umzieht das gesamte, 109 Meter lange und 40 Meter breite Kirchenschiff. Der Innenraum erreicht eine Höhe von 37 Metern.

Im Chor findet man die ursprünglichen Glasgemälde (14. bis 16. Jahrhundert). Vom dem im Zweiten Welt-

Blick in den Chorraum

krieg verbrannten Chorgestühl, 1495 bis 1502 von Erasmus Grasser gefertigt, blieben die ausgelagerten Büsten der Apostel und Propheten erhalten und wurden am neuen Chorgestühl wieder abgebracht. In der Gruft liegen die Erzbischöfe von München und Freising begraben. Eine Gedenktafel erinnert an die in den Nebenräumen beigesetzten Familienmitglieder des Herrscherhauses der Wittelsbacher. Das Prunkgrabmal für Kaiser Ludwig den Bayern, von 1619 bis 1622 von Hans Krumper unter Einbeziehung älterer Teile aus schwarzem Marmor geschaffen, befindet sich im Eingangsbereich. Weitere herausragende Kunstwerke sind ein Schmerzensmann (um 1320) am Choreingang links, das ehemalige Hochaltarbild »Mariä Himmelfahrt« (1620) von Peter Candid über dem Sakristeieingang, die spätgotischen Figuren der Anna Selbdritt und der hl. Ritter Rasso und Georg (um 1520) in der Kapelle der Hofbruderschaft und das Mariengnadenbild von 1659 in der Chorhauptkapelle.

i

Frauenplatz 1 (Dom), Marienplatz (Mariensäule), 80331 München
Tel.: 089/290082-0 (Kath. Dompfarrei)
Internet: www.muenchner-dom.de

Die Mariensäule

Die Mariensäule auf dem Marienplatz vor dem Münchner Rathaus wurde 1638 aus Dankbarkeit für die Erhaltung Münchens und Landshuts während der schwedischen Besatzung aufgestellt. Sie erinnert auch daran, dass Kurfürst Maximilian I. Bayern dem Schutz der Gottesmutter anvertraute. Die 12 Meter hohe Säule besteht aus rotem Marmor und trägt ein überlebensgroßes, vergoldetes Standbild der »Patrona Bavariae«. Hubert Gerhard (um 1550–1620) hatte die auf der Mondsichel stehende Marienstatue mit dem Jesuskind ursprünglich für den Hochaltar der Frauenkirche geschaffen. Vier geflügelte Kinderfiguren am Sockel kämpfen gegen Pest, Krieg, Hungersnot und Ketzerei. Am Fuß der Mariensäule beteten Papst Johannes Paul II. und Papst Benedikt XVI.

Dom St. Peter in Regensburg – Heimstatt der »Regensburger Domspatzen«

Die Stadt Regensburg geht auf ein römisches Kastell aus dem 1. Jahrhundert n. Chr. zurück. Im 6. Jahrhundert wurde Regensburg zum Mittelpunkt des Herzogtums Bayern. Der hl. Emmeram († um 652) machte als Wanderbischof Regensburg zu einem Zentrum seiner Missionsarbeit. Als Gründungsjahr des Bistums gilt 739, als der hl. Bonifatius (672/73–754/55) die Regensburger Diözese dem kanonischen Recht und dem Papst unterstellte.

Vorgänger des Doms war ein wohl spätestens um 850 errichteter karolingischer Bau, der immer wieder von Bränden beschädigt wurde. Um 1270

begann der Neubau der gotischen Kathedrale, der sich über einen Zeitraum von 250 Jahren hinzog. Viele Generationen lebten mit der Dombaustelle. Doch in der Reformationszeit versiegten die Spenden, die Arbeiten wurden schließlich 1525 eingestellt. Das 17. Jahrhundert brachte eine barocke Umgestaltung des Kirchenschiffes mit sich. Im Jahr 1872 fanden 600 Jahre Dombaugeschichte mit der Errichtung der Türme, des Querhausgiebels und des Dachreiters ihren Abschluss. Im Inneren hatte bereits eine Regotisierung stattgefunden.

Ein einzigartiges Zeugnis der hohen Qualität gotischer Bildhauerkunst ist die um 1280 entstandene Verkündigungsgruppe. Heute weiß man, dass der erste Dombaumeister Ludwig der Schöpfer dieses heiteren Engels und der besonnenen, schönen Maria ist. Einen starken Eindruck hinterlässt auch die kraftvolle Farbigkeit der zahlreichen, sonnendurchglühten Buntglasfenster. Die zwischen 1300 und 1370 geschaffenen Fenster erzählen von Jesus, den Aposteln und Heiligen

Blick durch das Kirchenschiff zum Chor

sowie den Werken der Barmherzigkeit. Der Baumeister Liebhart der Mynner schuf um 1410 die Baldachinvorhalle des Hauptportals. Ein reiches Skulpturenprogramm zeigt den Dompatron Petrus, Szenen aus dem Leben der Gottesmutter, Apostel und Heilige im »Weichen Stil«.

Durch den sich im Norden anschließenden Kreuzgang gelangt man in die mit romanischen Fresken ausgemalte Allerheiligenkapelle. Zusammen mit dem Kapitelhaus, der Friedhofskapelle St. Michael und der Kirche St. Ulrich bietet sich dem Betrachter ein beeindruckendes mittelalterliches Ensemble.

Regensburger Domspatzen

Knaben und junge Männer singen im Regensburger Domchor, der unter dem Namen »Regensburger Domspatzen« zu den angesehensten Chören der Welt zählt. Mit ihrer mehr als tausendjährigen Geschichte sind die Domspatzen einer der ältesten Knabenchöre. Nachgewiesen ist die Gründung der Domschule durch Bischof Wolfgang im Jahr 975. Ein Schwerpunkt der Ausbildung war die Musik, damit die Liturgie am Dom besonders festlich ausgestaltet werden konnte. Bis heute erfuhr der musikalische Unterricht am Regensburger Dom nur im Dreißigjährigen Krieg eine kurze Unterbrechung.

Die erste Konzertreise unternahm der Chor zu Beginn des 20. Jahrhunderts nach Prag. Damals entstand auch der heute weit verbreitete Name »Domspatzen«. Schule, Internat und Chor sind unter einem Dach untergebracht und schaffen beste Voraussetzungen. Durch die Tätigkeit von Theobald Schrems (1893–1963) erlangte der Chor weltweite Berühmtheit. Sein Nachfolger wurde Georg Ratzinger, der Bruder Papst Benedikts XVI., der die erfolgreiche Arbeit fortführte. Heute leitet Roland Büchner den Chor, dem vor allem die Aufführung großer Chorwerke am Herzen liegt.

Zwei Bischöfe an der Westfassade

Portal

i

Domplatz, 93047 Regensburg
Tel.: 0941/5971660 (Infozentrum Domplatz); 0941/7962-0 (Domspatzen)
Internet: www.bistum-regensburg.de/borpage000393.asp (Dom); www.domspatzen.de

Dom zu Salzburg – Vorbild barocken Kirchenbaus nördlich der Alpen

Salzburg geht auf eine etwa 2000 Jahre alte römische Gründung zurück. Die in der Völkerwanderungszeit bedeutungslos gewordene Siedlung wurde 739 von Bonifatius mit päpstlicher Bestätigung zum Sitz eines Bischofs. Bereits 798 zum Erzbistum erhoben, ist Salzburg die älteste heute bestehende Erzdiözese im deutschen Sprachraum. Im Jahr 996 erhielt Salzburg das Markt- und Münzrecht.

Inmitten der Salzburger Altstadt erhebt sich der den hll. Rupert und Virgil geweihte Dom zwischen Residenz-, Dom- und Kapitelplatz. Bereits der hl.

Rupert hatte Salzburg um 700 zu einem Missionszentrum gemacht. Ausgrabungen nach dem Zweiten Weltkrieg bestätigten die Existenz eines ersten Domes im 8. Jahrhundert. Der spätromanische Dom vom Ende des 12. Jahrhunderts zählte zu den gewaltigsten Kirchenbauten nördlich der Alpen. Nach einem Brand im Jahre 1598 ließ der prunkliebende Erzbischof Wolf Dietrich von Raitenau (1559–1612) den mittelalterlichen Dom abtragen. Doch der der Ketzerei angeklagte Erzbischof konnte keinen Neubau mehr verwirklichen. Sein Neffe und Nachfolger Markus Sittikus Graf von Hohenems (1574–1619) beauftragte den Italiener Santino Solari (1576–1646) mit einem Neubau. Solari, der sich an dem römischen Vorbild der längsgerichteten Kuppelkirche Il Gesú orientierte, errichtete zwischen 1614 und 1628 einen Bau, der zu einem wichtigen Vorbild für den barocken Kirchenbau nördlich der Alpen wurde. Mit dem Ausbau der Türme fanden die Arbeiten 1655 ihren Abschluss.

Orgel am nordöstlichen Vierungspfeiler

Die reichgegliederte Doppelturmfassade des Domes beherrscht den vorgelagerten Platz mit seinen schlichten Bauten. Groß sind die Kontraste zwischen dem Äußeren des schlichten und grauen Langhauses und der prächtigen Fassade. Zwei kantige, von Laternen bekrönte Türme rahmen die dreigeschossige Westwand. Durch drei Arkaden, gesäumt von Statuen der Kirchenpatrone und der Apostelfürsten Petrus und Paulus, gelangt man in eine Vorhalle. Drei Bronzeportale (1957/58) führen in das Innere des Domes. Die stadtbildprägende Vierungskuppel ist vom Domplatz aus kaum auszumachen.

Klar überschaubar beeindruckt das Innere durch überwältigende Dimensionen. Kühl wirkt seine weiße Pracht. Im Dämmerlicht des nur indirekt beleuchteten Langhauses richtet sich der Blick des Besuchers auf die von Licht durchflutete Vierung, über der sich eine Tambour-Kuppel wölbt. Donato Mascagni (1579–1636) schuf mit seinen Mitarbeitern die zahlreichen, durch Stuckrahmen eingefassten Wand- und Deckengemälde. Die Gemälde der drei Hauptaltäre zeigen die Auferstehung Jesu, eine Vision des hl. Franziskus und das Schneewunder von S. Maria Maggiore in Rom.

Der hl. Rupert

Rupert kam um 650 in Worms als enger Verwandter der merowingischen Königsfamilie zur Welt. Als Wormser Bischof wirkte er Ende des 7. Jahrhunderts in der Gegend um Regensburg. Missionierend zog Rupert weiter und erreichte Salzburg, wo er noch eine romanische Restbevölkerung und eine kleine Mönchsgemeinschaft vorfand. Er errichtete eine Kirche und gründete um 711 unterhalb der Burg ein Benediktinerinnenkloster, das heute weltweit älteste ununterbrochen bestehende Frauenkloster. Rupert starb 718 in Worms. Bischof Virgil überführte seine Gebeine nach Salzburg.

i

Domplatz, A- 5020 Salzburg
Tel.: +43(0)662/8047-7950 (Kath. Dompfarramt)
Internet: www.salzburger-dom.at

Stephansdom zu Wien – Österreichs höchste Kirche

Die Baugeschichte des Wiener Stephansdomes beginnt im 12. Jahrhundert. Damals existierten in der Stadt nur zwei Kirchen. Östlich der Mauern ließ Herzog Heinrich Jasomirgott II. von Österreich (1107–1177) eine dritte Kirche erbauen, die 1147 von einem Passauer Bischof geweiht wurde. Einem zweiten romanischen Bau, von dem die Westfassade mit dem spätromanischen Riesentor und den Heidentürmen erhalten blieb, folgte der von 1304 bis 1340 errichtete »Albertinische Chor«. Mit der Grundsteinlegung für das »Rudolfinische Langhaus« begann 1359 die wichtigste Bauphase, in deren Verlauf einer der herrlichsten gotischen Dome entstehen sollte. Hans von Prachatitz (†1439) vollendete 1433 den »Steffl« genannten, 137 Meter hohen Südturm, der nach Ulm und Köln dritthöchste Kirchturm Europas. Mit der Einstellung der Bauarbeiten am unfertigen Nordturm endete 1511 das Baugeschehen. Seit 1722 ist der Stephansdom die Kathedrale der Erzbischöfe von Wien und bis heute das Herz der Hauptstadt Österreichs.

Meister Anton Pilgram (um 1460–1515) leitete von 1511 bis 1515 die Bauhütte von Sankt Stephan

Zusammen mit dem riesigen Dach in bunter Ziegelmusterung ist der Steffl das Wahrzeichen von Wien. Der Turm steht völlig frei und weist keinerlei Verbindung mit dem Dom auf. Mit seinem nur 4 Meter tiefen Fundament stellt er eine architektonische Meisterleistung dar. Die aus dem 15. Jahrhundert stammende Dachkonstruktion, die alle drei Kirchenschiffe überspannt, verbrannte im Zweiten Weltkrieg und wurde bis 1952 wieder aufgebaut. Allerdings nicht wie das Original aus Holz, sondern als über 600 Tonnen schwere Stahlkonstruktion.

Die »Pummerin«

Im kleineren Nordturm hängt die »Pummerin«, eine der größten Glocken der Welt. Kaiser Joseph I. (1678–1711) ließ die Glocke aus türkischen Geschützen gießen, die bei der Belagerung Wiens 1683 zurückgelassen worden waren. Nachdem die »Pummerin« beim Dombrand 1945 zerstört wurde, goss man 1951 aus den Bruchstücken eine neue, 20 Tonnen schwere Glocke.

Zur reichen Ausstattung des Doms zählen ein monumentaler barocker Hochaltar (1640–1647), die aus sieben Sandsteinblöcken zusammengesetzte filigrane Pilgramkanzel – der Meister selbst verewigte sich unterhalb der Balustrade als »Fenstergucker« – und das reich geschmückte Hochgrab von Kaiser Friedrich III. (1415–1493) aus dem Jahre 1513. Sehenswert sind auch die um 1340 entstandenen Glasmalereien, zahlreiche mittelalterliche Plastiken und der »Wiener Neustädter Altar« (1447). Auf den Predellenflügeln sind innen Szenen aus der Kindheit Jesu und außen Passionsszenen zu sehen. Die Flügel des eigentlichen Altarschreins zeigen Heilige, Szenen aus dem Leben Mariens sowie die Geburt Jesu und seine Anbetung durch die Heiligen Drei Könige. Im Mittelschrein thront unten die gekrönte Maria mit dem Jesuskind, umgeben von

Blick ins Gewölbe

den hll. Katharina und Barbara. Darüber ist eine Marienkrönung zu sehen. Voller Begeisterung beschrieb die englische Autorin Frances Trollope (1779–1863) den Stephansdom im Jahr 1836: »Dieser Dom ist wunderbar in seinem dunklen warmen Licht, mit seinen reichen Bildwerken und seinen einmaligen Proportionen. Er verbreitet eine unbeschreibliche Atmosphäre von tiefer religiöser Heiligkeit.«

Hl. Katharina

i

Stephansplatz, A-1010 Wien
Tel.: +43(0)1/51552-3530 (Kath. Dompfarramt), +43(0)1/51552-3054 (Führungen)
Internet: www.stephanskirche.at; www.stephansdom.at

Einzigartige Kirchen

St. Michael in Bamberg

Heiliges Grab in Görlitz

Dom und St. Michael in Hildesheim

Benediktinerabtei Nierderaltaich

St. Lorenz in Nürnberg

Friedenskirche in Potsdam

Weidendom in Rostock

St. Nikolai in Stralsund

St. Matthias in Trier

Dorfkirche in Waase auf Ummanz

Zittauer Fastentuch

St. Michael in Bamberg – Barocker Himmelsgarten

Die Kirche des ehemaligen Benediktinerklosters St. Michael ist das höchstgelegene Gotteshaus Bambergs und überragt selbst den Dom. Schon aus der Ferne grüßt die auf einem Ausläufer des Steigerwaldes gelegene Kirche den Besucher. Bambergs erster Bischof Eberhard (um 973–1040) gründete hier 1015 ein bischöfliches Eigenkloster. Im 12. Jahrhundert erfuhr die Abtei einen ersten Aufschwung, und Bischof Otto (um 1060–1139) ließ Kirche und Kloster neu errichten.

Otto, der bedeutendste Bamberger Bischof, genießt als »Apostel der Pommern« besondere Verehrung. Um 1060 in einer schwäbischen Adelsfamilie geboren, wurde Otto später Hofkaplan und Kanzler Kaiser Heinrichs IV. Als Bamberger Bischof versuchte er, im Investiturstreit zwischen Kaiser und Papst zu vermitteln. In den Jahren 1124/25 und 1128 unternahm Otto zwei Missionsreisen nach Pommern. Er soll 22.000 Menschen getauft und zahlreiche Kirchen gegründet haben. Er starb am 30. Juni 1139 in Bamberg und wurde 50 Jahre später heiliggesprochen.

Ein bei Reparaturarbeiten ausgebrochenes Feuer zerstörte 1610 das Langhaus der Kirche und alle Dächer. Sofort begann der Wiederaufbau der Kirche, die 1617 geweiht wurde. Seit Ende des 17. Jahrhunderts ließ Abt Christoph Ernst von Guttenberg († 1725) die gesamte Klosteranlage durch die Brüder Leonhard (1660–1707) und Johann Dientzenhofer (1663–1726) barock umbauen. Auch Balthasar Neumann (1687–1753) war daran beteiligt. Noch einmal erlebte das Kloster eine Blütezeit. Im Jahre 1803 löste der bayerische Staat die Abtei auf und richtete in den Gebäuden des Klosters ein Spital ein. Bald darauf ging die Verwaltung der Abtei an die Stadt Bamberg über, die hier bis heute ein Altersheim betreibt.

Zwei frühgotische Türme überragen die barocke Fassade der kreuzförmigen Kirche, eine im Kern romanische Pfeilerbasilika aus dem 12. Jahrhundert. Wirklich romanisch sind nur noch das Querhaus und das erste Joch des Langhauses. Die Türme erhielten nach dem

Brand des Jahres 1610 ihre jetzige Form. Im Jahre 1700 erhielt die Kirche die vorgeblendete Westfassade mit der ausladenden Freitreppe.
Besonders beeindrucken im Inneren der Kirche die Pflanzenmalereien, die sämtliche Gewölbefelder in Lang- und Querhaus bedecken. Um 1614/17 ließen die Mönche fast 600 genaue Darstellungen von Heilkräutern und Zierpflanzen aufbringen. Fast jede Pflanze ist eindeutig botanisch bestimmbar. Hier nahm man in barocker Zeit die spätgotische Tradition der Ausmalung der Gewölbe mit Pflanzen wieder auf. Die Himmelswiese soll auf den Paradiesgarten hinweisen.

An den Wänden unter der Orgelempore erzählen 28 Bildtafeln in 60 Szenen aus dem Leben des hl. Otto. Die überreich gestaltete barocke Kanzel dominiert das Kirchenschiff. An den je drei Pfeilern zwischen Kanzel und Vierung stehen sechs kostbare Nebenaltäre (um 1725). So steigert sich zum Chorraum hin die Ausschmückung der Kirche, der Mönchschor schließlich zeigt das ganze Jubilieren des Barock.
Über eine repräsentative, zweiläufige Treppenanlage erreicht man den Hochchor. Bis ins Gewölbe reicht der Hochaltar mit dem Thema »Ratschluss der Erlösung«. Unter dem Chor befindet sich die Krypta mit dem Grab des hl.

Pflanzenmalereien an der Langhausdecke

Otto (um 1435/40). Eine Sandsteinplatte zeigt die Liegefigur Ottos, an den Seiten sind Heilige, ein Abt und das Kaiserpaar Heinrich und Kunigunde dargestellt. Durch eine schmale Öffnung konnten Pilger unter der Grabplatte hindurchgehen und kamen so in möglichst enge Berührung mit dem Heiligen.

i

Michaelsberg 10d, 96049 Bamberg
Tel.: 0951/299559-0 (Dompfarrei)
Internet: www.bamberg.info/poi/kloster_st_michael-4637/

Das Heilige Grab in Görlitz – Jerusalem in der Oberlausitz

Aus drei Bauten besteht das Heilige Grab in Görlitz. Der spätere Görlitzer Bürgermeister Georg Emmerich (1422–1507) stiftet das Heilige Grab nach einer Jerusalemfahrt, die er aufgrund familiärer Zwistigkeiten angetreten hatte. Die Überlieferung berichtet von einer Liebesbeziehung Emmerichs zu Benigna Horschel, der Tochter seines Nachbarn. Benigna wurde schwanger, doch die reiche Kaufmannsfamilie Emmerich verweigerte ihr die Ehe. Um Absolution für seine Sünden zu erhalten, pilgerte Georg Emmerich nach Jerusalem und erhielt den Ritterschlag des Ritterordens zum Heiligen Grab. Anscheinend hatte der Besuch der heiligen Stätten Emmerich so beeindruckt, dass er in Görlitz eine verkleinerte Kopie errichten ließ.

Spätestens 1325 stand an der Stelle des späteren Heiligen Grabes vor den Toren der Stadt ein Andachtskreuz, später kam eine Kapelle hinzu. Der Bischof von Meißen genehmigte 1480 den Neubau einer Kapelle. Baumeister Conrad Pflüger (um 1450–1506/07) und sein Parlier Blasius Börer errichte-

Kreuzweg Jesu von der Peterskirche zum Heiligen Grab, 1710

Adamskapelle

ten von 1481 bis 1504 die Kapellen. Die Anlage umfasst die aus groben Sandsteinquadern gefügte zweigeschossige Kreuzkapelle, das Salbhaus und die Grabkapelle mit einem Kuppeltürmchen.

Zweigeschossig ist die Kreuzkapelle. Schon von außen fällt an der Ostwand ein künstlicher Riss auf. Die untere Etage, die Adamskapelle, symbolisiert das Grab Adams. Betritt man die Kapelle, meint man, in einer Krypta zu sein. Der schon außen sichtbare, künstliche Spalt in der Mauer hat hinter dem Altar seinen Ursprung. Er erinnert an den in Jerusalem im Felsen vorhandenen Riss, der auf das Erdbeben beim Tod Jesu zurückgeht. Die Deutung als Grabkapelle erinnert an die Legende, dass Christi Kreuz über dem Grab Adams stand und damit die Erlösung des Sünders durch das Kreuz auch ganz anschaulich symbolisiert. So steht das Kreuz Christi in der durch eine Außentreppe zugänglichen Golgathakapelle in der zweiten Etage, direkt über dem Altar der Adamskapelle. Im Salbhaus befindet sich eine von Hans Ölmützer im Jahre 1500 geschaffene Marienklage. Diese Kapelle

Salbhaus

Grabkapelle

erinnert an die Salbung des vom Kreuz abgenommenen Leichnams Jesu. Maria beklagt ihren toten Sohn. Der aufgewühlte Faltenwurf ihres Gewandes trägt schon fast barocke Züge.

Eine exakte, nur etwas verkleinerte Kopie des Jerusalemer Originals ist die Grabkapelle. Der von sechs Säulen getragene Kuppelaufsatz mit einem maurischen Kranzgesims verleiht der Kapelle orientalischen Charakter. Vom Vorraum mit dem barocken Auferstehungsengel gelangt man in gebückter Haltung in die Grabkammer, in der ein altarartiger Sandsteinsockel den Sarkophag Christi andeutet.

In der Nachbarschaft legte man den Ölberggarten mit Jüngerwiese und Gebetsstätte Christi an. Er symbolisiert den Garten Gethsemane. Einen Bacheinschnitt in der Landschaft deutete man als das Kidrontal.

i

Heilige-Grab-Straße 79, 02826 Görlitz
Tel.: 03581/315864 (Evangelische Kulturstiftung Görlitz)
Internet: www.heiligesgrab-goerlitz.de

Auferstehungsengel in der Grabkapelle

Hildesheim und seine Kirchen – Schätze des Hochmittelalters

St. Michaelis, die Kirche eines ehemaligen Benediktinerklosters, gilt als der kunsthistorisch wichtigste Bau der niedersächsischen Stadt Hildesheim. Bischof Bernward legte um 1010 den Grundstein, 1033 erfolgte die Weihe der Kirche. In den folgenden Jahrhunderten kam es mehrfach zu Umbauten. Nach den Zerstörungen des Zweiten Weltkrieges rekonstruierte man den ottonischen Zustand.

Den Außenbau bestimmen die beiden Querhäuser mit den quadratischen Vierungstürmen, die vier Treppentürme und die drei Ostapsiden. Unter der großen Westapsis befindet sich eine Krypta aus dem 12. Jahrhundert mit der Grablege Bischof Bernwards. Im Innenraum beeindruckt die figürlich bemalte Holzdecke, die in der ursprünglichen Form des frühen 13. Jahrhunderts erhalten blieb. Die acht Hauptfelder zeigen den Stammbaum Christi. Seine Ahnen sind in Medaillons, die Propheten in rechteckigen Feldern zu sehen. Alle Felder sind blau grundiert, deutlich heben sich die rot, gelb und grün ausgemalten Rahmungen und Gewänder davon ab.

St. Michaelis

Hildesheim war bereits seit 815 Bischofssitz. Der heutige Dom St. Mariä Himmelfahrt geht auf die zweite Hälfte des 11. Jahrhunderts zurück, die Seitenkapellen kamen im 14. Jahrhundert hinzu. Bekannt ist der Dom durch zwei Kunstwerke, die auf Bischof Bernward zurückgehen: die Bernwardtür und die Bernwardsäule. Die Bronzetür hat zwei Flügel, die von Bildreliefs alt- und neutestamentlicher Szenen geschmückt werden. Aus der

Dom St. Mariä Himmelfahrt

St. Michaelis

Kirche St. Michaelis stammt die als Osterleuchter dienende Christus- oder Bernwardsäule, ebenfalls ein Bronzeguss, der aus dem Leben Christi erzählt.

Im Zweiten Weltkrieg wurde der Dom fast vollständig zerstört und in den 1950er und 1960er Jahren in frühromanischen Formen wiederaufgebaut. Im Langhaus fällt besonders der »sächsische Stützenwechsel« (Pfeiler-Säule-Pfeiler) ins Auge. Im Dommuseum kann der Domschatz, der zu den kostbarsten in Deutschland zählt, besichtigt werden. Zu den herausragenden Stücken zählen das Silberkreuz von Bischof Bernward, die goldene Madonna und die Bernwardkasel. Eine Besonderheit ist der »Tausendjährige Rosenstock« im Innenhof des Kreuzgangs, der immerhin rund 700 Jahre alt sein dürfte.

Bernward von Hildesheim

Bernward, um 960 geboren, entstammte dem sächsischen Adel. In der Hildesheimer Domschule erhielt er eine umfassende Ausbildung. Sein Onkel Folcmar († 969) führte Bernward am Hof ein, wo er zum Notar ausgebildet wurde. Am Hof Ottos II. (955–983) verfasste und schrieb er Urkunden. Er erzog zwischen 987 und 993 den zukünftigen Kaiser Otto III. (980–1002) und beriet seine Mutter, Kaiserin Theophanu (ca. 960–991). Im Jahre 993 wurde Bernward zum Bischof von Hildesheim geweiht. Sein Bestreben war es, seiner Bischofsstadt eine ihrer Bedeutung angemessene Gestalt zu geben. Bedeutendste Zeugnisse seines Wirkens sind die Bernwardtür des Domes, die Christussäule sowie die gewaltige frühromanische Michaeliskirche. Dieses Abbild des himmlischen Jerusalem ließ er zugleich als seine Grabeskirche erbauen. Bernward, dem auch das geistliche Leben in seinem Bistum und die Armenfürsorge am Herzen lagen, starb 1022 in Hildesheim. Um 1192 erfolgte seine Kanonisation. Ein im 19. Jahrhundert am Dom aufgestelltes Denkmal erinnert an ihn.

Felderdecke in St. Michaelis

i

Burgstraße (St. Michaelis), Domhof (Dom), 31134 Hildesheim
Tel.: 05121/34410 (Ev.-Luth. Pfarramt St. Michaelis); 05121/ 34370 (Kath. Pfarramt Hl. Kreuz); 05121/17916-40 (Dommuseum); 05121/17980 (Tourist-Information)
Internet: www.welterbe-hildesheim.de; www.michaelis-gemeinde.de (St. Michaelis); www.heilig-kreuz-hildesheim.de (Hl. Kreuz); www.dommuseum-hildesheim.de (Dommuseum); www.heiligenlexikon.de/BiographienB/Bernward_von_Hildesheim.html (Bernward von Hildesheim)

St. Michaelis

Benediktinerabtei St. Mauritius Niederaltaich – Bayerisches Byzanz

Am linken Donauufer, etwa 10 Kilometer südöstlich von Deggendorf, liegt das Dorf Niederalteich. Herzog Odilo von Bayern (vor 700–748) gründete die Abtei im Jahre 731 und besiedelte sie mit Mönchen von der Insel Reichenau. Der Name des Klosters geht auf das Wort »Altach« zurück, was »Altwasser« bedeutet. Damals umfloss ein Altarm der Donau das Kloster, das sich auf einer Insel im Sumpfgebiet der Isarmündung befand. Nach den Ungarnstürmen wandelte man die Abtei in ein weltliches Kanonikerstift um. Abt Gotthard (960–1038), bekannt geworden als später heiliggesprochener Bischof von Hildesheim, gelang die Wiederherstellung der Benediktinerabtei. Niederaltaich wurde zum Mutterkloster von Oberalteich, Kremsmünster und Břevnov.

Byzantinische Nikolauskapelle

Die Säkularisationswelle des Jahres 1803 machte auch vor Niederalteich nicht Halt. Ein Brand richtete 1813 verheerende Schäden an, fast alle Gebäude wurden abgebrochen. Heute leben in dem seit 1918 wieder bewohnten Kloster Mönche zweier liturgischer Traditionen. Die einen feiern ihre Gottesdienste im römischen Ritus, die anderen im byzantinischen. Ökumenische Kontakte mit der östlichen Christenheit spielen im Leben des Klosters eine wichtige Rolle. In Niederaltaich wurde 1962 die Idee »Kloster auf Zeit geboren«, die heute in vielen Klöstern praktiziert wird.

Im Hof des Klosters steht auf der rechten Seite die 1986 geweihte byzantinische Kirche des hl. Nikolaus. Durchquert man Hof und Klosterbereich, gelangt man zur Klosterkirche St. Mauritius, die auf einen Vorgängerbau

Altar der Klosterkirche

Gottesdienst in der Byzantinischen Kirche

vom Ende des 13. Jahrhunderts zurückgeht. Jakob Pawanger (1680–1743) aus Passau gab dem Inneren von 1718 bis 1722 eine prachtvolle Gestalt im Stil des Barock. Johann Michael Fischer (1692–1766) musste aber schon 1724 bis 1726 den schadhaften Chor erneuern. Freskenzyklen erzählen die Legende des hl. Mauritius und aus der Klostergeschichte. Auf dem Hochaltarbild von Franz Joseph Geiger aus Landshut (1675) ist das Martyrium des Kirchenpatrons zu sehen.

Als die Russische Revolution und die anschließende gnadenlose Kirchenverfolgung nach 1917 die christliche Welt erschütterten, suchte Papst Pius XI. (1922–1939) nach Hilfsmöglichkeiten. Er erwartete einen schnellen Zusammenbruch des kommunistischen Regimes und anschließend die Vereinigung der russisch-orthodoxen Kirche mit Rom. So wandte er sich 1924 an die Benediktiner mit der Bitte um Gebet und Studium der liturgischen Traditionen der orthodoxen Kirche. Nur wenige Mönche ließen sich dafür begeistern. Zu ihnen zählte Emmanuel Heufelder (1898–1982) aus dem Kloster Schäftlarn. Er kam 1934 nach Niederaltaich, um die Abtei materiell zu konsolidieren. Doch wichtiger noch war eine geistliche Aufgabe. So nahm er sich des Anliegens des Papstes an. Erste Anfänge wurden durch den Zweiten Weltkrieg zunichte gemacht. Nach dem Ende des Krieges jedoch traten zwei Russen in das Kloster ein, bald folgten deutschsprachige Interessenten. So konnte eine Gruppe gebildet werden, die nach dem byzantinischen Ritus ihre Stundengebete hält und Gottesdienst feiert. Bis heute singen die Mönche in Niederaltaich parallel das Stundengebet sowohl nach westlicher als auch nach östlicher Tradition. Um mehr Menschen den Zugang zum spirituellen Reichtum der orthodoxen Liturgie zu erschließen, entschlossen die Mönche sich zur Übersetzung zahlreicher liturgischer Texte. Hier erwarb sich der 1932 in Danzig geborene Archimandrit Irenäus Totzke große Verdienste.

i

Mauritiushof 1, 94557 Niederalteich
Tel.: 09901/208-0 (Kloster)
Internet: www.abtei-niederaltaich.de

Innenhof der Abtei

St. Lorenz in Nürnberg – Veit Stoß und der »Englische Gruß«

St. Lorenz in Nürnberg ist das bedeutendste Bauwerk der Gotik in Franken. Als Nachfolgebau einer romanischen Kapelle entstand ab etwa 1250 eine hochgotische, dreischiffige Basilika im strengen Geist der Bettelordenskirchen mit einer repräsentativen Schmuckfassade samt figurenreichem Hauptportal, Maßwerkrose und durchbrochenem Giebel zwischen den beiden Türmen. Etwa 100 Jahre später dürfte die Kirche vollendet gewesen sein. Bis um 1400 arbeitete man noch am Portal und den Türmen. Doch schon im 15. Jahrhundert kam es zu Umbauten. Es wurden Kapellen eingebaut, Emporen entstanden, und ein spätgotischer Hallenchor ersetzte den kleineren Vorgänger. Der Gegensatz zwischen dem engen, basilikalen Langhaus mit den niedrigen Seitenschiffen und dem breiten, zweistöckigen Hallenchor bestimmt das Innere. Ausgesprochen reich ist die Ausstattung. An einer Kette im lichtdurchfluteten Chor schwebt der überlebensgroße »Englische Gruß« (1517/18): Ein Kranz aus 40 Rosenblüten, auf dem die sieben Freuden Mariens auf runden Medaillons dargestellt sind, umgibt Maria und den Verkündigungsengel. Darüber ist die Nachbildung einer Paternosterschnur gelegt. Maria zeigt Demut, aber auch ihr Erschrecken über die unerwartete Begegnung: Ihr entgleitet das Buch, in dem sie gerade noch gelesen hat. Kleine, zum Teil musizierende Engel bekunden ihre Freude über die angekündigte Geburt Jesu. Die Halbfigur Gottvaters krönt das Kunstwerk. Anton Tucher (1458–1524) vergab den Auftrag für dieses einzigartige Kunstwerk an den

Maßwerkrose

Der »Englische Gruß« von Veit Stoß

Mariä Verkündigung, Detail des Dreikönigsaltars

schon betagten Bildschnitzer Veit Stoß (um 1447–1533). Mehr als ein Jahrzehnt hatte man den als Betrüger und Quertreiber berüchtigten Meister gemieden. Doch nur von ihm konnte Tucher eine Umsetzung seines Wunsches erwarten – und der Künstler enttäuschte ihn nicht.

Einen weiteren Höhepunkt findet die qualitätsvolle Ausstattung von St. Lorenz im filigranen Sakramentshaus. Hans IV. Imhoff verpflichtete dafür Meister Adam Kraft (um 1455–1509) und gab ihm drei Jahre Zeit dafür. Zwischen 1493 und 1496 arbeitete Kraft an dem Kunstwerk. Die handwerkliche wie die künstlerische Leistung dürften wohl alle Erwartungen übertroffen haben. In weitem Bogen krümmt sich die oberste Spitze wie ein Bischofsstab nach vorn. Adam Kraft schuf das Werk, eine Neuerung in seiner Zeit, aus vielen kleinen Stücken, die aneinander geklebt oder auf einen Draht gefädelt wurden. Nur so sind die Tiefen und Überschneidungen des Maßwerks erklärbar. Doch der Künstler wollte den Eindruck erwecken, das

Sakramentshaus aus einem einzigen Block gearbeitet zu haben. So ließ er sein Werk anschließend mit weißer Farbe anstreichen. Am Fuß des Sakramentshauses bildeten sich Kraft, mit Arbeitsgewand und Werkzeug in den Händen, und seinen beiden Gesellen selbst ab. Kein anderer Steinmetz folgte ihm darin. Und niemandem gelang es je, ein ebenbürtiges Sakramentshaus zu schaffen.

Veit Stoß schuf auch das Kruzifix des Hauptaltars (um 1500) und eine Statue des Apostels Paulus (1513). Hervorzuheben sind weiterhin ein Zyklus lebensgroßer Apostelfiguren, der um 1460 für die nach 1807 abgebrochene Dominikanerkirche geschaffene Dreikönigsaltar von Hans Pleydenwurff (um 1420–1472), zahlreiche weitere Altäre, die Glasmalereien im Chorraum, verschiedene Leuchter und die Epitaphe von Peter Vischer dem Jüngeren (um 1487–1528) und Hans Vischer (um 1489–1550).

i

Lorenzer Platz 1, 90402 Nürnberg
Tel.: 0911/ 24469950 (Ev. Lorenzkirche)
Internet: www.lorenzkirche.de

Sakramentshaus von Adam Kraft

Friedenskirche in Potsdam – Venedig in Brandenburg

König Friedrich Wilhelm IV. von Preußen (1795–1861), der »Romantiker auf dem Thron«, wollte der profanen Repräsentation des Potsdamer Schlosses Sanssouci ein geistliches Programm gegenüberstellen: »Es scheint mir passend, eine Kirche, welche zu einem Pallastbezirk gehört, der den Namen Sanssouci, ‚ohne Sorge' trägt, dem ewigen Friedefürsten zu weihen und so das weltlich negative: ‚Ohne Sorge' dem geistlich positiven ‚Frieden' entgegen – oder vielmehr gegenüber zu stellen.« Beim Regierungsantritt hatte sich der König den Wahlspruch »Ich und mein Haus wollen dem Herrn dienen« gegeben. So ließ er zwischen 1844 und 1848 die Friedenskirche als Hof- und Gemeindekirche errichten. Noch bis 1854 wurde an den Nebenanlagen gebaut. Der König skizzierte seine Ideen selbst, die Architekten Friedrich Ludwig Persius (1803–1845) und August Stüler (1800–1865) setzten sie um. Direktes Vorbild war die frühchristlich idealisierte Oberkirche von San Clemente in Rom.

In einem Säulenvorhof steht über einem Brunnen eine überlebensgroße Christusstatue, eine Kopie des berühmten Originals des dänischen Bildhauers Bertel Thorvaldsen (1770–1844) in der Kopenhagener Frauenkirche. Die Marmorgruppe »Moses im Gebet gestützt von den Hohenpriestern Aaron und Hur« im südlichen Arkadengang schuf Daniel Christian Rauch (1777–1857). Der 42 Meter hohe Glockenturm, ein

Säulenvorhof mit Christusstatue

Nachbau des Campanile von Santa Maria di Cosmedin in Rom, dominiert die Westseite.

Bedeutendstes Ausstattungsstück der äußerlich schlichten, dreischiffigen Säulenbasilika ist ein Apsismosaik des frühen 13. Jahrhunderts aus Venedig, das 1834 ersteigert wurde. Fast ein Jahr dauerte die Abnahme des Mosaiks, das auf dem Wasserweg nach Potsdam gelangte. Das Mosaik zeigt auf Goldgrund Christus als Weltenrichter zwischen Maria und Johannes dem Täufer, begleitet vom Apostel Petrus und dem Märtyrerbischof Cyprian. Der im Jahre 258 hingerichtete Cyprian erscheint im bischöflichen Ornat. Cyprian war der Patron der abgebrochenen Kirche, in der sich das Mosaik ursprünglich befand. Christus sitzt auf einem Thron, die Rechte zum Segen erhoben und mit der Linken das Buch des Lebens haltend. Über ihm schwebt die Taube des Heiligen Geistes. Die Erzengel Michael und Raphael schmücken das Vorjoch des Chores. Im Bogenscheitel erscheint das Gotteslamm als Christussymbol. Stilistisch vereint das Mosaik sowohl byzantinische als auch westliche Tradition.

Edler Marmor fand im Altarraum Verwendung. Durch ein Ziborium auf vier dunkelgrünen Säulen wird der Altar herausgehoben. Der Altar ist soweit vorgerückt, dass der Geistliche hinter diesem steht und den Blick der Gemeinde zuwendet. Das schlichte, aus weißem Marmor gefertigte Altarkreuz steht ebenso wie die Leuchter nicht auf, sondern hinter dem Altar. Zwei Marmorschranken trennen den Altarraum vom Kirchenschiff. Sie nehmen die beiden Lesepulte auf, die denen von San Lorenzo fuori le mura in Rom nachgeahmt sind. Vor dem Epistelpult steht der sechseckige, von Säulen umgebene Taufstein. Unter dem Mittelschiff liegt die Gruft für König Friedrich Wilhelm IV. und seine Frau, die bayerische Prinzessin Elisabeth Ludovika (1801–1873).

Apsismosaik

i

Am Grünen Gitter 3, 014469 Potsdam
Tel.: 0331/974009 (Ev. Pfarramt)
Internet: www.evkirchepotsdam.de/frieden/system.asp

Weidendom in Rostock – Eine wachsende Kirche

Im Jahr 2003 fand in Rostock die Internationale Gartenbauausstellung (IGA) statt. Bereits im Frühjahr 2001 bauten etwa 650 freiwillige Helfer aus dreizehn europäischen Ländern am Weidendom, der als das größte lebende Bauwerk der Welt gilt. Während der Bauzeit waren täglich rund 50 Helfer im Alter zwischen 16 und 75 Jahren damit beschäftigt, Weidenruten zu schneiden und sie mit Hanf- und Kokosseilen zu Strebebögen zu bündeln. Dann richtete man die einzelnen Bögen auf und verband sie miteinander zu einer selbsttragenden Konstruktion. Auf maschinelle Hilfe verzichtete man.

Altarraum mit Brautstühlen

Der süddeutsche Architekt Marcel Kalberer (geb. 1947) fertigte den Entwurf des Bauwerks und leitete mit seiner Baukunstgruppe »Sanfte Strukturen« den Aufbau. Vor Eröffnung der IGA wurde in das wachsende und grünende Bauwerk ein Fußboden aus roten Backsteinen eingefügt. Die verwendeten Steine stammten großenteils vom Abriss einer Kaserne in Parchim. Drei kleine Kuppeln in einer leichten Holzspanten- und Zeltkonstruktion sind das Wahrzeichen des Weidendomes. Die Hauptkuppel erhielt als Wetterschutz ein leichtes Zeltdach. Mehr als 52 Meter lang und 15 Meter hoch ist die »grüne Kirche an der Ostsee«. Der Weidendom untergliedert sich in einen Raum der Stille, einen multifunktional genutzten Raum und eine Informationstheke. Ein leichtes Zeltdach unter der Hauptkuppel schützt vor Witterungseinflüssen.

Seit 2003 unterstützt ein Freundeskreis mit etwa 60 Mitgliedern auf ehrenamtlicher Basis die Weiternutzung und den Erhalt des Weidendomes. Dabei wirken die umliegenden evangelischen und katholischen Kirchengemeinden mit. Das ganze Jahr über steht der Weidendom Besuchern als Ort der Ruhe und der Besinnung offen. In den Sommermonaten zieht Leben in diese lebendige Kirche ein. Von Mitte Mai bis Anfang September finden an den Sonntagen Gottesdienste oder Andachten statt. Ökumenische Gottesdienste eröffnen und beschließen diese Zeit. Aber auch zu Konzerten, Lesungen, Ausstellungen, Kino- und Theatervorführungen wird eingeladen. Selbst Trauungen oder Einsegnungen zu Ehejubiläen sind im Weidendom möglich. Jedes Jahr kommen Tausende Besucher hierher.

Als lebendes Bauwerk bedarf der Weidendom einer ständigen Pflege. So müssen die Weiden regelmäßig geschnitten, teilweise nachgepflanzt und Seitentriebe angebunden werden. Besonders im Sommer ist ausreichendes Wässern sehr wichtig. Rasenmähen und das Ein- und Aushängen des Zeltdaches gehören zu den weiteren Aufgaben.

Dem Rostocker Beispiel folgte man mittlerweile an einigen anderen Orten. Weidenkirchen entstanden in

Altarraum

Kaiserslautern (Rheinland-Pfalz), im Ortsteil Steinberg der Gemeinde Gedern (Hessen), in Wendeburg und im Annastift in Hannover-Mittelfeld (beide Niedersachsen), in Löbau (Sachsen) auf dem Gelände der im Jahre 2012 veranstalteten Landesgartenschau, in Pappenheim (Bayern) und in Johnsbach, gelegen im Nationalpark Gesäuse in Österreich.

i

IGA Park, Eingang Nord, Kleiner Warnowdamm 18, 18109 Rostock
Tel.: 0381/7788934 (Veranstaltungsmanagement); 0381/3812860 (Freundeskreis Weidendom e. V.)
Internet: www.weidendom.de

St. Nikolai in Stralsund – Die prächtigste Kirche an der deutschen Ostseeküste

Wer sich von der Insel Rügen über den Strelasund kommend der Hansestadt Stralsund nähert, wird überwältigt vom Anblick der Silhouette der Altstadt. Wie Leuchttürme ragen die Türme der drei alten Pfarrkirchen St. Nikolai, St. Marien und St. Jakobi in den Himmel. Die 1276 erstmals urkundlich erwähnte Ratspfarrkirche St. Nikolai ist die älteste der drei großen Pfarrkirchen.

Stralsund bekam im Jahre 1234 das Stadtrecht verliehen. Schnell entwickelte sich die Stadt zum nach Lübeck zweitmächtigsten Handelszentrum im Ostseeraum. Die dem Patron der Kaufleute und Seefahrer geweihte St. Nikolaikirche liegt neben dem gotischen Rathaus im ältesten Teil der Stadt. Wie das Rathaus wurde auch die Kirche aus leuchtend rotem Backstein erbaut. Die damals vielbewunderte Marienkirche in Lübeck diente den Stralsundern als Vorbild für ihren Kirchenbau.

Ursprünglich hatte man wie in Lübeck eine Hallenkirche zu bauen begonnen, in der um 1260 Gottesdienst gefeiert wurde. Doch die Lübecker begannen im Jahr 1265 mit dem Abbruch der noch unvollendeten Marienkirche, um sich eine noch prächtigere Kirche nach dem Beispiel der gotischen Kathedralen Frankreichs zu erbauen. Die Stralsunder Bürgerschaft wollte der Konkurrentin Lübeck in keiner Weise nachstehen und begann umgehend ebenfalls mit einem Neubau, einer ab 1270 errichteten hochgotischen, dreischiffigen Backsteinbasilika ohne Querschiff. Kapellen säumen die

Barocker Hochaltar

Langhausseiten und den Chorumgang. Um 1290 waren die Arbeiten am Chor abgeschlossen. Es folgte der Bau des Langhauses. Im Jahre 1311 begann die Errichtung der Doppelturmfront, die jedoch erst im letzten Viertel des 14. Jahrhunderts vollendet werden konnte.

Eine Höhe von 103 Metern erreicht der Südturm, die Gesamtlänge des Gotteshauses beträgt 87 Meter. Die ursprünglich reich mit Blenden verzierten, vielgeschossigen Doppeltürme wurden 1667 bei einem Brand schwer beschädigt, die gotischen Turmhelme brannten ab. Zu Beginn des 18. Jahrhunderts erhielt der Südturm seine barocke Haube. Seit dieser Zeit blieb die Silhouette von St. Nikolai unverändert.

Mit keiner anderen Kirche an der deutschen Ostseeküste vergleichbar ist die in vielen Jahrhunderten gewachsene reiche Ausstattung. Den Innenraum prägt die erhaltene, Ende des 19. Jahrhunderts wieder freigelegte farbige Ausmalung des Mittelalters. Um 1500 entstand der »Altar der Bergenfahrer«, einer der im Mittelalter zahlreichen, von Bruderschaften und Kaufleuten gestifteten Nebenaltäre. Zu sehen sind Passionsszenen, ein Marienzyklus und die Patrone der Kirche. Erhalten blieben vier Reliefs vom Nowgorodfahrer-

Gestühl (2. Hälfte des 14. Jahrhunderts). Realistisch und mit zahlreichen Details werden Szenen von Handelsreisen und aus dem Alltag russischer Pelztierjäger und Honigsammler liebevoll illustriert. Der schwer beschädigte Hochaltar (um 1470) thematisiert die Passion Jesu und das Leben von Anna und Maria. Sehenswert sind auch eine um 1290 geschaffene frühgotische Anna Selbdritt, der spätgotische Schneideraltar, ein Kruzifix aus dem 14. Jahrhundert, zahlreiche Grabplatten, der barocke Hochaltar und die dahinter befindliche astronomische Uhr. Das 1394 von Nikolaus Lilienfeld gebaute Werk ist die älteste vollständig erhaltene astronomische Uhr im Ostseeraum.

Altar im Chorraum

Alter Markt, 18439 Stralsund
Tel.: 03831/297199 (Ev. Pfarramt)
Internet: www.nikolai-stralsund.de

St. Matthias in Trier – Einziges Apostelgrab Deutschlands

Ein wenig südlich der Altstadt erhebt sich über den Gräbern der ersten Trierer Bischöfe Eucharius (Mitte des 3. Jahrhunderts) und Valerius († um 320) die Abteikirche St. Matthias auf einem römischen, bis in vorchristliche Zeit zurückreichenden Friedhof. Die im 5. Jahrhundert erbaute Kirche, zu der auch ein »monasterium« zählte, fiel dem Normannensturm des Jahres 882 zum Opfer. In der zweiten Hälfte des 10. Jahrhunderts wurden Kirche und Kloster neu aufgebaut und 978 den Benediktinern übergeben. Diese entdeckten bei Bauarbeiten um 1050 Reliquien, die als die Gebeine des Apostels Matthias galten. So kam die Abtei zu ihrem Namen und zum einzigen Grab eines Apostels in Deutschland.

Apostel Matthias

Apostel Matthias

Über das Leben des Apostels Matthias ist nur wenig bekannt. In der Apostelgeschichte berichtet Lukas, dass Matthias anstelle des Judas Iskariot zum Apostelkollegium hinzugelost wurde. Doch auch vorher gehörte er schon zum weiteren Jüngerkreis. So sagt Petrus über ihn: »Einer von den Männern, die die ganze Zeit mit uns zusammen waren, als Jesus, der Herr, bei uns ein und aus ging, angefangen von der Taufe durch Johannes bis zu dem Tag, an dem er von uns ging und in den Himmel aufgenommen wurde« (Apg 1,21f.). Legenden berichten, Matthias habe in Judäa gewirkt. In Jerusalem soll er um 63 n. Chr. entweder eines friedlichen Todes gestorben sein oder das Martyrium erlitten haben. Im Auftrag der Kaiserin Helena (248/50–um 330) kamen seine Reliquien nach Trier.

Der Pilgerstrom zu den Reliquien des Apostels nahm immer mehr zu. Eine riesige, 1148 von Papst Eugen III. (1145–1153) geweihte, romanische Ba-

silika entstand zwischen 1127 und 1160. Der gewaltige, 1160 vollendete Westbau dominiert die Abteikirche. Aus romanischer Zeit blieben auch die Arkadenpfeiler des Mittelschiffs, die Seitenschiffe mit ihren Kreuzgewölben, das Querhaus und die Osttürme erhalten. Um 1500 erbaute man den spätgotischen Chor und versah diesen zusammen mit Querhaus und Mittelschiff mit einem prächtigen Sternengewölbe. Später kam die barocke Portalzone (1690/1720) hinzu. Sie überspielt die festungsartig wirkende Baumasse des Westbaues. Den eigenartigen Abschluss mit Vasen und Geländer erhielt der Turm nach einem Brand im Jahre 1786. Arkaden und Strebepfeiler prägen den streng gegliederten Raum, in dem das Sternengewölbe einen auflockernden Akzent setzt. Hinter den Marmorschranken des Altarraumes erhebt sich das Grab des Apostels Matthias (1468), direkt unter der reich ausgestalteten Vierung. In der Krypta befinden sich die Bischofsgräber des 3. und 4. Jahrhunderts. Unter den zahlreichen Ausstattungsstücken ist die »Maria mit der Weintraube« (um 1480) bemerkenswert, eine schöne Madonna des Weichen Stils. Mehrere Grabkammern aus spätantiker Zeit, u. a. mit einem Reliefsarkophag aus dem 3. Jahrhundert, kann man unter der

Grab des Apostels Matthias

spätgotischen Quirinuskapelle besichtigen.

An die Südseite der Kirche lehnen sich die Abteigebäude mit Refektorium und Dormitorium aus dem 13. Jahrhundert und dem barocken Westflügel aus dem 18. Jahrhundert an und umschließen den frühromanischen Kreuzgang. In die Ende des 18. Jahrhunderts aufgelöste Abtei zogen 1922 wieder Mönche der Beuroner Kongregation ein. Im Jahr 2004 schloss sich die Abtei mit dem Priorat Kloster Huysburg in Sachsen-Anhalt zusammen. Dem Konvent gehören 27 Mönche an, von denen 18 in Trier leben.

i

Matthiasstr. 85, 54290 Trier
Tel.: 0651/17090 (Abtei)
Internet: www.abteistmatthias.de

Abtei

Flügelaltar in Waase auf Ummanz

Unscheinbar hinter vom Wind zerzausten Baumkronen steht versteckt die kleine Dorfkirche von Waase. Von Rügen gelangt man seit 1901 über eine Brücke auf die unmittelbar vor der Westküste gelegene kleine Insel Ummanz, auf die sich auch im Sommer nur wenige Urlauber verirren. Doch in der Inselkirche erwartet sie eines der bedeutendsten Kunstwerke Norddeutschlands.

Aus Urkunden geht hervor, dass im Jahre 1322 eine erste Kirche als Tochtergründung des nahegelegenen Dorfes Gingst gegründet wurde. Von dieser Kirche blieben nur kleine Reste erhalten. Die Ursprünge der heutigen, unscheinbaren Kirche liegen im 15. Jahrhundert. Da schriftliche Zeugnisse fehlen, stützt sich die Datierung auf den Baubefund und die stilistische

Einordnung der Wandmalereien. Erst 1708 kam das Prunkstück der Ausstattung hinzu, ein spätgotischer Flügelaltar. Der in einer Antwerpener Werkstatt um 1520 geschaffene Altar war ursprünglich für eine englische Kirche bestimmt gewesen. Aber die Vorboten der Reformation ließen das Interesse in England sinken. Geschäftstüchtige Stralsunder Kaufleute erwarben den Altar günstig für die mächtige Stadtkirche St. Nikolai. In der Barockzeit erschien er den stolzen Hansestädtern wohl als nicht mehr zeitgemäß, und so kam der Altar auf die verschlafene Insel Ummanz.

Der außerordentlich qualitätvoll gearbeitete und farbig gefasste Altar mit einer Vielzahl von Schnitzfiguren zeigt in der oberen Reihe die Kreuzigung Jesu, umrahmt von Kreuztragung und Kreuzabnahme. Schon das Hochformat zeigt die herausragende Bedeutung der Kreuzigungsszene. Der tote Heiland strahlt Hoheit und Würde aus, während die Schächer vom Todeskampf gezeichnet sind. Unterhalb der Kreuzigungsszene sind Maria und Johannes, Maria Magdalena und eine

Kreuzabnahme und Schwur König Heinrichs II.

Gesamtansicht

Gruppe klagender Frauen zu erkennen. In der unteren Reihe erzählen drei sehr lebendige Szenen die Geschichte des Thomas Becket: seine Einsetzung als Erzbischof von Canterbury, seine Ermordung vor dem Altar der Kathedrale und der Schwur König Heinrichs II., an Beckets Tod unschuldig zu sein. Die bemalten Flügel zeigen bei Öffnung des Altars das letzte Abendmahl, die Gefangennahme Jesu, seine Auferstehung und die Ausgießung des Heiligen Geistes. Im geschlossenen Zustand widmen sich die Bilder des Altars dem Thema Eucharistie. Zu sehen sind eine Gregorsmesse, die Begegnung Abrahams mit Melchisedek und der Mannaregen.

Thomas Becket

Der hl. Thomas Becket kam 1118 in London zur Welt. Er studierte in Paris und Bologna und wurde 1154 Erzdiakon in Canterbury. König Heinrich II. (1154–1189) ernannte seinen engen Vertrauten ein Jahr später zum Lordkanzler. Nach dem Tode des Erzbischofs Theobald von Canterbury (um 1090–1161) drängte der König Thomas Becket zur Übernahme dieses Amtes. Becket lebte als Bischof bescheiden und unterstützte die Armen. Entschlossen verteidigte er die Rechte und die Freiheit der Kirche dem König gegenüber. Als sich die Spannungen verschärften, musste Thomas Becket von 1164 bis 1170 nach Frankreich ausweichen. Kaum zurückgekehrt, gab es neue Streitigkeiten. Vier Edelleute, die meinten, im Sinne des Königs zu handeln, erschlugen den Erzbischof am 29. Dezember 1170 während der Vesper in seiner Kathedrale in Canterbury. Bereits 1173 wurde Thomas Becket heiliggesprochen und sein Grab zu einem der wichtigsten Wallfahrtsorte Englands.

Behältnis für Reliquien des hl. Thomas Becket, Limoges, 1. Viertel des 12. Jahrhunderts

i

Am Focker Strom, 18569 Ummanz/Rügen
Tel.: 038305/328 (Ev. Pfarramt Gingst)
Internet: www.kirchenkreis-stralsund.de/107.html, www.ruegen-magic.de/Kirchen-Ruegen/kirche-waase.htm

Ermordung des hl. Thomas Becket

Das Große Zittauer Fastentuch – Einzigartig in Deutschland

Um 1380 wurde in Zittau in der Oberlausitz die Kirche zum Heiligen Kreuz errichtet. In der Nähe eines der Stadttore gelegen, diente sie der Seelsorge an den Bewohnern der Vorstädte. Heute ist die Kirche ein Museum und präsentiert das berühmte und weit über Sachsen hinaus bekannte Große Zittauer Fastentuch. Das um 1472 entstandene Kunstwerk wird nach einer wechselvollen Geschichte nunmehr in der 1999 sanierten Kirche gezeigt.

Fastentücher werden erstmals um das Jahr 1000 erwähnt. Sie verhüllten in der vorösterlichen Bußzeit den Altarraum. Seit dem 12. Jahrhundert gestaltete man die Fastentücher zunehmend auch künstlerisch. Das Große Zittauer Fastentuch stiftete im Jahre 1472 der wohlhabende Gewürz- und Getreidehändler Jakob Gürtler. Mit einer Höhe von 8,20 Meter und einer Breite von 6,80 Meter ist das Zittauer Tuch das einzige seiner Art in Deutschland und das drittgrößte Fastentuch überhaupt.

Von der Erschaffung der Welt bis zum Jüngsten Gericht erzählt das Fastentuch in 90 Bildern die Heilsgeschichte. Zu sehen sind die Erschaffung von Adam und Eva, der Sündenfall und die Vertreibung aus dem Paradies, die Geschichte von Kain und Abel, Noahs Arche, die Erzählungen von den Erzvätern Abraham, Issak, Jakob und Josef, die Übergabe der Zehn Gebote an Mose und der Auszug aus Ägypten, die Weihnachtsgeschichte und von Jesus gewirkte Wunder. Breiten Raum beanspruchen die Passions- und Osterszenen. Ein unbekannter Meister malte die Bilder mit Tempera auf ein Leinengewebe.

Kirche zum Heiligen Kreuz

Großes Zittauer Fastentuch, unbekannter Maler, 1472, Tempera auf Leinen (Tüchleinmalerei), Feldertyp, H: 820 cm, B: 680 cm, Städtische Museen Zittau Inv. Nr. 2834/510

Großes Zittauer Fastentuch, Bild VII/2 Maria flieht auf dem Maultier nach Ägypten

Flucht nach Ägypten

»Er kam in sein Eigentum, aber die Seinen nahmen ihn nicht auf« (Joh 1,11), so berichtet Johannes über die Geburt Jesu. Die Flucht nach Ägypten ist ein beredter Ausdruck dafür. Entschlossen nimmt Josef seine Verantwortung für Maria und das Kind wahr. Josef wendet den Blick zurück auf das Kind. Wer auf Jesus schaut, der findet den Weg: »Ich bin der Weg und die Wahrheit und das Leben« (Joh 14,6). Auf seinem Rücken trägt Josef an seinem Wanderstab ein kleines Fässchen, das sicher mit Wasser gefüllt ist. Später, beim Gespräch mit der Frau am Jakobsbrunnen, wird Jesus sagen: »Wer aber von dem Wasser trinkt, das ich ihm geben werde, wird niemals mehr Durst haben; vielmehr wird das Wasser, das ich ihm gebe, in ihm zur sprudelnden Quelle werden, deren Wasser ewiges Leben schenkt« (Joh 4,14).

Obwohl Herodes versuchen wird, das Kind zu töten, schauen Maria, das Kind und selbst der Esel entspannt aus: Zunächst wird alles gut werden. Freiwillig trottet der Esel seinen Weg, ganz ohne Zaumzeug. Die an das Zittauer Gebirge erinnernden Felsen am linken Bildrand versperren möglichen Verfolgern die Sicht: Die ganze Schöpfung ist bestrebt, den kleinen Jesus vor Nachstellungen in Sicherheit zu bringen.

Über 200 Jahre lang fand das Fastentuch in der St. Johanniskirche Verwendung. Die evangelisch gewordene Gemeinde nutzte es nach der Reformation noch fast 150 Jahre weiter. Dann geriet das Tuch in Vergessenheit, bis es 1840 in der Zittauer Ratsbibliothek wiederentdeckt wurde. Mehrfach stellte man das Fastentuch aus. Bei Kriegsende 1945 lagerte man es auf den Berg Oybin im Zittauer Gebirge aus. Dort fiel es sowjetischen Soldaten in die Hände, die es zerschnitten und ihre Sauna damit verkleideten. Ein Holzsammler fand das Tuch im Wald, Jahrzehnte lag es im Museumsdepot. In den Jahren 1994/95 restaurierte die Schweizer Abegg-Stiftung das Fastentuch unentgeltlich. Fünfzig Jahre nach der schweren Beschädigung konnte das Große Zittauer Fastentuch gerettet und der Nachwelt erhalten werden.

i Museum »Kirche zum Heiligen Kreuz«, Frauenstr. 23, 02763 Zittau
Tel.: 03583/5008920
Internet: www.zittauer-fastentuecher.de

Großes Zittauer Fastentuch, Bild IX/7 Da trägt Gottes Sohn das Kreuz unter Schmerzen

Großes Zittauer Fastentuch, Bild X/3 Hier steht er auf aus seinem Heilige Grab

Die bedeutendsten Klöster

Birnau

Chorin

Einsiedeln

Ettal

Heiligenkreuz

Helfta

Maria Laach

Maulbronn

St. Marienthal bei Ostritz

St. Gallen

Kloster Birnau – Zwischen Weinbergen hoch über dem Bodensee

Deutlich zeichnet sich die Wallfahrtskirche St. Maria Neu-Birnau durch ihre Lage auf dem erhöhten Ufer am Bodensee aus. Weinberge und Obstgärten umgeben das prächtige Rokokoensemble von Kloster und Kirche. Birnau ist eine wichtige Station der die Regionen zwischen Donau und Bodensee verbindenden »Oberschwäbischen Barockstraße«.

Vorgängerin der Birnauer Wallfahrtskirche war eine im Jahre 1222 erstmals bezeugte Kapelle auf dem Bühl oberhalb des nahegelegenen Nußdorf. Mönche des Zisterzienserklosters Salem betreuten die Wallfahrer und bauten 1348 eine neue Kapelle, die im Dreißigjährigen Krieg zerstört

wurde. Wie ihre Vorgänger lag auch die 1655 wiederaufgebaute Kapelle auf der Flur der Reichsstadt Überlingen, die kein Gelände für eine Erweiterung der Kirche zur Verfügung stellen wollte. Die Streitigkeiten führten zu einem Neubau der Wallfahrtskirche auf klostereigenem Gelände beim Mauracher Hof. Im Jahre 1746 erfolgte die Grundsteinlegung für den Neubau, schon 1750 konnte die Kirche geweiht werden.

Die Pläne der Wallfahrtskirche entwarf der Vorarlberger Architekt Peter Thumb (1681–1766). Aus Kostengründen verzichtete man allerdings sowohl auf die vorgesehene Kirchenkuppel als auch auf die große Freitreppe. Zwei Eckpavillons mit Mansarddächern bilden das Gegenstück zum hochaufragenden Kirchturm. Hell und einheitlich wirkt der überreich mit Ornamenten, Skulpturen, Malereien und Altären ausgestattete Kirchensaal. In Chor und Apsis verschlankt sich der Raum. Ein Emporenumgang, der die Wand in zwei Geschosse teilt, prägt den Raum

wesentlich mit und verbindet seine einzelnen Teile.

Gottfried Bernhard Göz (1708–1774) malte die Kirche aus. Als »apokalyptische Frau« erscheint Maria, die Schlange zertretend, im Deckenfresko. Alle Blickachsen führen das Auge des Betrachters schließlich hin zum Birnauer Gnadenbild der »Lieblichen Mutter«. Die um 1420 im sogenannten »Weichen Stil« aus Holz geschnitzte Marienstatue ist heute Teil des Hochaltars. Maria zeigt einen angebissen Apfel vor und verweist damit auf die Erbsünde. Der auf ihrem Schoß sitzende Jesusknabe hält ein Kreuz in der Hand und setzt so der Erbsünde die Erlösung entgegen.

Die wohl berühmteste Skulptur der Klosterkirche ist der »Honigschlecker« von Joseph Anton Feuchtmayer (1696–1770). Der Putto soll die Redegewandtheit des hl. Bernhard von Clairvaux versinnbildlichen, den man als »Lehrer mit der honigsüßen Rede« bezeichnet. Aber er verweist wohl auch auf den sprichwörtlichen Fleiß der Bienen. Sehr vorsichtig nascht der etwa achtjährige Knabe mit nur einem Finger. Es scheint fast so, als wolle der den Bienenkorb und damit den Honig verstecken.

Die blühende Wallfahrt endete abrupt im Jahre 1804 mit der Säkularisation des Klosters. Priorat, Kirche und der ganze Besitz des Klosters fielen an die Markgrafen von Baden. Prinz Max von Baden (1867–1929) übergab das Kloster wieder den Zisterziensern, und im 1919 nahm man die Wallfahrtstradition wieder auf. Heute finden in jedem Jahr 18 offizielle Wallfahrten statt. Großer Beliebtheit erfreuen sich die Fatima-Wallfahrten an jedem 13. eines Monats.

Orgel der Klosterkirche

i

Priorat Birnau, Birnau-Maurach 5,
88690 Uhldingen-Mühlhofen
Tel.: 07556/92030 (Priorat Birnau)
Internet: www.birnau.de

Kloster Chorin – »Dom hinter Bäumen«

In der Schorfheide, knapp 50 Kilometer nordöstlich vom Stadtzentrum Berlins, liegt inmitten weiter Wälder das ehemalige Zisterzienserkloster Chorin. Etwa 80 Mönche und 400 Laienbrüder lebten hier in der Blütezeit des Klosters. Sie entwässerten Sümpfe, rodeten Wälder, legten Gärten und Felder an. Sogar Wein bauten die Mönche auf dem kargen Sandboden der Uckermark an.

Chorin wurde 1258 als Hauskloster einer Linie der askanischen Markgrafen von Brandenburg gegründet. Mönche aus dem bei Potsdam gelegenen Kloster Lehnin besiedelten die Neugründung ab 1260. Zwischen 1270 und 1273 verlegte man das gerade erst gegründete Kloster von einer Insel im Parsteiner See, wo noch heute

die Grundmauern des geplanten Kirchenbaus sichtbar sind, an den Chorinsee. Sofort begann man mit dem Bau einer dreischiffigen Gewölbebasilika mit Querhaus, Westempore und zweigeschossigen Kapellen. Mit der Weihe des Hochaltars im Jahre 1334 dürften die Bauarbeiten abgeschlossen gewesen sein.

Besonders fällt die als grandioser Schaugiebel gestaltete Westfassade der Kirche ins Auge, geschmückt mit einer Rosette, Wimpergen, Maßwerk und schmalen Spitzbogenfenstern. Mit der zinnenartigen Bekrönung wirkt die ganze Westfront wie ein Turm, ohne einer zu sein. Den Baumeistern des Zisterzienserordens gelang damit wahrhaft eine Meisterleistung. Denn die Ordensregeln verlangten, beim Bau der Kirchen auf Prunk und auch auf Türme zu verzichten. Vermutlich nahm auch der Landesherr Einfluss auf die Gestaltung der Kirchenfassade, da sich hinter der Schauwand die Herrscherempore befand. Weitgehend erhalten blieben der Ost- und der Westflügel

Klosterinnenhof

der Klausur mit dem Kreuzgang sowie der Brüdersaal, der heute von der evangelischen Gemeinde als Kirche genutzt wird. Auch die Klausurgebäude sind mit reichgestalteten Giebeln versehen.

In Chorin fanden die Angehörigen einer Linie der askanischen Markgrafen von Brandenburg ihre letzte Ruhe. Mit der Reformation erfolgte 1542 die Aufhebung des Klosters, die Anlage diente als landwirtschaftliche Domäne. Der Dreißigjährige Krieg beschleunigte den Zerfall, Kirche und Klausur mussten als Steinbruch herhalten. Anfang des 19. Jahrhunderts nutzte man die Reste des Klosters als Scheunen und Stallungen.

Erst in der Zeit der Romantik, als man sich auf das Mittelalter besann, entdeckte man auch das Kloster Chorin wieder. Karl Friedrich Schinkel (1781–1841) zeichnete 1818 die Choriner Ruine als »Dom hinter Bäumen«. Die beginnende Denkmalpflege nahm sich in den 1830er Jahren des Klosters an. Kirche, Kreuzgang und Klausurgebäude erstanden neu. Beeindruckt zeigte sich Theodor Fontane (1819–1898): »Chorin, wenn es endlich vor unseren

Kreuzgang

Blicken auftaucht, wirkt völlig wie eine Überraschung. Erst in dem Augenblicke, wo wir den letzten Höhenzug passiert haben, steigt der prächtige Bau, den die Hügelwand bis dahin deckte, aus der Erde auf und steht nun so frei, so bis zur Sohle sichtbar vor uns … Es kommt dies der architektonischen Wirkung … sehr zustatten, weniger der malerischen, die für eine Ruine meist wichtiger ist als jene.«

i

Amt Chorin 11a, 16230 Chorin
Tel.: 033366/70377 (Verwaltung)
Internet: www.kloster-chorin.org

Kloster Einsiedeln – Wallfahrt zur »Schwarzen Madonna«

Der Einsiedler Meinrad ließ sich um 835 im »Finstern Wald« auf einer Hochebene südlich des Zürichsees nieder. Er hatte im Jahre 823 im Kloster Reichenau die Ordensgelübde abgelegt. Am 21. Januar 861 ermordeten zwei Räuber den Eremiten. Die zahmen Raben Meinrads sollen die Verbrecher bis nach Zürich verfolgt haben. Schließlich wurden die Mörder gefasst und hingerichtet. Heute zieren die Raben das Wappen der rund

15.000 Einwohner zählenden Gemeinde Einsiedeln.

Schon bald folgten andere Einsiedler dem Beispiel Meinrads. Dompropst Eberhard aus Straßburg kam 934 zur Cella des Heiligen, unterstellte die Eremitengemeinschaft der Benediktsregel und wurde selbst erster Abt des neugegründeten Klosters. Eine Kirche konnte im Jahr 948 geweiht werden. Kaiser Otto I. (912–973) bestätigte die Gründung des Benediktinerstifts Einsiedeln und schenkte dem Kloster Ländereien. Auch Otto II. (955–983), Otto III. (980–1002) und Heinrich II. (973/78–1024) bedachten das Kloster. So konnte aus den Einkünften 987 die Leutkirche, das »Untere Münster«, überdacht werden. Ein von 1031 bis 1039 errichteter Neubau ersetzte die durch einen Brand schwer beschädigte Klosterkirche.

Marienwallfahrten aus ganz Mitteleuropa nach Einsiedeln sind seit dem 14. Jahrhundert belegt. Nach dem Brand des Jahres 1465 gelangte das Gnadenbild, eine um 1440 in Ulm entstandene Madonna, in das Kloster.

Die »Schwarze Madonna von Einsiedeln«

Abt Joachim Einhorn (1544–1600) erneuerte im Zeitalter von Reformation und Gegenreformation das Klosterleben. Auch die Wallfahrt gelangte zu neuer Blüte. So pilgerte 1570 der Mailänder Erzbischof und Kardinal Karl Borromäus (1565–1584) nach Einsiedeln. Auf Kosten des Salzburger Erzbischofs erfolgte 1617 die vollständige Verkleidung der Gnadenkapelle, eigentlich die alte Kapelle der Einsiedler, mit Marmor.

Die heutige Klosteranlage entstand ab 1702, als Abt Maurus von Roll (1698–1714) einen Neubau beschloss. Von Kaspar Moosbrugger (1656–1723), einem Novizen des Klosters, stammt der einfallsreiche Bauplan. Ein breiter Treppenaufgang führt vom Kirchenvorplatz mit dem Frauenbrunnen hinauf zur Kirche. Zwischen den beiden 56 Meter hohen Türmen wölbt sich die Fassade der Kirche vor. Sie erinnert an ihre Vorbilder, die Klosterkirche Weingarten und die Salzburger Kollegienkirche.

Pfeiler tragen ein weitläufiges Oktogon, das um die Gnadenkapelle herum gebaut wurde. So haben die Pilger – heute kommen jährlich bis zu

700.000 – genügend Platz. An das Oktogon schließt sich das als Predigtkirche konzipierte Langhaus mit der von Egid Quirin Asam (1692–1750) geschaffenen Kanzel an. Die Kuppel über der Gnadenkapelle zeigt Christus und Engel, die zur Weihe der Gnadenkapelle vom Himmel herabsteigen. Nach Osten hin schließen sich die Abendmahls- und die Weihnachtskuppel an. Auf dem Hochaltarbild, das die ganze Höhe des Chorraumes ausfüllt, ist die Aufnahme Mariens in den Himmel zu sehen.

Die von den Franzosen 1798 zerstörte Gnadenkapelle wurde von 1815 bis 1817 am alten Platz in den Formen des Klassizismus wiederaufgebaut. Das Gnadenbild hatte man in Sicherheit bringen können. Über Bludenz, Hall und Lienz in Tirol gelangte es bis nach Triest. Erst damals erlangte die »Schwarze Madonna« ihre dunkle Farbe.

i

Kloster Einsiedeln,
CH-8840 Einsiedeln
Tel.: +41(0)55/4186111 (Kloster)
Internet: www.kloster-einsiedeln.ch

Frauenbrunnen auf dem Klostervorplatz

Kloster Ettal – »Ora et labora – Bete und arbeite«

Etwa sieben Kilometer führt die Straße von Oberau im Landkreis Garmisch-Partenkirchen in steilen und engen Serpentinen den Ettaler Berg hinauf. Auf etwa 900 Meter Höhe lichten sich die Bäume und geben den Blick frei auf die Kuppel der Ettaler Klosterkirche. Bewaldete Bergkuppeln liefern hier im Hochtal der Ammer die Kulisse für die Benediktinerabtei. Mit Brauerei, Likördestillerie, Kunstverlag, Buchhandlung, Hotel und Internat ist das Kloster auch ein florierendes Wirtschaftsunternehmen.

Kaiser Ludwig der Bayer (1281–1347) gründete das Kloster am 28. April 1330 als Ritterstift, dem er selbst eine Regel gab. Zunächst lebten in Ettal 20 Benediktiner mit einem Abt, 12 Ritterfrauen und 6 Witwen mit einer »Meisterin« und 12 Ritter mit einem »Meister«. Die Ritter durften weltlichen Vergnügungen nachgehen. In der Praxis erwies sich das Zusammenleben jedoch als undurchführbar. Noch im 14. Jahrhundert wurden die weltlichen Konvente aufgelöst.

Langsam ging der Bau des Klosters in der Bergregion voran. Erst 1370 konnte die Kirche, ein ungewöhnlicher, zwölfseitiger gotischer Zentralbau mit Kapellen zwischen den Strebepfeilern, geweiht werden. Seit dem 15. Jahrhundert verschönerte ein von einer einzigen Mittelsäule getragenes Rippengewölbe den Kirchenraum. Bereits bei der Weihe der Kirche galt einem vermutlich aus Pisa stammenden Marienbild – der »Ettaler Madonna« – besondere Verehrung. Die aus weißem Marmor gefertigte, thronende Madonna mit dem Jesuskind wurde spätestens seit der Mitte des 15. Jahrhunderts zum Ziel zahlreicher Wallfahrer. Während des Spanischen Erbfolgekrieges ließ Kurfürst Max Emanuel (1662–1726) das Gnadenbild 1704 in die Münchner Hofkapelle bringen

Kanzel

Blick in die Kuppel

und öffentlich verehren. Anschließend wurde es in Freising und verschiedenen Münchner Klöstern gezeigt. Diese Reise der »Ettaler Madonna« trug wesentlich zu ihrer Popularität bei.

Baumeister Enrico Zuccalli (1642–1724) baute Kirche und Kloster seit 1709 im Stil des Barock um. Die von einer hohen Kuppel überwölbte Wallfahrtskirche mit ihrer gewaltigen Fassade sollte im Zentrum der ganzen Anlage stehen. Doch ein Brand zerstörte 1744 Kirche und Abtei. Der Wiederaufbau im Stil des Hochbarock erfolgte durch Josef Schmuzer (1683 bis 1752) aus Wessobrunn nach den Plänen Zuccallis. Er vollendete die doppelschalige Kuppel und ließ das gotische Gewölbe abbrechen. Durch elf große Fenster strömt das Licht ins Innere des zwölfeckigen Kuppelbaus. Das auch »Himmel der Benediktiner« genannte Deckenfresko zeigt mehr als 400 Mönche vereint mit dem Gründer des Ordens in der Himmelsglorie. Auf dem 1786 von Martin Knoller (1725–1804) gemalten Hochaltargemälde ist Mariä Aufnahme in den Himmel zu sehen. Johann Baptist Zimmermann (1680–1758) und Johann Georg

Üblher (1700–1763) übernahmen die Stuckarbeiten.

Im Zuge der Säkularisation wurde das Kloster 1803 aufgehoben, vom Königreich Bayern übernommen und versteigert. Erst am Ende des 19. Jahrhunderts erwarb das Kloster Scheyern die Gebäude, und bereits 1900 zogen wieder Benediktiner in Ettal ein. Knapp 40 Mönche leben heute hier, weitere Brüder beten und arbeiten seit 1993 im sächsischen Benediktinerkloster Wechselburg.

i

Kaiser-Ludwig-Platz 1, 82488 Ettal
Tel.: 08822/74-0 (Kloster)
Internet: www.abtei.kloster-ettal.de

Zisterzienserabtei Stift Heiligenkreuz – Mönche in den Pop-Charts

Südwestlich von Wien im Wienerwald liegt Stift Heiligenkreuz, Österreichs älteste Abtei des Zisterzienserordens. Markgraf Leopold III. der Heilige (1073–1136) stiftete das Kloster im Jahr 1133. Dazu trug sicher sein Sohn Otto bei, der im Jahr zuvor in das Kloster Morimond, eine der vier Primarabteien des Zisterzienserordens, eingetreten war. Zwölf Mönche aus Morimond und ihr Abt Gottschalk, erster Vorsteher der neuen Abtei (1133–1147), begannen mit dem Bau einer ersten Holzkirche. Bald lebten schon rund 300 Mönche in Heiligenkreuz. Herzog Leopold V. (1157–1194) schenkte der Abtei im Jahr 1188 eine große Reliquie des hl. Kreuzes, Heiligenkreuz stieg zu einem wichtigen Wallfahrtsort auf.

Klosterhof mit Klosterkirche und Dreifaltigkeitssäule

Ungeachtet allen Reichtums, den die Pilgerscharen nach Heiligenkreuz brachten, betrieben die Zisterzienser weiterhin Landwirtschaft, verkauften ihre Produkte und widmeten sich der Wissenschaft. Nach den Verwüstungen der Türkenkriege erfolgte der Wiederaufbau des Klosters, das im 17. und 18. Jahrhundert eine große Blütezeit erlebte. Heute leben in Heiligenkreuz 82 Mönche, der Höchststand seit der Zeit der Türkenkriege.

Mit ihrer Choral-CD »Chant – Music for Paradise« gelang den Mönchen aus Heiligenkreuz im Jahre 2008 ein Riesenerfolg. Die singenden Brüder schafften es bis in die Pop-Charts und erhielten den Echo-Classic-Award. Seither erschienen die CDs »Chant – Amor et Passio« (2011), »Chant – Stabat Mater« und »Chant – Missa Latina« (beide 2012).

Eine Mauer umzieht den Stiftskomplex. Ganz romanisch geprägt ist die Westfassade der Klosterkirche Mariae Himmelfahrt mit Portal und dreiteili-

Choralschola

ger Fenstergruppe. Mächtige Pfeiler beherrschen das Langhaus der dreischiffigen, romanischen Stiftskirche aus dem 12. Jahrhundert. Im Jahr 1295 wurde der hochgotische, von Licht durchflutete Hallenchor vollendet, den ein dreiteiliges Maßwerkfenster abschließt. Herrlich bemalt sind die Glasscheiben, ganz im Gegensatz zum Ordensgesetz, das klare Fensterscheiben vorschreibt. Aus der Epoche des Barock stammt das Chorgestühl, im 19. Jahrhundert kam der neugotische Hochaltar hinzu. Gegen die strengen Bauregeln des Zisterzienserordens verstößt auch der von einer Zwiebelhaube bekrönte Barockturm (1674).

Im zweiten Viertel des 13. Jahrhunderts entstand der Kreuzgang mit 300 Säulen aus rotem Marmor. Hier wird der Übergang von der Romanik zur Gotik besonders deutlich. Der innere Klosterhof, ein unregelmäßiges Viereck, weist schöne zweigeschossige Arkaden (1637–1660) von Angelo Canavales und einen Torturm auf. Aus dem Jahr 1739 stammen die Dreifaltigkeitssäule und der Josephsbrunnen. In der Barockzeit erhielt auch die Bibliothek des Klosters ihre heutige Gestalt. Hier werden auch viele illuminierte Handschriften des 12. und 13. Jahrhunderts aufbewahrt, die wahrscheinlich in der Schreibstube von Heiligenkreuz entstanden sind.

Hallenchor der Klosterkirche

Theologische Hochschule

Seit 1802 gibt es im Stift Heiligenkreuz eine theologische Hochschule, deren Vorläufer bis ins Mittelalter zurückreichen. Im 19. Jahrhundert blieben die Hörerzahlen sehr gering, weniger als 20 Priesteramtskandidaten aus dem Zisterzienserorden studierten hier. Nach dem Zweiten Weltkrieg stiegen die Studentenzahlen, und 1976 erfolgte die Erhebung zur Philosophisch-Theologischen Hochschule. Papst Benedikt XVI. wertete die Akademie im Jahr 2007 sogar zu einer päpstlichen Hochschule auf, die seinen Namen trägt. Seit Jahren nehmen die Studentenzahlen stetig zu, Ende 2012 waren 235 Hörer an der Hochschule eingeschrieben. Rektor ist zurzeit der bekannte Autor und Professor Pater Karl Josef Wallner.

Papst Benedikt XVI. beim Besuch von Stift Heiligenkreuz mit Pater Karl Wallner

i

A-2532 Heiligenkreuz im Wienerwald
Tel.: +43(0)2258/8703-0
Internet:
www.stift-heiligenkreuz.org

Brunnenhaus

Kloster St. Marien in Helfta – »Krone der deutschen Frauenklöster«

Das Zisterzienserinnenkloster St. Maria in Helfta, einem Ortsteil am Rande der Lutherstadt Eisleben in Sachsen-Anhalt, war im Mittelalter bekannt als »Krone der deutschen Frauenklöster«, berühmt durch die wissenschaftliche Bildung der Ordensfrauen und deren Christusmystik. Drei Frauen des Klosters haben im 13. Jahrhundert den Ruf von Helfta begründet: Mechthild von Magdeburg, Mechthild von Hackeborn und Gertrud von Helfta.

Ursprünglich 1229 in Mansfeld gegründet, wurde das Kloster 1258 nach Helfta verlegt. In der kleinen Abtei lebten wenig mehr als zehn Nonnen und etwa doppelt so viele Konversen. Doch Helfta hatte Zulauf und platzte bald aus allen Nähten. Das 13. Jahrhundert wurde zu Helftas Blütezeit. Mit der Reformation, die aus unmittelbarer Nähe in Wittenberg und Eisleben hervorging, wurde das Kloster im Jahr 1546 säkularisiert. Bis 1721

Gertrud von Helfta

Die hl. Gertrud, um 1256 in Thüringen geboren, erhielt im Kloster Helfta unter Äbtissin Gertud von Hackeborn eine humanistische und theologische Ausbildung. Seit 1281 hatte sie ungewöhnliche mystische Gnaden und Visionen, besonders über die Geheimnisse der Eucharistie und des Herzens Jesu, die sie niederschrieb. Sie selbst blieb eine demütige Ordensfrau, die ihren Mitschwestern in Hingabe und Liebe diente. Sie starb am 13. November 1302. Ihren Beinamen »die Große« erhielt sie wegen ihrer tiefen Mystik und ihres großen Einflusses.

Gertrud von Helfta

Gertrudkapelle

Kirche und Liboriushaus

gab es verschiedene Besitzer, danach wurde das Klostergut preußische Staatsdomäne. Die DDR wandelte die Staatsdomäne um in ein »Volkseigenes Gut«.

Nach der Wiedervereinigung Deutschlands entsteht der »Verband der Freunde des Klosters Helfta«. 1994 gelangte das Klostergelände mit Teilen historischer Bausubstanz wieder in kirchlichen Besitz. 1998 begann der Wiederaufbau von Helfta, das Bistum Magdeburg übernimmt die Bauleitung. Am 13. August 1999, nach ca. 450 Jahren, ziehen wieder neun Schwestern in die Abtei ein, denen die Äbtissin Assumpta Schenkl (1924–2009) aus der Zisterzienserinnenabtei Seligenthal in Landshut vorsteht. Acht Jahre später fand die Benediktion der neu errichteten Gertrudkapelle statt. Drei alte Mauerteile mit zwei modernen Fenstern, gestaltet vom brasilianischen Künstler Claudio Pastro, bestimmen den Raum und vermitteln ein Gefühl der Geborgenheit und Stille. Die Gertrudkapelle lädt zum stillen Beten ein, ist aber auch für Gruppen und ihre Gottesdienste offen. An den Gebetszeiten des Konvents in der

Klosterkirche können alle Besucher teilnehmen.

Im Bildungs- und Exerzitienhaus der Schwestern besteht die Möglichkeit, an den Kursen und den Programmen teilzunehmen sowie als Einzelgast einige Tage im Kloster zu verbringen. Im Gertrudstift werden Wohnungen angeboten, und auch Ferienwohnungen stehen für Gäste bereit. Das weitläufige Klosterareal mit zwei Teichen lädt zum Verweilen und zum Entspannen ein.

Kloster Helfta wurde seit seinem Wiederaufbau maßgeblich durch das Wirken der hochgeschätzten Äbtissin Assumpta Schenkl geprägt. Bis zu ihrem Tod im April 2009 stand sie der Gemeinschaft als Priorin vor. Sie machte sich in den letzten Jahren besonders als spirituelle Autorin einen Namen und hat ein großes geistliches Erbe hinterlassen. Bücher von ihr können im Klosterladen erworben werden. Auch andere Produkte wie Kunstkarten, Kerzen und Kräuterlikör werden dort angeboten. Auf dem Klosterareal befinden sich ein Montessori-Kindergarten und das Pflege- und Altenheim St. Mechthild. Das »Hotel an der Klosterpforte« steht offen für alle Besucher. Im Mechthildsaal mit 400 Plätzen finden Großveranstaltungen und Konzerte statt.

i
Lindenstr. 36, 06295 Eisleben
Tel.: 03475/711500 (Kloster)
Internet: www.kloster-helfta.de

Klosterkirche

Benediktinerabtei Maria Laach – Inbegriff deutscher Romanik

Die dreitürmige Westfassade der Abteikirche von Maria Laach ist zum Inbegriff deutscher Romanik geworden. Auf eine Stiftung des Pfalzgrafen Heinrich II. von Laach (um 1050–1095) und seiner Ehefrau Adelheid von Weimar-Orlamünde (1055–1100) geht die Gründung der Abtei Laach im Jahre 1093 zurück. Benediktiner aus St. Maximin in Trier besiedelten das am größten Kratersee der Eifel gelegene Kloster. Durch den frühen Tod der Stifter geriet der Bau ins Stocken. Bei der Weihe im Jahr 1156 war der romanische Bau noch unvollendet, die Fertigstellung zog sich bis um 1220 hin.

In dem im 17. und 18. Jahrhundert barock umgestalteten Kloster lebten 1802, als die linksrheinischen Gebiete Deutschlands zu Frankreich gehörten und das Kloster von Napoleon aufgehoben wurde, nur noch 17 Mönche. Nach 1815 verkaufte der preußische Staat, zu dem die Abtei nun zählte, die Klostergebäude. Ab 1863 lebten Jesuiten im Kloster, die der Abtei den Namen »Maria Laach« gaben. Als das Jesuiten-Kollegium infolge des Kulturkampfes 1892 geschlossen werden musste, zogen wieder Benediktiner aus der Erzabtei Beuron in das Kloster ein. Heute leben etwa 50 Mönche in Maria Laach.

Grabmal Heinrichs II. von Laach

Die sechstürmige Klosterkirche ist eine gewölbte Pfeilerbasilika mit prachtvollem Westportal. Als Vorbilder dienten die Dome in Speyer und Mainz. Doch in Maria Laach kommt die neue Schmuckfreude der Stauferzeit zur Geltung. Ähnlichkeiten mit den Kölner Kirchen Groß St. Martin und St. Aposteln und der Doppelkapelle von Schwarzrheindorf sind unverkennbar.

Wie eine Trutzburg strebt die ganze Klosterkirche trotz ihrer massiven Erscheinung zum Himmel. Chor, Apsi-

Löwenbrunnen im Vorhof der Klosterkirche

den, Hallenkrypta, Osttürme und Vierungsturm machen das Gotteshaus zu einem Urbild der romanischen Baukunst. Der dunkle Innenraum wurde aus grauer Basaltlava und gelben Tuffquadern, das Äußere hingegen aus hellem Sand- und Kalkstein errichtet.

Durch ein torloses Portal betritt man zunächst einen Säulengang, der zu den beiden Pforten im Westwerk führt. Im Geviert des Säulenganges trifft man überraschend auf ein kleines Paradies, einen Garten mit offenen Arkaden, grünem Rasen und einem Springbrunnen, der auf vier Löwenskulpturen ruht. Das Wasser sprudelt aus den Mäulern der Tiere in alle vier Himmelsrichtungen.

Ende des 19. Jahrhunderts entstand das riesige Christus-Mosaik in der Apsis, das den Blick des Besuchers auf sich zieht. Einzigartig ist das berühmte Hochaltarziborium aus dem 13. Jahrhundert. Schwer fällt die stilistische Einordnung. Der sechseckige Baldachin ist nicht mehr romanisch, hat aber auch kaum etwas Gotisches an sich. Ursprünglich war das ganze Ziborium bemalt.

Im Ostchor ruht der Stifter der Abtei unter einem Säulenbaldachin. Die Figur des jungen, schwarzlockigen Heinrich im gold-bunten Gewand bedeckt ein roter Mantel. In der Rechten hält der Stifter ein Kirchenmodell. Ein unbekannter Künstler des 13. Jahrhunderts schuf das hölzerne Bild des ewigen jungen Pfalzgrafen.

Brunnen im Eingangsbereich des Klosters

i
56653 Maria Laach
Tel.: 02652/590 (Abtei)
Internet: www.maria-laach.de

Kloster Maulbronn – Die besterhaltene europäische Klosterstadt des Mittelalters

Zwischen Karlsruhe und Stuttgart liegt die ehemalige Zisterzienserabtei Maulbronn im Norden Württembergs. Als einzige Klosterstadt Europas blieb sie seit dem Mittelalter nahezu unversehrt erhalten. Das von Walter von Lomersheim im Jahre 1138 gegründete Kloster besiedelten 1147 Mönche aus dem nahegelegenen Elsass. Nach einer Legende waren die Ordensbrüder mit einem Maultier unterwegs, das sie an einer Quelle im heutigen Klostergarten tränkten. So kam Maulbronn zu seinem Namen.

Im Jahre 1178 konnte die langgestreckte und niedrige, aus Schilfsandstein erbaute Pfeilerbasilika St. Maria geweiht werden. Streng nach den Geboten des Ordens wurde sie schmuck- und turmlos errichtet. Kapellen nehmen einen großen Teil des engen und düsteren Querschiffs ein. Die steinerne Chorschranke trennt den Mönchschor vom Bereich der Laien. Das Innere schmücken ein prachtvolles gotisches Maßwerkfenster im Chorraum und die bemalten Netzgewölbe. Wenige Jahrzehnte nach der Weihe der Kirche wurde um 1210 das »Paradies« als großzügige Vorhalle an die Westseite angebaut.

Nach Aufhebung des Klosters im Jahre 1530 richtete Herzog Christoph von Württemberg (1550–1568) hier 1556 eine evangelische Klosterschule ein, die später als theologisches Seminar und heute als Gymnasium mit Internat weitergeführt wird. Bekannteste Schüler Maulbronns sind Johannes Keppler (1571–1630), Friedrich Hölderlin (1770–1843) und Hermann Hesse (1877–1962).

Sämtliche mittelalterliche Bauformen präsentiert der Kreuzgang. Der Südflügel stammt noch aus der Zeit der Romanik. Mit seinen zweigeteilten Fenstern ist der Westflügel ein Beispiel der frühen Gotik. Die viergeteilten

Brunnenhaus

Kreuzgang

Fenster im Nord- und Ostflügel hingegen stammen aus der hochgotischen Bauphase. Im Kapitelsaal des Nordflügels, der sich zum Kreuzgang hin öffnet, blieben die ältesten Netzrippengewölbe Deutschlands erhalten. Im Inneren lösen sich die Gewölbe völlig im Maßwerk auf.

Besondere Beachtung verdient das aus dem 14. Jahrhundert stammende Brunnenhaus am nördlichen Flügel des Kreuzgangs. Licht durchflutet den neuneckigen Zentralraum. In der Mitte gießt ein Brunnen Wasser aus drei nach oben kleiner werdenden Steinschalen. Hier wuschen sich die Mön-

Inneres der Klosterkirche

che, bevor sie durch den Kreuzgang ins gegenüberliegende Refektorium schritten, um miteinander zu essen. Jörg Ratgeb (um 1470/75–1525/26) aus Schwäbisch Gmünd bemalte im Jahre 1512 die Gewölbe in Brunnenkapelle und Refektorium mit verschnörkelten Dekorationen. In den Schnörkeln sieht man wilde Menschen, Putten und Tiere. Dieses faszinierende Zeugnis spätmittelalterlicher Malerei wurde 1937 freigelegt.

Auch auf Hermann Hesse hinterließ die Brunnenkapelle einen intensiven Eindruck: »Einem Wunder gleicht die Brunnenkapelle. Ich … sah im klaren Schatten des gewölbten Raumes die drei Brunnenschalen übereinander schweben und das singende Wasser fiel in acht feinen Strahlen von der ersten in die zweite Schale, und in acht feinen klingenden Strahlen von der zweiten in die riesige dritte, und das Gewölbe spielte in ewig holdem Spiel mit den lebendigen Tönen, heut wie gestern, heut wie damals, und stand herrlich in sich begnügt und vollkommen als ein Bild von der Zeitlosigkeit des Schönen.«

i

Klosterhof 5, 75433 Maulbronn
Tel.: 07043/926610
Internet:
www.kloster-maulbronn.de

Kloster St. Marienthal bei Ostritz – Fast 800 Jahre ununterbrochenes Klosterleben

Das Erlebnis klösterlicher Gastfreundschaft im Dreiländereck Deutschland-Polen-Tschechien inmitten der Oberlausitz ist etwas Besonderes. St. Marienthal ist das älteste Frauenkloster des Zisterzienserordens in Deutschland, das seit seiner Gründung im Jahre 1234 durch die böhmische Königin Kunigunde ununterbrochen besteht. Die Abtei liegt im Neißetal nahe der Stadt Ostritz zwischen Zittau und Görlitz. Trotz Kriegen, Reformation und Naturkatastrophen leben im Kloster St. Marienthal seit mehr als 775 Jahren Schwestern nach der Regel des hl. Benedikt »ora et labora« (bete und arbeite). Nach einem Brand 1683 wurde die Klosteranlage im Stil des böhmischen Barock neu errichtet. Sie erinnert eher an ein Schloss als an ein Kloster. Bis heute blieb der Komplex als imposantes geschlossenes Ensemble erhalten.

Kreuzwegstation am Stationsberg

Zur Klosteranlage gehören die Konventgebäude, die Klosterkirche, die Propstei, die ehemaligen Beamtenwohnhäuser und Wirtschaftsgebäude. Das Innere der Kirche überrascht den Besucher, der auch hier barocke Pracht erwartet. Bestimmend ist die Neuausmalung aus dem Jahre 1859 im Nazarener-Stil. Die Chorfenster erhielten eine figürliche Farbverglasung. Sehenswert im Klosterkomplex ist auch die 1756 geweihte Kreuz- und Michaeliskapelle.

Der Dreifaltigkeitsbrunnen, zahlreiche Statuen, Gärten und der Klosterhof runden den malerischen Anblick ab. Im Rahmen von Führungen erhalten Besucher viele interessante Infor-

Mariensäule

mationen zu Geschichte und Gegenwart der Abtei. Vom Stationsberg (Kalvarienberg) aus, auf dem seit 1728 eine Kreuzigungsgruppe steht und ein Kreuzweg angelegt ist, kann man die prächtige Anlage am besten überschauen. Seit Kurzem gibt es am Kloster den östlichsten Weinberg Deutschlands. Im November 2008 konnte ein Denkmal für Papst Johannes Paul II. eingeweiht werden.

In den Gästehäusern des Klosters und im Internationalen Begegnungszentrum St. Marienthal stehen Zimmer in verschiedenen Standards zur Verfügung. Ob als Einzelgast zu Tagen der Einkehr und Stille, als Radwanderer auf der Reise oder als Kursteilnehmer an einem der Angebote – Gäste sind im Kloster immer herzlich willkommen. Die ruhige Lage und die waldreiche Umgebung des direkt angrenzenden Neißetals sind ideale Voraussetzungen für eine »Fastenwoche für Gesunde«, eine »Wohlfühlwoche« oder Seminare wie »Spiritualität und Lebenskraft im Alltag«. Diese gern genutzten Komplettangebote lassen die Besucher allen Alltagsstress vergessen.

Um 1740 vom Kloster erbaut, hat die historische Klosterschenke nach grundlegender Sanierung ihre Ursprünglichkeit weitestgehend zurückerhalten. Davon zeugen das beeindruckende Fachwerk in der Außenfassade, die freigelegten Holzkonstruktionen im Inneren und nicht zuletzt der hundertjährige Kastaniengarten. Nach alter Tradition sind Spaziergänger, Radfahrer, Familien und Reisegruppen zu gemütlicher Gastlichkeit mit Oberlausitzer Küche und Klosterspezialitäten eingeladen.

Gästehaus

Im Klosterladen gibt es ein liebevoll ausgewähltes Sortiment mit klostereigenen Produkten wie Backwaren, Klosterbier, Tee und Handarbeiten, aber auch Bücher und Wein. An vier Terminen im Jahr laden die St. Marienthaler Schwestern zu Klosterfesten mit einem vielfältigen Marktangebot regionaler und überregionaler Handwerker und Händler ein. Zu nennen sind dabei das Frühlingsfest im Mai, das Kräuterfest im August, das Winzerfest im Oktober und der Adventsmarkt im Dezember.

i
Marienthal 1, 02899 Ostritz
Tel.: 035823/77300 (Kloster)
Internet: www.kloster-marienthal.de

Blick vom Stationsberg auf die Klosteranlage

Kloster St. Gallen – Das ideale Kloster des Mittelalters

St. Gallen, Hauptstadt des gleichnamigen Schweizer Kantons und wirtschaftliches und kulturelles Zentrum im Ostteil des Landes, geht auf die Gründung eines Benediktinerklosters durch Abt Othmar (um 689–759) im 8. Jahrhundert zurück. Schon um das Jahr 612 soll der irische Wandermönch Gallus, der Namensgeber des Klosters, hier als Einsiedler gelebt haben.

Berühmtheit erlangte St. Gallen im Hochmittelalter wegen seiner Bibliothek und der Klosterschule. Der um 820 auf vier zusammengenähten Pergamentblättern gezeichnete St. Galler Klosterplan gilt als Idealschema für eine mittelalterliche Klosteranlage, wurde so aber nie ausgeführt. Er zeigt das eindrucksvolle Bild einer Klosterstadt: Kirche und Kreuzgang stehen im Zentrum der Anlage, umgeben von Bäckerei, Gästehäusern, Hospital, Friedhof, Gemüsegarten, Ställen, Scheunen und Werkstätten.

Zwischen 830 und 867 entstand ein stattlicher Klosterkomplex mit drei Kirchen. Doch in der Barockzeit genügten die Bauten nicht mehr dem Repräsentationswillen der Äbte. Peter Thumb (1681–1766) aus Vorarlberg errichtete von 1755 bis 1772 die neue Anlage. Die ehemalige Stiftskirche und heutige Kathedrale des Bistums St. Gallen beherrscht mit ihren Doppeltürmen die Klosteranlage, die eher an ein Schloss erinnert. Johann Michael Beer von Bildstein (1696–1780) fertigte den Entwurf der Ostfassade. Reiche Stuckarbeiten verzieren das Innere der spätbarocken Kirche (1755–66), das von einer mächtigen, zentra-

Gallus

Der hl. Gallus und der Bär

Der hl. Gallus wurde um 550 in Irland geboren. Er kam als einer der zwölf Gefährten des hl. Columban (540–615) aus Irland nach Europa, um das Evangelium zu verkünden. Vom Kloster Luxeuil in den Vogesen führte eine Missionsreise die Gemeinschaft um Columban in die Region am Bodensee. Um 612 zog Gallus vom Bodensee, dem Fluss Steinach folgend, in den Arboner Forst. Mitten im Urwald baute Gallus eine Klause und lebte dort bis zu seinem Tod am 16. Oktober 640. Knapp hundert Jahre später gründete der hl. Othmar ihm zu Ehren hier die Abtei St. Gallen.

Stiftsbibliothek

len Rotunde beherrscht wird. Fresken erzählen aus der Klostergeschichte, Stuckreliefs aus dem Leben des hl. Gallus. Sehenswert sind das vergoldete Chorgitter und das mit Reliefs reich verzierte Chorgestühl (1763–1770).

Die Stiftsbibliothek St. Gallen ist die älteste Bibliothek der Schweiz. Mit etwa 2.100 Handschriften, 1.650 Inkunabeln und Frühdrucken sowie rund 170.000 Büchern gehört sie zu den größten Klosterbibliotheken der Welt. Zusammen mit dem Stiftsbezirk wurde die Bibliothek 1983 in das

Weltkulturerbe der UNESCO aufgenommen. Bereits der alte Klosterplan sah eine zweigeschossige Bibliothek vor. Peter Thumb schuf den üppig ausgestatteten, geschwungenen Bibliothekssaal mit umlaufender Galerie in den Jahren 1758 bis 1767. Putten beleben das Geländer der Galerie. Josef Wannenmacher (1722–1780) malte die Deckenbilder, auf denen die ersten vier ökumenischen Konzilien und die griechischen und lateinischen Kirchenväter zu sehen sind. Ergänzt werden die Darstellungen durch zwei bedeutende Benediktiner, den hl. Beda Venerabilis und den hl. Anselm von Canterbury. Johann Georg (1710–1765) und Matthias Gigl aus Wessobrunn versahen den Saal mit Stuckaturen. Aus verschiedenen kostbaren Hölzern fügte man den ornamental gestalteten Fussboden.

In der Stiftskirche

i

Klosterhof, CH-9000 St. Gallen
Tel.: +41(0)71/2273737 (Tourist-Information); +41(0)71/2273416 (Stiftsbibliothek)
Internet: www.stiftsbibliothek.ch; www.st.gallen-bodensee.ch

Die romantischsten Kirchen

Russische Kirche in Darmstadt

Klosterruine Eldena in Greifswald

St. Bartholomä am Königssee

Benediktinerstift Melk

Stiftskirche Quedlinburg

Klosterinsel Reichenau

St. Coloman bei Schwangau

Kapelle Vitt auf Rügen

Kloster Weltenburg

St. Maria Magdalena in Darmstadt – Privatkapelle des russischen Zaren

Auf Zar Nikolaus II. (1868–1918), der mit Prinzessin Alix von Hessen und bei Rhein (1872–1918) verheiratet war, geht die russische Kirche in Darmstadt zurück. Nikolaus wünschte sich in Darmstadt, wo er mit seiner Familie oft für längere Zeit auf Besuch weilte, eine orthodoxe Kapelle. Diese entstand zwischen 1897 und 1899 als erstes Gebäude auf der Mathildenhöhe. Später kamen Wohnhäuser und Ateliers einer den Jugendstil mitprägenden Künstlerkolonie hinzu, schließlich ein Ausstellungsgebäude, der Hochzeitsturm, der Schwanentempel, einige Plastiken und das Brunnenbecken vor der Kirche. Damit wurde die Mathildenhöhe eine der Hauptsehenswürdigkeiten Darmstadts.

Als Vorbild der Darmstädter Kirche dienten russische Kirchen des 16. Jahrhunderts. Für die Größe war bestimmend, dass es sich um eine Privatkapelle der kaiserlichen Familie handelte. Architekt der Kirche war Louis Benois (1856–1928), Rektor der Akademie der Künste in St. Petersburg. Obwohl römisch-katholischen Glaubens, beauftragte man ihn mit der Errichtung einiger orthodoxer Kirchen. Drei kleine, mit vergoldeten kupfernen Kuppeln bekrönte Türmchen zieren das Gotteshaus. Je ein reich verziertes Kreuz bekrönt die Kuppeln. Ein Mosaikbild der Namenspatronin schmückt das Giebelfeld über dem Haupteingang. Es stammt, wie auch

Zar Nikolaus II.

Der letzte russische Zar Nikolaus II. aus dem Hause Romanow gelangte 1894 auf den Thron. Wie seine Vorgänger regierte er als Alleinherrscher. Erst nach der Niederlage Russlands im Krieg gegen Japan (1904/05) und der daraufhin ausgebrochenen Revolution (1905–1907) kam es zu zögerlichen Reformen. Als sich während des Ersten Weltkrieges die Lage Russlands zusehends verschlechterte, brach im Februar 1917 erneut eine Revolution aus, die zur Abdankung des Zaren führte. Zunächst nur unter Hausarrest gestellt, wurde die Zarenfamilie von den Bolschewisten gefangengesetzt und am 17. Juli 1918 in Jekaterinburg ermordet. Im Jahr 2000 sprach die Synode der Russisch-Orthodoxen Kirche Nikolaus II. und seine Familie aufgrund ihres Märtyrertodes heilig.

Christusmosaik an der Außenseite der Apsis

Ostansicht

die anderen Mosaiken und die Ausmalung, von dem russischen Maler Viktor Michajlowitsch Wasnezow (1848–1926), der durch die Ausmalung der St.-Wladimir-Kathedrale in Kiew bekannt wurde. Wasnezow wandte sich von der romantischen Malerei des 19. Jahrhunderts ab und betonte die byzantinische Tradition der russischen Kunst. Auf der Außenwand sind die hl. Alexandra von Nikomedien, Zacharias und Elisabeth, Alexander Newski, Sergij von Radonesch und Nikolaus von Myra zu sehen. Die äußere Fassade der Apsis schmücken zwei Mosaiken: Christus Pantokrator, segnend auf einem Thron sitzend, und die Gottesmutter »Platytera«.

Das Apsismosaik innen zeigt die thronende Maria mit dem Kind, in der

Kuppel ist Christus zu sehen. Aus der Londoner Hauskapelle des Prinzen Alfred von Großbritannien (1844–1900), der mit einer russischen Großfürstin verheiratet war, stammt die Ikonenwand. Auf der mittleren Tür, der Königstür, sind die Verkündigung an Maria sowie die Evangelisten zu sehen. Gerahmt wird die Königstür von Maria mit dem Kind (links) und Christus mit der Weltkugel (rechts). Darstellungen von Erzengeln zeigen die äußeren Bilder.

Ein besonderer Höhepunkt in der Geschichte der Kirche war die 1903 erfolgte Trauung des Prinzen Andreas von Griechenland (1882–1944) mit Prinzessin Alice von Battenberg, spätere Eltern von Prinz Philip, Gemahl der englischen Königin Elizabeth II.

i

Nikolaiweg 18, 64287 Darmstadt
Tel.: 06151/424235 (Russ.-Orth. Pfarramt)
www.darmstadt.russian-church.de

Klosterruine Eldena in Greifswald – Bildmotiv der Romantik

Die Ruine des ehemaligen Zisterzienserklosters Eldena liegt mittlerweile im Stadtgebiet der Hansestadt Greifswald, rund 4 Kilometer vom Stadtzentrum entfernt. Mönche aus dem rund 40 Kilometer entfernten Dargun gründeten das Kloster nach der Zerstörung ihrer Abtei vermutlich zwischen 1188 und 1199. Die Zisterzienser verfügten hier bereits über einige Salzquellen. Sie riefen deutsche, dänische und slawische Kolonisten ins Land, die neue Dörfer und Höfe anlegten und das Land kultivierten. Auf der Greifswald gegenüberliegenden Insel Rügen gehörte die gesamte südöstliche Halbinsel dem Kloster Eldena. Noch heute erinnert daran ihr Name »Mönchgut«.

Gegen 1225 begann der Bau einer frühgotischen Pfeilerbasilika, die um 1265 fertiggestellt werden konnte. Anschließend errichtete man bis 1350 die Konventsgebäude. Ende des 14. Jahrhunderts nahm man die Bauarbeiten am Langhaus der Kirche wieder auf, die bis ins 15. Jahrhundert andauerten. Es entstand eine dreischiffige Pfeilerbasilika aus Backstein mit Querschiff und einem fast quadratischen Chor, den im Osten ein fünfseitiges Polygon abschloss. Im Winkel zwischen Querhausarmen und Chor lagen je zwei Chorseitenkapellen. Die gewölbte Kirche hatte keinen Turm, so wie es den Baugewohnheiten der Zisterzienser entsprach. Allenfalls ein schlanker Dachreiter dürfte über der Vierung zur Aufnahme einer Glocke errichtet worden sein. Der Westfassade

Ruinen des Klosters Eldena, Aquarell von Caspar David Friedrich aus dem Jahr 1806

der Kirche kam der Charakter einer Schaufront zu, die reiche Verzierungen aufwies.

Gewaltige Maße erreichte das Gotteshaus. Das Langhaus erstreckte sich über 48 Meter und das Querschiff über knapp 9 Meter. Fast 18 Meter lang waren Chorraum und Apsis. 28 Meter betrug die Breite des Querhauses. An den östlichen Fragmenten der Kirche kann man noch deutlich den Übergang von der späten Romanik zur frühen Gotik ablesen. Die Reste des Langhauses zeigen hingegen Merkmale einer reifen Hochgotik.

In der Reformationszeit wurde das Kloster von Herzog Philipp I. von Pommern-Wolgast (1515–1560) übernommen, aufgelöst und in ein herzogliches Amt umgewandelt. Die Säkularisation nahmen Herzog Philipp und Johann Bugenhagen (1485–1558), der Reformator Pommerns, persönlich vor. Schon bald begann der Verfall der Gebäude. So war das Kloster zu Beginn des 19. Jahrhunderts nur noch eine Ruine. In dieser Zeit entdeckte es der Maler Caspar David Friedrich als Motiv für seine romantischen Zeichnungen und Gemälde.

Caspar David Friedrich

Caspar David Friedrich kam 1774 in Greifswald zur Welt. Er gilt als bedeutendster Zeichner und Maler der deutschen Frühromantik. Darstellungen der Klosterruine Eldena nehmen in seinem Schaffen einen wichtigen Platz ein. Im Abstand von mehreren Jahren und von verschiedenen Standorten zeichnete er die ehemalige Abtei und dokumentierte so den Zustand vor den ersten denkmalpflegerischen Maßnahmen. Friedrich versetzte das Motiv Eldena aber auch in andere Landschaften, so in den Bildern »Abtei im Eichwald« (1809/10) und »Klosterruine Eldena und Riesengebirge« (1830/34). Caspar David Friedrich starb 1840 in Dresden.

Der preußische Kronprinz Friedrich Wilhelm (1795–1861) veranlasste 1827 die Sicherung und Pflege der Ruine. Nach Plänen des Gartengestalters Peter Joseph Lenné (1789–1866) legte man im Klostergelände einen Park an. Die frei zugänglichen Ruinen können ganzjährig besichtigt werden.

i

Wolgaster Landstraße/An der Klosterruine, 17493 Greifswald
Tel.: 03834/521380 (Fremdenverkehrsverein)
www.greifswald.de

Wallfahrtskapelle St. Bartholomä am Königssee – Ziel der ältesten Gebirgswallfahrt Europas

Am Westufer des im äußersten Südosten Bayerns gelegenen Königssees steht auf der Halbinsel Hirschau die Wallfahrtskapelle St. Bartholomä. Wer mit dem Schiff anreist, dem bietet sich ein beeindruckender Anblick. Im Vordergrund die Kapelle mit ihren roten, an Kuppeln erinnernden Dächern und dahinter die gewaltige Ostwand des Watzmannmassivs. Mit einer Höhe von 2713 Metern ist der Watzmann die höchste Erhebung in den Berchtesgadener Alpen. Die kleine Ansiedlung,

die um die Kapelle entstand, trägt im Volksmund den Namen der Kapelle und gehört seit 1978 zur Gemeinde Schönau am Königssee. Heute leben 25 Einwohner in St. Bartholomä.

Die Kapelle geht auf eine Gründung des Berchtesgadener Stiftes im Jahr 1134 zurück. Damals wurde, wie eine Urkunde beweist, eine einfache Kapelle mit einem Spitzhelm geweiht. Im Jahr 1522 erhielt diese als »Basilica Chunigsee« bezeichnete Kapelle das vom Papst bestätigte Recht, Ablasszahlungen entgegenzunehmen. In den Jahren 1697 und 1698 wurde die alte Kapelle abgebrochen und durch einen barocken Neubau ersetzt.

Das einschiffige Langhaus der Kapelle stammt noch vom Vorgängerbau. An den Salzburger Dom, der als Vorbild für den Kapellenneubau diente, erinnert der kleeblattförmige Grundriss des Dreikonchenchores im Osten. In jeder Konche steht ein Altar. Schutzpatrone der Altäre sind die hl. Bartholomäus, Katharina und Jakobus. Josef

Die Kapelle St. Bartholomä vor dem Hintergrund des Watzmannmassivs

Schmidt, ein Salzburger Künstler, schuf die Stuckaturen. Im 18. Jahrhundert ließ Fürstpropst Cajetan Anton Notthafft von Weißenstein nochmals Veränderungen an der Kapelle vornehmen. König Ludwig II. von Bayern (1845–1886) ließ die mittlerweile baufällig gewordene Kapelle 1868 mit Mitteln aus seiner Kabinettskasse restaurieren, da die zuständige Kirchenstiftung in Berchtesgaden das hierzu nötige Geld nicht aufzubringen vermochte.

Auf ein Fischerhaus des 14. Jahrhunderts geht das neben der Kapelle gelegene ehemalige Jagdschloss zurück, das zwischen 1506 und 1522 erbaut wurde. Bis 1803 beherbergte das mehrfach umgebaute Schloss die Fürstpröpste von Berchtesgaden, wenn diese sich in den umliegenden

Almer Wallfahrt

Am Sonnabend nach dem 24. August, dem Bartholomäustag, ist die Wallfahrtskapelle St. Bartholomä Ziel der »Almer Wallfahrt«. Die Anfänge dieser ältesten Gebirgswallfahrt Europas gehen bis ins Jahr 1635 zurück. In Maria Alm im österreichischen Pinzgau beginnt der Pilgerweg. Über die Ramseider Scharte und den Funtensee steigen die Wallfahrer durch das Steinerne Meer bis nach St. Bartholomä hinab. Als 1688 mehr als 70 Wallfahrer beim Übersetzen des Königssees ertranken, verlegte man den Zielpunkt des Pilgerweges nach St. Bartholomä. Ursprüngliches Ziel der Pilger war Dürrnberg südlich von Salzburg.

Wäldern zur Jagd aufhielten. Später nutzten die Wittelsbacher das Jagdschloss, in dem mittlerweile eine Gaststätte untergebracht wurde.

Die Wallfahrtskapelle St. Bartholomä ist nur per Schiff oder durch einen langen Fußmarsch zu erreichen, der teilweise über hochalpine Wege führt. Seit der Zeit der Romantik bilden Kapelle und Watzmann ein beliebtes Motiv der Landschaftsmalerei.

> **i**
> 83471 Schönau am Königssee
> Tel.: 08652/1760 (Tourist-Information), 08051/96658-0 (Bayer. Schlösserverwaltung, Außenstelle Chiemsee in Prien)
> Internet: www.schloesser.bayern.de

König Ludwig II. von Bayern

Benediktinerstift Melk – Die schönste Barockkirche nördlich der Alpen

Das mächtige Benediktinerkloster Melk an der Donau, zwischen Linz und Wien gelegen, thront über der kleinen Stadt gleichen Namens. Eine Urkunde König Ludwigs des Deutschen († 876) aus dem Jahre 831 erwähnt erstmals eine Grenzburg Melk. In den Ungarnzügen der ersten Hälfte des 10. Jahrhunderts wurde auch diese Burg zerstört. Markgraf Leopold II. von Österreich (1050–1095) aus dem Geschlecht der Babenberger übergab die Burg Melk 1089 an Benediktiner aus Lambach, die sich hier ansiedelten. Sein Sohn und Nachfolger Leopold III. (1073–1136) brachte 1113 Reliquien des hl. Koloman († 1012) nach Melk. Der Passauer Bischof Ulrich übergab daraufhin einen Stiftungsbrief, und Leopold III. stattete das neue Kloster reich aus.

Die von Melk ausgehende »Melker Klosterreform« im 15. Jahrhundert ergriff bald die anderen Benediktinerklöster in Österreich und Südbayern. Man reformierte das verweltlichte Ordensleben, nahm nicht mehr nur Adlige in die Konvente auf und förderte auch die wissenschaftliche Arbeit. Kloster Melk erlebte eine hohe Blüte und gelangte zu großem Einfluss.

Die Abtei wurde auf einem 57 Meter hohen, steil zur Donau abfallenden Granitfelsen errichtet. Hier tritt der Strom in die vom Weinanbau geprägte Wachau ein. Das nur von der Ostseite zugängliche Stift ragt imposant und prachtvoll in die Landschaft. In der ersten Hälfte des 18. Jahrhunderts erfolgte der barocke Neubau der Stiftsgebäude. Nur vom Fluss aus kann das perfekte Zusammenspiel von Landschaft und Bauwerk erfasst werden.

Abt Berthold Dietmayr (1700–1739) gab den barocken Neubau der gesam-

ten Klosteranlage in Auftrag. Jakob Prandtauer (1660–1726) schuf die repräsentativen Teile der Stiftsgebäude in strahlendem, weiß abgesetztem Ockergelb. Von diesem Anblick überwältigte Besucher gaben der Anlage solche bemerkenswerten Beinamen wie »Versailles der Mönchsrepublik« oder »Escorial der Benediktiner«.

Um sieben Höfe gruppieren sich die Stiftsgebäude. Der gesamte Komplex misst in der Länge 325 Meter. Hinter einem halbrunden Terrassenbau erhebt sich die schmale Schauseite mit der turmbesetzten Kirchenfassade zum Fluss hin. Wie ein Palast wirkt die Ostfassade des Stiftes. Dahinter verbergen sich der mit einem Brunnen geschmückte Prälatenhof, der 195 Meter lange Kaisergang, die Kaiserstiege und der Kaisertrakt, barocke Festsäle und die Bibliothek. Die Stiftsbibliothek bewahrt mehr als 100.000 Bände auf, darunter 1800 Handschriften und 750 Inkunabeln.

Den Aposteln Petrus und Paulus ist die Stiftskirche geweiht, die als schönster barocker Sakralraum nördlich der Alpen gilt. Bei aller Pracht wirkt das Gotteshaus doch nicht überladen. Johann Michael Rottmayr (1654–1730) schuf die Deckenfresken, auf denen die hl. Dreifaltigkeit, die triumphierende Kirche und der hl. Benedikt zu

Blick in die Kuppel

sehen sind. Eleganz zeichnet den Hochaltar mit den Statuen der Apostelfürsten und von Männern des Alten Bundes aus. Weitere sehenswerte Ausstattungsstücke sind die zahlreichen Nebenaltäre, die bemerkenswerte Kanzel und die von Gottfried Sonnholz (1695–1781) aus Wien gebaute Orgel.

i

Abt-Berthold-Dietmayr-Str. 1,
A-3390 Melk
Tel.: +43(0)2752/555-0 (Stift)
Internet: www.stiftmelk.at

Stiftskirche St. Servatius in Quedlinburg – Kostbarkeiten aus dem Mittelalter

Unbestrittenes Wahrzeichen der seit 1994 zum Weltkulturerbe der UNESCO zählenden Fachwerkstadt Quedlinburg ist der Schlossberg mit der Stiftskirche. Der Weg führt aus der Altstadt über eine Treppe und holpriges Kopfsteinpflaster hinauf auf den Schlossberg. Die Stiftskirche St. Servatius zählt zu den bedeutendsten romanischen Bauwerken Deutschlands.

Unter der zwischen 1070 und 1129 über dem Grundriss eines lateinischen Kreuzes erbauten romanischen Stiftskirche befinden sich die Reste dreier Vorgängerkirchen. Bereits im 9. Jahrhundert gehörte der Burgberg zum Besitz des alten sächsischen Adelsgeschlechts der Liudolfinger. Aus dieser Familie ging auch Heinrich I. (um 876–936) hervor, der 919 zum ersten deutschen König gewählt wurde. Er baute die Burg in seiner Regierungszeit zur bedeutendsten Pfalz und Metropole des Reiches aus. Dazu gehörte auch eine kleine Pfalzkapelle, in der sich Heinrich nach seinem Tod bestatten ließ. Seine Frau, die später heiliggesprochene Königin Mathilde (um 895–968), ersetzte die Kapelle durch eine erste Damenstiftskirche. Ende des 10. Jahrhunderts begann der Bau einer dritten, 1021 geweihten Kirche.

Ein Großbrand vernichtete 1070 die Stiftskirche und mit ihr alle Gebäude auf dem Burgberg. Schon bald entstand der bis heute erhaltene Neubau, der jedoch erst 1129 in Anwesenheit Kaiser Lothars III. (1075–1137) geweiht wurde. Von den Umbauten der Folgezeit fällt vor allem der 1320 über der Krypta errichtete gotische Chor ins Auge.

Im Inneren der flachgedeckten Basilika mit Querhaus, Chor und Nebenapsiden wechseln sich Pfeiler mit Säulen ab, ein schönes Beispiel des

sächsischen Stützenwechsels. Der Raum öffnet sich mit Arkadenbögen zu den Seitenschiffen und zur Westempore, von der aus die kaiserliche Familie am Gottesdienst teilnahm. Mit einer 1938 dem Chor vorgesetzten Wand versuchte man, den romanischen Raumeindruck der Apsis wiederherzustellen. Bereits um 1000 entstand die Hallenkrypta mit den Gräbern König Heinrichs I. und seiner Frau Mathilde. Zu Häupten des Königspaares ruht ihre Enkelin Mathilde (955–999), die erste und bedeutendste Äbtissin des Quedlinburger Stifts. Säulen und Achteckpfeiler mit romanischen Kelchkapitellen gliedern die Krypta, in der romanische Gewölbefresken (um 1200) erhalten blieben.

In den Querhausarmen nördlich und südlich des Hohen Chores präsentieren die dort untergebrachten Schatzkammern den berühmten Quedlinburger Domschatz. Ein amerikanischer Leutnant entwendete 1945 die wertvollsten Stücke, die erst 1993 nach Quedlinburg zurückkehrten. Auf dem um 870 am Hofe des Frankenherrschers Karl des Kahlen entstandenen Servatiusreliquiar zeigen Elfenbeinreliefs Christus, die Apostel und die Tierkreiszeichen. Zu den bedeutendsten Goldschmiedearbeiten des Mittelalters zählt das Katharinenreliquiar (um 1220/1230). Im zweiten Viertel des 9. Jahrhunderts entstand das Samuhele-

Das Servatiusreliquiar aus dem Domschatz

vangeliar, eine prachtvoll illustrierte Pergamenthandschrift aus Süddeutschland. Zu sehen sind weiterhin ein Bischofsstab, ein Elfenbeinkamm (7./8. Jahrhundert) und Reliquiare aus Bergkristall. Im Obergeschoss über dem Vorraum der Kirche werden die noch erhaltenen Teile eines ursprünglich 7,40 Meter mal 5,90 Meter großen Wandteppichs aus dem Chor der Stiftskirche gezeigt.

i Schlossberg 1, 06484 Quedlinburg
Tel.: 03646/709900 (Kirche, Besucherdienst), 03646/916060 (Ev. Pfarramt)
Internet: www.domschatzquedlinburg.de, www.kirchequedlinburg.de

Sächsischer Stützenwechsel – auf je einen Pfeiler folgen zwei Säulen

Reichenau – Klosterinsel im Bodensee

Der Schriftsteller Joseph Viktor von Scheffel (1826–1886) beschrieb, vielleicht etwas zu romantisch, die mittelalterliche Insel Reichenau in seinem Roman »Ekkehard«: »Lang und niedrig streckte sich im See eine Insel, die Reichenau; Turm und Mauern des Klosters spiegelten sich im ruhigen Gewässer; Rebhügel, Matten und Obstgärten wiesen dem Auge den Fleiß der Bewohner.«

Seit dem Jahr 1848 verbindet ein Damm die Reichenau, die größte der drei Bodenseeinseln, mit dem Festland. Zur Zeit der Klostergründung durch Karl Martell (714–741) im Jahr 724 war die fünf Kilometer lange und zwei Kilometer breite Insel wohl noch unbewohnt. Als der Wanderbischof Pirmin (um 670–753) die Insel betrat, verließen Schlangen, Kröten und Insekten die Insel. So berichtet die Legende. Bereits unter Abt Waldo (786–806) kam es zu einer ersten Blüte des Benediktinerklosters. Das Kloster wurde im Jahr 1757 aufgelöst und 1803 säkularisiert. Drei der ehemals fünf romanischen Inselkirchen blieben erhalten.

Stiftskirche St. Georg in Oberzell

In Oberzell findet man die wahrscheinlich Ende des 9. Jahrhunderts entstandene ehemalige Stiftskirche St. Georg. Bis heute ist das spätkarolingische Kirchengebäude im Wesentlichen erhalten. Ihre große kunsthistorische Bedeutung verdankt die Kirche dem im Jahre 1880 entdeckten Zyklus von Wandgemälden der ottonischen Zeit um 1000. In einzigartiger Weise und Qualität hat sich der vollständige Bilderschmuck einer frühmittelalterlichen Kirche erhalten. Brustbilder zeigen die Reichenauer Äbte. In der Hauptzone sind Jesu Wunder zu sehen, zwischen den Fenstern ganzfigurige Apostel. Bildunterschriften erläutern die einzelnen Szenen. Beachtung

Münster St. Maria und St. Markus in Mittelzell

Münster St. Maria und St. Markus in Mittelzell

verdient auch ein um 1070/80 geschaffenes Wandgemälde an der Außenseite der Westapsis im Obergeschoss der Vorhalle. Die Darstellung des Weltgerichts gilt als die älteste nördlich der Alpen erhaltene bildliche Umsetzung dieses Themas.

Das Münster St. Maria und St. Markus steht in Mittelzell. In mehreren Etappen wandelte man die erste, um 724 errichtete Kirche, in eine dreischiffige Pfeilerbasilika mit zwei Querschiffen um. Ein spätgotischer, polygonaler Langchor (1447-1453) schließt sich an das östliche Querhaus an. Den wuchtigen romanischen Turm (1027-1048) und den halbkreisförmigen Markuschor fügte man an das Westquerhaus an. Eine ungewöhnliche Breite weisen die flach gedeckten Seitenschiffe auf. Sie öffnen sich in Doppelarkaden zum westlichen Querschiff. Den einzigen Bauschmuck der Arkaden bilden farbig abgesetzte Steine. Beachtung verdienen eine Anfang des 14. Jahrhunderts geschaffene Steinmadonna, das schön gestaltete Chorgitter (1746), der figurenreiche Hochaltar aus dem Jahr 1498, das von einer Verkündigungsgruppe flankierte Sakramentshaus und die kleine Schatzkammer, die zahlreiche Reliquienschreine und Kultgegenstände aufbewahrt.

Auf das 8. Jahrhundert zurück geht die Stiftskirche St. Peter und Paul in Unterzell. Heute präsentiert sich das Innere der im 11. Jahrhundert vollendeten dreischiffigen Säulenbasilika als barockisierter Raum, dessen romanischer Grundcharakter aber gewahrt blieb. In

Stiftskirche St. Peter und Paul in Unterzell

der Hauptapsis blieb die Ausmalung des frühen 12. Jahrhunderts erhalten: Christus thront als Weltenrichter auf einem Regenbogen, umrahmt von den Symbolen der Evangelisten, den Kirchenpatronen und Cherubim. In den Arkaden darunter sind die Apostel und Propheten zu sehen.

i

78479 Insel Reichenau/Baden
Tel: 07534/9207-0 (Tourist-Information); 07534/995852 (Cella St. Benedikt)
Internet: www.reichenau.de; www.benediktiner-reichenau.de

»Christus thront im Himmel« aus der um 1000 im Skriptorium des Klosters Reichenau entstandenen »Bamberger Apokalypse«

Kirche St. Coloman bei Schwangau – Eine der bekanntesten Sehenswürdigkeiten Bayerns

Mindestens bis ins 15. Jahrhundert geht eine kleine Feldkapelle zurück, die ursprünglich an der Stelle der heutigen Kirche St. Coloman bei Schwangau im bayerischen Landkreis Ostallgäu stand. Der hl. Koloman soll im Sommer des Jahres 1012 auf seiner Pilgerreise ins Heilige Land hier Rast eingelegt haben.

Während der Pestepidemien des 17. Jahrhunderts erhielt die kleine Kapelle großen Zulauf. Fast das ganze Dorf Schwangau fiel 1633/34 der Pest zum Opfer, und mehr als 300 Tote fanden an der St. Coloman-Kapelle ihre letzte Ruhestätte. Nach dem Dreißigjährigen Krieg nahm die Wallfahrt zum hl. Koloman solch einen Aufschwung, dass die Kapelle nicht mehr ausreichte.

Koloman

Koloman, ein irischer Königssohn und Wanderprediger, brach um das Jahr 1012 zu einer Pilgerreise nach Jerusalem auf. Sein Weg führte ihn über Bayern ins heutige Österreich. In jener Zeit kam es immer wieder zu Auseinandersetzungen zwischen Kaiser Heinrich II. (973/78–1024) und Herzog Bolesław I. Chrobry von Polen (965/67–1025). In der Nähe von Stockerau in Niederösterreich nahm man Koloman aufgrund seines fremdartigen Aussehens gefangen. Man hielt ihn für einen Spion. Schließlich erhängte man den Unschuldigen im Juli 1012 zwischen zwei Mördern. Doch nach seinem Tod traten Wunder ein, und das Volk begann, Koloman zu verehren. Bereits zwei Jahre nach seinem Tod überführte man Koloman nach Melk, wo seine Gebeine noch heute verehrt werden. Die förmliche Heiligsprechung Kolomans erfolgte im Jahr 1245.

Der Füssener Maurermeister Hieronymus Vogler begann 1673 mit dem Bau der heutigen Kirche nach Plänen des Wessobrunner Baumeisters Johann Schmuzer (1642–1701). Im Jahr 1678 vollendete man das Langhaus. Der gotische Vorgängerbau blieb erhalten:

Aus dem Altarraum wurde die Sakristei und aus dem Kirchenschiff der neue Chorraum. Mit dem Bau eines Kirchturms (1682) und einer Mauer um den Pestfriedhof (1684) fanden die Arbeiten ihren Abschluss.

Doppelte Fensterreihen gliedern den langgestreckten Außenbau, der mit seinen gestuften Strebepfeilern den Anschein eines barockisierten spätgotischen Baukörpers erweckt. Der im unteren Teil quadratische Turm nimmt im Obergeschoss die Form eines Achtecks an, das von einer Zwiebelhaube bekrönt wird.

Johann Schmuzer fertigte auch die Entwürfe für die reiche Stuckdekoration und die in Rot und Weiß gehaltenen Stuckmarmoraltäre. Bartholomäus Bernhardt malte die Altarblätter des Hochaltars (hl. Koloman und hl. Dreifaltigkeit) und der beiden Seitenaltäre (Nordseite: hl. Magnus; Südseite: hll. Cosmas und Damian). Auf die Erbauungszeit der Kirche geht auch die Kanzel zurück. Vom Altar des Vorgängerbaus blieben einige spätgotische Heiligenfiguren, eine weihnachtliche Hirtenszene und zwei Reliefs mit Darstellungen der Verkündigung an Maria und der Geburt Christi erhalten.

Heute zählt St. Coloman aufgrund der malerischen Lage am Fuß der Schwangauer Berge in der Nähe von Schloss Neuschwanstein zu den bekanntesten Sehenswürdigkeiten Bayerns. Die Kirche St. Coloman liegt abseits von Schwangau auf freiem Feld. Noch heu-

te bietet das Gotteshaus das unverfälschte Bild einer frühbarocken bayerischen Wallfahrtskirche. Jedes Jahr feiert man hier am Sonntag vor dem 13. Oktober, dem Gedenktag des Kirchenpatrons, einen Festgottesdienst mit Pferdesegnung und anschließendem Umritt.

i

Colomanstr., 87645 Schwangau
Tel.: 08362/81980 (Tourist-Information)
Internet: www.schwangau.de, www.allgaeu-ausfluege.de/kirchecoloman.htm

Kapelle in Vitt auf Rügen – Gottesdienst am Meer

Malerisch liegt das kleine Fischerdorf Vitt auf der Halbinsel Wittow der Insel Rügen, nahe bei Kap Arkona. Oberhalb des Dorfes entstand eine kleine Kapelle, mit deren Bau man 1806 begann. Infolge der französischen Besetzung fand die Weihe erst 1816 statt.

Während der Heringssaison war es den Fischern aus Vitt nicht möglich, sonntags den sieben Kilometer langen Fußweg in die Pfarrkirche nach Altenkirchen zu unternehmen. Doch der legendäre Pastor Ludwig Gotthard Kosegarten (1758–1818) aus Altenkirchen wollte die Fischer im Dorf mit seinen Predigten trotzdem erreichen. Der einfallsreiche Pfarrer rief die Fischer auf einer Wiese im Angesicht des Meeres zum Gottesdienst zusammen. Es dauerte nicht lange, und Kosegartens »Uferpredigten« sprachen sich herum. Und so wanderten sonntags immer einige Rügenbesucher zu dem einsamen Steilufer bei Vitt hinauf, um den Worten des sprachgewaltigen Predigers zu lauschen. Da jedoch Wind und Wetter so manches Mal das Abhalten des Gottesdienstes verhinderten, ergriff Kosegarten die Initiative zum Bau einer Kapelle.

Pfarrkirche in Altenkirchen – Predigtstätte Kosegartens

Ludwig Gotthard Kosegarten

Ludwig Gotthard Kosegarten erblickte 1758 im mecklenburgischen Grevesmühlen als Sohn eines Pfarrers das Licht der Welt. Er studierte Theologie und arbeitete zunächst als Lehrer. Nach seiner Ordination trat er 1792 die Pfarrstelle in Altenkirchen auf der Insel Rügen an. Seine Uferpredigten und viele Berichte über Rügen machten sowohl ihn als auch die Insel bekannt. Im Jahre 1808 wurde er als Professor für Geschichte und später für Theologie an die pommersche Landesuniversität Greifswald berufen. Er starb 1818 in Greifswald und wurde neben seiner früheren Kirche in Altenkirchen begraben.

Wandbild »Menschen im Sturm«

Einsam steht die kleine, reetgedeckte Kapelle in der Landschaft. Eine kleine Glocke der 1852 vorgebauten Sakristei ruft zum Gottesdienst. Ausgesprochen schlicht wirkt das Innere des achteckigen, lichtdurchfluteten Zentralbaus. Über dem Kanzelaltar aus dem Jahre 1882 befindet sich eine Kopie des in der Hamburger Kunsthalle befindlichen Bildes »Petrus auf dem Meer« von Philipp Otto Runge (1777–1810) aus Wolgast. Christus erscheint den Jüngern auf dem vom Sturm gepeitschten See Genezareth. Er ruft Petrus zu sich, der jedoch zu versinken droht und von Jesus gerettet wird. Erschrocken beobachten die anderen Jünger das Geschehen vom Boot aus. Die Wolkendecke am Nachthimmel ist aufgerissen, und der Vollmond taucht die nächtliche Szene in helles Licht. Erich Kliefert (1893–1994), ein Stralsunder Maler, fertigte die Kopie des Runge-Bildes an.

Das Thema des Altarbildes nahm der italienische Künstler Gabriele Mucci (1899–2002) wieder auf. Er malte 1990 das die Eingangstür umrahmende Wandgemälde »Menschen im Sturm«. Zu sehen sind Fischer, die besorgt zu in Seenot geratenen Schiffen auf dem Meer hinausblicken. Am Ufer stehen Alte und Junge, Frauen und Kinder. Ihnen bleibt nur das Warten

und Beten. Die Gestalt des hl. Christophorus, der Christus über das tobende Meer trägt, überragt das gesamte Geschehen.

Die Tradition von Kosegartens Uferpredigten lebt in Vitt bis heute fort. Nur knapp 10 Minuten Fußweg von der Kapelle entfernt laden Rügens Kirchgemeinden an jedem letzten Sonntag im Sommer jeweils um 15 Uhr zu den ökumenischen Ufergottesdiensten ein.

i

OT Vitt, 18556 Putgarten
Tel.: 038391/366 (Ev. Pfarramt)
Internet: www.kirche-altenkirchen-ruegen.de, www.ruegenmagic.de/Kirchen-Ruegen/kirche-vitt.htm

Kloster Weltenburg – »Gottes Theater« am Donaudurchbruch

Die berühmte und landschaftlich reizvoll gelegene Benediktinerabtei Weltenburg befindet sich rund 30 Kilometer südwestlich von Regensburg. Hier durchbricht die Donau den Mittelgebirgszug der Fränkischen Alb. Phantastische Felsgestalten und fast 100 Meter hohe Steilwände prägen die Landschaft.

Mönche aus Luxeuil gründeten im Jahre 617 auf einer Landzunge der

Donauschleife eine Missionsstation, die von Herzog Tassilo (um 741–um 796) um 776 zu einer Benediktinerabtei erhoben wurde. Das Kloster gilt heute als das älteste in Bayern. Abt Maurus Bächl (1713–1743) machte Weltenburg im frühen 18. Jahrhundert zu einer Perle des Barock. Es entstanden neue Klostergebäude und die heute zu bewundernde Klosterkirche St. Martin und St. Georg. Zwar wurde das Kloster im Jahr 1803 säkularisiert, aber schon 1842 als Priorat neu errichtet. Im Jahr 1913 erhielt Weltenburg wieder den Status einer Abtei.

Es gelang Abt Maurus, für den Neubau des Klosters zwei junge Männer zu gewinnen, die sich durch Arbeiten an anderen Kirchen Bayerns schon einen guten Ruf erworben hatten: den damals 29 Jahre alten Cosmas Damian Asam (1686–1739) und seinen 23jährigen Bruder Egid Quirin (1692–1750). Die beiden Brüder hatten in Weltenburg freie Hand und waren nur ihrer Phantasie verantwortlich. Sie entwarfen den Grundriss, die Gebäude, Räume, alle Bildwerke und die ge-

samte Ausstattung. Rasch wuchs der Klosterneubau auf dem schmalen Ufer der Donau zwischen 1714 und 1725 empor.

Die Kirche ist das Werk von Cosmas Damian, der von 1716 bis 1718 einen langgestreckten ovalen Raum mit einer Kuppel schuf. Eine erste Weihe der Kirche ist im Herbst 1718 bezeugt. Im Chor befindet sich das eindrucksvollste Kunstwerk, der Hochaltar. An diesem Meisterwerk arbeiteten die Asam-Brüder von 1721 bis um 1735. Hat man die Wieskirche als »Gottes Festsaal« bezeichnet, so kann Weltenburg als sein Theater gelten: Geheimnisvolles Licht hinterleuchtet den Hochaltar und den hl. Georg, der in die Kulisse reitet. Auf Effekte angelegt ist seine ganze Erscheinung: die glänzende Rüstung, der goldene Helmbusch und das herrlich aufgezäumte Pferd. Fast erscheint der Heilige ein wenig hochnäsig. Lässig, fast im Vorbeigehen, sticht er den Drachen nieder. Das Erschrecken vor dem Untier ist der Jungfrau ins Gesicht geschrieben, die abwehrend den Arm über den Kopf erhebt. Je zwei Säulen links und rechts rahmen die Altarplastik. Links von der

Szenerie steht der hl. Martin, dessen Gans den Drachen mit gestrecktem Hals wütend anzischt, rechts schaut der hl. Maurus fast andächtig zu Georg empor.

In jedem Detail der Kirche setzt sich die fulminante Inszenierung des Hochaltars fort. Stuck, Plastik und Malerei verstärken noch diesen Eindruck. So lehnt sich Cosmas Damian Asam aus dem Deckenfresko über eine Brüstung heraus und scheint sein eigenes Werk wohlgefällig zu betrachten.

Die Gebrüder Asam

Cosmas Damian Asam und sein Bruder Egid Quirin kamen in Oberbayern zur Welt. Beide arbeiteten meist zusammen als Maler, Architekten, Stuckateure und Bildhauer. Vor allem in Süddeutschland, aber auch in Böhmen, Schlesien, der Schweiz und Tirol schufen die Brüder Asam zahlreiche spätbarocke Kirchen. Zu ihren wichtigsten Werken zählen neben dem Kloster Weltenburg die Klosterkirche der Abtei Weingarten, die Ausmalung und Stuckierung des Freisinger Domes, die Klosterkirche Einsiedeln und die »Asamkirche« St. Johann Nepomuk in München.

i

Asamstraße 32, 93309 Kelheim/Donau
Tel.: 09441/204-0 (Kloster)
Internet: www.kloster-weltenburg.de

Deckengemälde

Der Hochaltar – »Gottes Theater«

Wallfahrtskirchen

Altötting

Dom zu Fulda

Kevelaer

Madonna del Sasso in Locarno/Orselina

Mariazell

Wieskirche bei Steingaden

Steinhausen

Altötting – Deutschlands bedeutendster Wallfahrtsort

Das oberbayrische Altötting ist der bedeutendste deutsche Wallfahrtsort. Etwas mehr als 12.000 Einwohner leben in der rund 90 Kilometer östlich von München gelegenen Kleinstadt. Anfang des 7. Jahrhunderts dürfte die 877 erstmals erwähnte Kapelle als frühchristliches Taufhaus oder als Pfalzkapelle der Agilolfinger entstanden sein. Die kleine Kirche gilt als einer der ältesten Zentralbauten in Deutschland. Nachdem die Wallfahrt einsetzte, erweiterte man die Kapelle durch ein dreijochiges, flachgedecktes Langhaus.

Der Ursprung der Wallfahrt liegt im Jahr 1489. Ein dreijähriger Junge war in einem Bach ertrunken. Die Mutter brachte das Kind in die Altöttinger Marienkapelle, legte es auf dem Altar nieder, begann zu beten, und das Kind wurde wieder zum Leben erweckt. Bald kamen Wallfahrer in großen Scharen. Ein erstes Pilgerzeichen mit der Aufschrift »1490 altnoting« gilt als ältestes Zeugnis der Wallfahrt, die schon Ende des 15. Jahrhunderts überregionale Bedeutung erlangt hatte. Im Jahr 1492 verkaufte man bereits 130.000 Pilgerzeichen. Zwei Jahre später wurde ein erstes »Mirakelbuch« gedruckt, das von den in Altötting geschehenen Wundern und Heilungen erzählt.

Vermutlich aus Lothringen stammt das um 1300 geschaffene Madonnenbild. Über die Jahrhunderte hat die Gottesmutter durch Kerzenruß eine schwarze Farbe angenommen und wird als »Schwarze Madonna« verehrt. Im 17. Jahrhundert erhielt die nur 65 Zentimeter große Figur einen prachtvollen Brokatornat. Vor dem Gnadenbild kniet eine lebensgroße Statue des zehnjährigen Kurprinzen Maximilian III. Joseph von Bayern.

In der ehemaligen Sakristei der Pfarrkirche können die Votivgaben besichtigt werden, die ältesten stammen aus dem frühen 16. Jahrhundert. Zu den zahlreichen Votivgaben gehört auch das »Goldene Rößl«. Das 1392 in Paris entstandene Meisterwerk mittelalterlicher französischer Goldschmiedekunst kam 1405 als Pfand in den Besitz des bayerischen Herzogs Ludwig des Gebarteten (wohl 1368–1447) und wurde 1509 nach Altötting gebracht. Zu

Die »Schwarze Madonna« von Altötting

Kapuzinerkirche, Gnadenkapelle und Stiftspfarrkirche

sehen ist der vor einem Bild der thronenden Gottesmutter kniende französische König Karl VI. (1368–1422). In einem Gewölbe darunter ist das von einem Diener gehaltene Pferd des Königs zu sehen, das dem Kunstwerk seinen Namen gab.

An die Verbundenheit des bayerischen Herrscherhauses mit der Altöttinger Wallfahrt erinnern die 28 Herzurnen von Familienangehörigen der Wittelsbacher in den Wandnischen der Kapelle. Den Kapellenumgang füllen Büßerkreuze und mehr als 2000 weitere Votivtafeln. Bis auf den heutigen Tag kommen immer neue Votivbilder hinzu.

Zunächst übten die Chorherren des Altöttinger Kollegiatstiftes die Seelsorge an der Wallfahrtskirche aus. Ende des 16. Jahrhunderts übernahmen Jesuiten diese Aufgabe. Ihnen folgten Franziskaner, Redemptoristen und Kapuziner. Auch heute üben die Brüder des nahen Kapuzinerklosters, in dem der hl. Konrad von Parzham (1818–1894) 41 Jahre lang den Dienst an der Pforte versah, die Wallfahrtsseelsorge aus.

Jedes Jahr kommen etwa eine Million Wallfahrer nach Altötting, etwa 30.000 von ihnen pilgern zu Fuß. Papst Johannes Paul II. (1978–2005) und Papst Benedikt XVI. besuchten

Gnadenkapelle

auf ihren Deutschlandreisen in den Jahren 1980 bzw. 2006 den bayerischen Wallfahrtsort.

i

Kapellplatz, 84503 Altötting
Tel.: 08671/5062-19 bzw. -38
(Wallfahrts- und Verkehrsbüro)
Internet: www.altoetting-touristinfo.de; www.altoetting-wallfahrt.de

Inneres der Stiftspfarrkirche

Dom St. Salvator und Bonifatius in Fulda – Grablege des »Apostels der Deutschen«

Die hessische Stadt Fulda, rund 100 Kilometer nordöstlich von Frankfurt/ Main gelegen, entwickelte sich aus dem im Jahre 744 von Sturmius (um 700–779), einem Mitarbeiter des hl. Bonifatius (672/73–754/55), gegründeten Kloster. Bereits Karl der Große (747/48–814) erhob die Abtei zum Reichskloster. Unter Abt Ratgar († 835) wurde zwischen 791 und 819 die nach ihm benannte Basilika, damals der größte Kirchenbau nördlich der Alpen, erbaut. Zu dieser Zeit siedelten sich Bauern und Handwerker um das Kloster herum an. Zu Beginn des 11. Jahrhunderts erhielten Abtei und Siedlung Fulda das Markt-, Münz- und Zollrecht. Erstmals wurde Fulda im Jahre 1114 als Stadt erwähnt. War die Ratgar-Basilika, unmittelbarer Vorgängerbau des heutigen barocken Domes, nach dem Vorbild von Alt-St.-Peter in Rom erbaut worden, so orientierte sich der Neubau an der neuen Peterskirche. Johann Dientzenhofer (1663–1726), der berühmte deutsche und mit den römischen Verhältnissen gut vertraute Barockbaumeister, ent-

warf die Kirche. Die Abmessungen der karolingischen Kirche bestimmen auch die Maße des Barockdomes. Vom Vorgängerbau wurden Teile der Westwand, des Querhauses und der Kern der 65 Meter hohen Osttürme übernommen.

Der Fuldaer Dom präsentiert sich heute als kreuzförmige, dreischiffige Pfeilerbasilika. Dientzenhofer ersetzte den alten Ostchor durch eine prächtige Schaufassade. Daher ist der von 1704 bis 1712 errichtete Neubau nach Westen ausgerichtet. Im Inneren erinnert der Dom mit seinem Drang hin zur überkuppelten Vierung unbestreitbar an den Petersdom. Auch die Gliederung der Wände, die Tonnengewölbe und das Aufgehen der Seitenschiffe in Kapellen verstärken dieses Empfinden. Doch Dientzenhofer kopierte nicht einfach das römische Vorbild, sondern gestaltete etwas Neues. Die Massigkeit des Gebäudes wird durch einen Rhythmuswechsel in der Gliederung der Seitenwände gemildert.

In der Kuppellaterne mit einer Stuckfigur der Taube des Heiligen Geistes im Strahlenkranz erreicht der Fuldaer Dom seinen Höhepunkt. Weiter sind in der Kuppel der Erzengel Gabriel mit einer Lilie, der Erzengel Raphael mit einem Weihrauchfass sowie ein Schutzengel zu sehen, der einem Kind den Weg in den Himmel zeigt.

Je drei Säulen flankieren den Eingang des Chores. Von Ferne wirken sie wie die Rahmung des an der Chorrückwand aufgestellten Hochaltares. Das Altarbild zeigt die Aufnahme Mariens in den Himmel durch die hl. Dreifaltigkeit. Weiß stuckiert ist das gesamte Innere des Gotteshauses, bemerkenswert sind vor allem Orgel und Kanzel. Der Stuckateur, Maler und Bildhauer Giovanni Battista Artari (1664–ca. 1730) schuf den Stuck und die überlebensgroßen Figuren der Apostel. Gemäß dem Wort des Apostels Paulus stehen die Glaubensboten als »Säulen«

(Gal 2,9) der Kirche an den Stützen des Domes.

Mit seiner doppeltürmigen, monumentalen Fassade beherrscht der Fuldaer Dom den davor gelegenen Platz. Links und rechts verbreitert eine Kapelle an jeder Flanke die Fassade.

Erst 1752 wurde die 1712 geweihte Kirche in den Rang einer Kathedrale des neugeschaffenen Bistums erhoben. Bis dahin diente die Grabeskirche des hl. Bonifatius als Abteikirche der Benediktiner. Die Gebeine des »Apostels der Deutschen« ruhen in der als Bonifatiuskapelle bezeichneten Domkrypta, direkt unter dem Hochaltar.

i

Domplatz, 36037 Fulda
Tel.: 0661/73370 (Kath. Dompfarramt), 0661/87207 (Dommuseum)
Internet: www.dompfarrei-fulda.de

Die Gruft des Fuldaer Doms mit dem Bonifatius-Grab

Kevelaer – Größter Wallfahrtsort Nordwesteuropas

Seit der Zeit des Dreißigjährigen Krieges ist die Gnadenkapelle der »Muttergottes von Kevelaer« das Ziel zahlreicher Wallfahrer. Ein Soldat verkaufte der Hausfrau Mechel Scholt einen kleinen Kupferstich des Luxemburger Wallfahrtsbildes, das Maria als die »Trösterin der Betrübten« zeigt. Nach zwei Visionen in den Jahren 1641 und 1642, in denen Maria den Hausierer Hendrick Busman († 1649) zum Bau

Wallfahrtskirche

einer Kapelle aufforderte, errichtete er 1642 einen Bildstock für das Gnadenbild. Trotz oder gerade wegen der anhaltenden Kriegsnot kamen zahlreiche Pilger nach Kevelaer. Zwischen 1643 und 1645 wurde nach Plänen Hendrick van Arssens eine erste Wallfahrtskirche, die heutige Kerzenkapelle, erbaut. Nach dem Westfälischen Friedensschluss konnte die Kapelle 1649 konsekriert werden. Eine Diözesansynode in Venlo hatte bereits 1647 die Marienerscheinung und acht Wunder bestätigt.

Seit 1646 übten Oratorianer aus dem heute belgischen Wallfahrtsort Scherpenheuvel die Seelsorge in Kevelaer aus. In Anlehnung an ihre Heimat errichteten sie 1654 die Gnadenkapelle als kleinen sechseckigen Kuppelbau in den schlichten Formen eines ländlichen Barock. Wie ein Gefäß umschließt und beschützt die Kapelle das Gnadenbild. Im Jahre 1663 weihte Bischof Albert d'Allamont aus Roermond den Kapellenaltar.

Im Lauf der Jahrhunderte verblasste das Bild, ein kleiner Antwerpener

Gnadenkapelle

Kupferstich, stark. Es zeigt im Vordergrund die Madonna. Auf dem linken Arm hält sie das Jesuskind mit Krone und Weltkugel, in der Rechten ein Zepter. Seit 1664 schmückt ein vergoldeter Silberrahmen das Gnadenbild. Eine goldene Ehrenkrone, von zwei schwebenden Engeln gehalten, erhielt das Marienbild 1892 im Auftrag des Kapitels von St. Peter in Rom. Um den Pilgerscharen ausreichend Raum für die Feier der Gottesdienste zu geben, errichtete man in der Nordostecke des Kapellenplatzes zwischen 1858 und 1864 die neogotische Basilika St. Maria. Etwa 5.000 Personen finden in der Wallfahrtskirche mit Beichtkapelle und Sakristeiräumen Platz. Die gewaltige dreischiffige Backsteinbasilika mit Querhaus und vier Nebenchören zählt zu den Hauptwerken des Kölner Dom- und Kirchenbaumeisters Vincenz Statz (1819–1898). In den Jahren 1883/84 kam es zum Anbau des 90 Meter hohen Westturms. Eine reiche Ausmalung (1887 bis 1920er Jahre) im Stil altdeutscher, flämischer und italienischer Malerei prägt das Innere und thematisiert das Heilsgeschehen und die Stellung Mariens im Heilsplan Gottes. 1923 wurde die Kirche zur päpstlichen Basilica minor erhoben.

Die Anbindung Kevelaers an das Eisenbahnnetz führte zu einem verstärkten Andrang von Wallfahrern. In der Zeit des preußischen Kulturkampfes (1876–1884) vertrieb man zwar die Wallfahrtsseelsorger aus Kevelaer, die Pilgerströme aber rissen nicht ab. Im Jahr 1913 sollen bereits 600.000 Pilger das Gnadenbild besucht haben. Auch die beiden Weltkriege führten nicht zu

Wallfahrtskirche

einer dauerhaften Beeinträchtigung der Wallfahrt. Noch immer wachsen die Pilgerzahlen. Heute besuchen jährlich etwa 800.000 Pilger den größten Wallfahrtsort Nordwesteuropas.

Sakramentskapelle

i

Kapellenplatz, 47623 Kevelaer
Tel.: 02832/93380 (Wallfahrtsbüro)
Internet: www.wallfahrt-kevelaer.de

Madonna del Sasso in Locarno/Orselina – Bedeutendste Wallfahrtskirche im Tessin

Mit der Standseilbahn oder in 40 Minuten zu Fuß auf dem alten Kreuzweg gelangt man von Locarno, der heute rund 15.000 Einwohner zählenden Hauptstadt des Schweizer Kantons Tessin, nach Orselina zum Wallfahrtsort Madonna del Sasso. Auf einer felsigen Anhöhe oberhalb von Locarno mit Ausblick über Stadt, Berge und den Lago Maggiore befindet sich die bekannteste Wallfahrtskirche der italienischsprachigen Schweiz.

Die Gründung der Kirche »Madonna del Sasso« geht auf eine Muttergotteserscheinung eines Bruders des Franziskanerklosters in Locarno im Jahr 1480 zurück. Bartolomeo d'Ivrea hielt an den Vigilien der Marienfeste stets ein strenges Fasten. Zum Dank erschien ihm am Vorabend des Festes der Aufnahme Mariens in den Himmel an einem Berghang die Gottesmutter. Nach der Beschreibung der Marienerscheinung fertigte ein Mailänder Künstler um 1485 eine Statue Mariens. An der Stelle der Erscheinung baute Bartolomeo d'Ivrea eine kleine Kapelle. Unterhalb der Kapelle ließ sich der Franziskanermönch als Einsiedler nieder.

In der Folgezeit entwickelte sich aus Kapelle und Einsiedelei ein kleines Kloster, das auch immer mehr Pilger anzog. Schließlich kam es zum Bau der im Jahre 1616 vollendeten Wallfahrtskirche »Madonna del Sasso«. Reich stuckierte Gewölbe schmücken das Innere des Gotteshauses. Das bedeutendste Ausstattungsstück ist das um 1520 gemalte Altarbild »Flucht nach Ägypten« des italienischen Architekten und Malers Bartolommeo Suardi, genannt Bramantino (1455–1536). Erwähnenswert ist auch eine um 1510 geschaffene Beweinung Christi. Im Jahre 1617 krönte der päpstliche Nuntius Sarego das Gnadenbild, das in einer großen Prozession durch Locarno getragen wurde.

Damals entstand in der Umgebung der Wallfahrtskirche »Madonna del Sasso« ein Prozessionsweg, gesäumt von Szenen der Heilsgeschichte. Francesco Silva der Ältere (1560–1641) aus Morbio Inferiore im Tessin schuf die Skulpturen der Geburt Jesu und der Ausgießung des Hl. Geistes

Kreuzweg hinauf zur Wallfahrtskirche

am Pfingsttag im Jahre 1621 in Formen der Spätrenaissance.

Durch die umfangreiche Umgestaltung am Ende des 19. und Anfang des 20. Jahrhunderts, bei der auch die Fassade im Stil der Neurenaissance umgestaltet wurde, verlor die Kirche ihre ursprüngliche volkstümliche und franziskanische Schlichtheit. Antonio Ciseri (1821–1891) malte 1883 für die Seitenkapelle der Kirche eine Grablegung Christi.

Die Wallfahrtsseelsorge lag in der Hand verschiedener Ordensgemeinschaften. Bis 1848 betreuten die Franziskaner die Pilger, bevor diese Aufgabe 1852 von den Kapuzinern übernommen wurde. Im Jahre 1949 setzten die Kapuziner ein ungewöhnliches Zeichen: Angesichts der in Sünde verharrenden Menschheit und ihrer Gleichgültigkeit Gott gegenüber schickten sie das Gnadenbild auf eine Pilgerreise. Die Statue der Gottesmutter wurde auf dem Dach eines geschmückten Autos befestigt und mehrere Monate lang durch das ganze Tessin gefahren. Am Abend traf das Marienbild immer in einer Pfarrei ein, und die Einwohner der Ortschaften empfingen die Gottesmutter mit Transparenten und Triumphbögen. An einen Mitternachtsgottesdienst in der Pfarr-

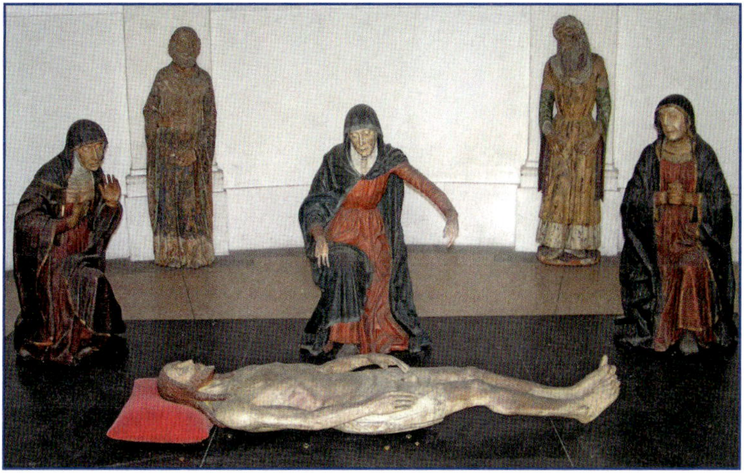

Beweinungsgruppe, um 1510

kirche schloss sich eine Nachtwache an. Am nächsten Tag trugen Kapuzinerbrüder, die das Gnadenbild begleiteten, die Madonna in das Rathaus, die Schulen und Fabriken des Ortes. Nachdem sich die ganze Gemeinde zu einer Schlussandacht versammelt hatte, setzte das Marienbild seine Reise fort.

i

Via al Sasso, CH-6644 Orselina
Tel.: +41(0)91/7436265 (Museo Casa del Padra/Museum mit Kirchenschatz); +41(0)91/7910091 (Touristikamt)
Internet: www.schweizerseiten.ch/madonna_del_Sasso.htm; www.orselina.ch/de/cultura/mon_madonna_sasso.asp

Wallfahrtskirche Mariae Geburt in Mariazell – Österreichs bedeutendster Wallfahrtsort

Mariazell ist der größte und bedeutendste Wallfahrtsort Österreichs. Eine Legende berichtet, dass Mönche aus St. Lambrecht den in der Nordsteiermark gelegenen Ort 1157 gründeten. Der Mönch Magnus kam mit einer Marienstatue, die zuvor einen Felsen geteilt haben soll, ins Zellertal. Aus »Maria in der Zelle« entstand der Name Mariazell. Allerdings ist diese Gründungslegende historisch nicht belegt. Eine »Cella« wird erstmals 1243 unter dem Stiftungsgut, das Herzog Heinrich III. von Kärnten (um 1050–1122) im Jahre 1103 dem Kloster St. Lambrecht übertragen hatte, erwähnt.

Kreuzwegstation

Eine Kirche in Mariazell ist seit 1266 nachweisbar. Baubeginn der ursprünglich romanischen Kirche soll nach einer jüngeren Inschrift um 1200 gewesen sein. Herzog Albrecht II. (1298–1358) bedachte 1342 den gerade fertiggestellten Chorraum mit einem Marienaltar. Der ungarische König Ludwig der Große (1326–1382) stiftete wohl 1366 nach einem Sieg über die Türken eine Marienkapelle.

Ende des 14. Jahrhunderts erfolgte der Umbau zur dreischiffigen, gotischen Hallenkirche mit Westturm durch den Parlier Johannes Tryester nach Plänen des Mönchspriesters Chunrad. Im 17. Jahrhundert erlebte der Gnadenort eine neuerliche Blütezeit. Zwischen 1644 und 1683 errichtete Domenico Sciassia (1599/1603–1679) den heutigen Barockbau. Seit dieser Zeit rahmen an der Westfassade zwei barocke, haubenbekrönte Türme den oberhalb des Giebels vom Viereck zum Achteck sich verjüngenden gotischen Mittel-

Gnadenbild

turm und verleihen der Wallfahrtskirche ihr unverwechselbares Aussehen.
Durch Kapellen mit darüber liegenden Emporen erweiterte man das Langhaus, den gotischen Chor ersetzte ein Querschiff mit überkuppeltem Altarraum. Den Innenraum beherrscht die imposante Architektur des 1692 aufgestellten, aber erst 1704 geweihten Hochaltars von Johann Bernhard Fischer von Erlach (1656–1723) mit einer überlebensgroßen Kreuzigungsgruppe. Sein Sohn Josef Emanuel Fischer von Erlach (1693–1742) fertigte den Entwurf des 1727 von dem Augsburger Silberschmied Philipp J. Drentwett dem Jüngeren (1694–1754) ausgeführten Gnadenaltars in der 1653 gebauten Gnadenkapelle im Zentrum der Kirche. Das Gnadenbild der »Magna Mater Austriae« entstand vermutlich Ende des 13. Jahrhunderts. Auf dem Schenkel der thronenden Gottesmutter Maria sitzt seitlich das Jesuskind, einen Apfel in der Hand haltend. Maria reicht ihrem Sohn eine Birne.
Seit dem 14. Jahrhundert sind Wallfahrten nach Mariazell nachweisbar. So gab es im Jahre 1390 nur 71 Häuser im Dorf Mariazell, aber 23 Verkaufsbuden zur Versorgung der Pilger. Ihren Ausgang nahm die Mariazeller Wallfahrt in einem Traumgesicht des Markgrafen Heinrich I. von Mähren (um 1160–1222) und seiner Ehefrau Hedwig. Beide pilgerten nach Mariazell und wurden hier von der Gicht geheilt. Besondere Aufmerksamkeit wurde dem Wallfahrtsort von den Habsburgern und anderen Angehörigen des Hochadels zuteil. So stiftete Erzherzog Matthias (1557–1619) nach seinem Sieg über die Türken bei Stuhlweißenburg eine Krone für das Gnadenbild. Mariazell wurde zum

Nationalheiligtum der Doppelmonarchie Österreich-Ungarn und blieb bis heute Österreichs wichtigster Wallfahrtsort mit 1,5 Millionen Pilgern jährlich.

i

Benedictusplatz 1, A-8630 Mariazell
Tel.: +43(0)3882/2595-0 (Benediktiner-Superiorat)
Internet: www.basilika-mariazell.at

Wieskirche bei Steingaden – Rokoko in Vollendung

Die »Wallfahrtskirche zum gegeißelten Heiland auf der Wies« steht im oberbayrischen Pfaffenwinkel nahe der Grenze zu Österreich. Im Jahre 1730 wollte Hyazinth Gaßner, von 1729 bis 1745 Abt des Prämonstratenserklosters Steingaden, am Karfreitag das Leiden und Sterben Jesu durch Figurengruppen nachstellen. Pater Magnus Straub und Bruder Lukas Schweiger fertigten neben anderen auch eine Statue, die den an der Geißelsäule angeketteten Heiland zeigt. Doch anscheinend schockierte die Darstellung wegen ihrer Lebendigkeit. Nach nur drei Jahren stellte man das Bild beiseite, und es kam in den Besitz des Gastwirtes Jeremias Rehle, der sie auf Bitten schließlich seiner Taufpatin Maria Lory schenkte.

Votivbild

Maria Lory hatte sich die Figur des gegeißelten Jesus für ihren eine Wegstunde von Steingaden entfernt inmitten der Wiesen gelegenen Bauernhof erbeten. Dort begann die Figur am 14. Juli 1738 zu weinen. Maria Lory trocknete die Tränen ab, doch das Wunder wiederholte sich. Der zunächst skeptische Steingadener Abt erteilte schon 1739 die Erlaubnis zum Bau einer Feldkapelle. Es dauerte nicht lange und erste Wunderberichte über Heilungen wurden bekannt. Nun setzte eine Wallfahrt ein, die Pilger kamen nicht nur aus Bayern und Österreich, sondern selbst aus Italien und Frankreich, Böhmen und Ungarn. Die erweiterte Kapelle wurde 1744 geweiht und genügte den Anforderungen doch nicht. Teilweise mussten pro Tag mehr als sechs Messen in der Kapelle gelesen werden.

Letztendlich bat Abt Hyazinth Gaßner Dominikus Zimmermann (1685–1766) um einen Entwurf für den Bau einer großen Wallfahrtskirche, der 1743 vorlag. Abt Marian II. Mayr (1745–1772), Gaßners Nachfolger, billigte den Vorschlag, und am 10. Juli 1746 konnte im Auftrag des bayerischen Kurfürsten Maximilian III. Josef (1727–1777) der Grundstein für die bedeutende Rokokokirche gelegt werden. Der gerade vollendete Chor konnte bereits 1749 das Gnadenbild aufnehmen, 1754 wurde die fertiggestellte Kirche geweiht.

Bis ins Detail prägt das Rokoko die Wieskirche. Zentrum des Baus ist ein großer, ovaler Mittelraum, dem sich auf der einen Seite eine Halle in Halbkreisform und gegenüber der langgezogene Chor vorlagern. Das Äußere lässt nicht auf die Pracht schließen, die sich im Inneren entfaltet. Farben und Formen verdichten sich zum Altar hin. Das große Kuppelfresko zeigt den leeren Thron des Weltenrichters, dem auf der anderen Seite die verschlossene Tür des Paradieses gegenübersteht. Dazwischen zeigt ein Regenbogen das Erscheinen Christi. Arkaden unterteilen den hallenartigen, zweigeschossigen Chor. Im Mittelpunkt des Hoch-

Dominikus Zimmermann

Der im oberbayrischen Wessobrunn geborene Dominikus Zimmermann gilt als einer der bedeutendsten deutschen Baumeister des Rokoko. Häufig arbeitete er mit seinem älteren Bruder Johann Baptist (1680–1758) zusammen. Zunächst betätigte er sich als Stuckateur, von 1717 bis 1719 errichtete er mit der Klosterkirche Maria Medingen sein erstes Bauwerk. Neben der Wieskirche schuf Zimmermann auch das Alte Rathaus in Landsberg am Lech, das Kloster Sießen, die Wallfahrtskirche Steinhausen bei Bad Schussenried und die Klosterkirche Gutenzell.

altars steht, von sechs Säulen umrahmt, ein Gemälde der Heiligen Familie. Darunter befindet sich das Gnadenbild in einer verglasten Nische.

i

Wies, 86989 Steingaden
Tel.: 08862/93293-0 (Kirche)
Internet: www.wieskirche.de

Wallfahrtskirche St. Peter und Paul in Steinhausen – »Schönste Dorfkirche der Welt«

»Schönste Dorfkirche der Welt«, diesen Beinamen gab der Volksmund der Wallfahrtskirche Unserer Lieben Frau und St. Peter und Paul in dem nur 300 Einwohner zählenden Dörfchen Steinhausen. Die Kirche gehört zu den Hauptsehenswürdigkeiten der Oberschwäbischen Barockstraße. Steinhausen ist heute ein Ortsteil der Gemeinde Bad Schussenried im Landkreis Biberach in Baden-Württemberg und liegt etwa auf halbem Wege zwischen dem Bodensee und Ulm.

Spätestens seit dem Ende des 13. Jahrhunderts gab es in Steinhausen, das 1239 erstmals urkundlich erwähnt wurde, eine kleine Marienkirche. Ein um 1415 in der Kirche aufgestelltes Marienbild zog schon bald erste Wallfahrer an. Vermutlich gestaltete man die Kirche im 15. Jahrhundert gotisch um. Nach den Zerstörungen des Dreißigjährigen Krieges erneuerte man das Gotteshaus, und das Gnadenbild erhielt einen eigenen Altar.

Für den wachsenden Pilgerstrom reichte die kleine Kirche jedoch bald nicht mehr aus. So veranlasste Didacus Ströbele, Abt der Prämonstratenserabtei Schussenried, im Jahr 1726 den Neubau der Wallfahrtskirche. Die vermögende Reichsabtei stellte für den Kirchenbau 9.000 Gulden zur Verfügung. Dominikus Zimmermann (1685–1766), der sich als Baumeister bereits einen Namen gemacht hatte, konnte als Architekt gewonnen werden. Im Frühjahr 1728 übertrug man das Steinhauser Gnadenbild in die Klosterkirche nach Schussenried und begann mit dem Abbruch der alten Kirche. Noch im August desselben Jahres konnte der Grundstein gelegt werden, und ein Jahr später war der

ÆDIFICATA
POST
VIRGINIS PARTUM
MDCCXXXV

Rohbau fertig. Dominikus Zimmermann begann im Frühling des Jahres 1730 mit der Ausführung der Stuckarbeiten. Ab 1731 feierte man in der noch unfertigen Kirche Gottesdienste. Der Konstanzer Weihbischof Franz Johann Anton von Syrgenstein benedizierte das Gotteshaus am 5. Mai 1733. Zwei Jahre später übertrug man in einer Prozession, an der 20.000 Gläubige teilnahmen, das Gnadenbild wieder zurück nach Steinhausen.

In der Steinhausener Wallfahrtskirche verschmelzen Zentralbau und kreuzförmige Anlage. Die vier barocken Giebel betonen die Symmetrie des Bauwerks. Ein in drei Geschosse gegliederter Glockenturm mit Zwiebelhaube dominiert die Westseite. Doppelte Fensterreihen in geschwungenen Formen gliedern die Außenwand. Sie lassen schon etwas erahnen vom aufwändigen Schmuck des Inneren.

Den Grundriss des Innenraumes bildet ein großes Oval, dem ein Ring aus zehn quadratischen Pfeilern einbeschrieben wurde. Die Pfeiler tragen die flache Kuppel. Das von Johann Baptist Zimmermann (1680–1758), dem Bruder des Baumeisters, in den Jahren 1730/31 geschaffene Deckenfresko zeigt Maria als Himmelskönigin. Die vier damals bekannten Weltteile huldigen der Gottesmutter. Reich dekorierte Fenster zwischen den Pfeilern beleuchten den Kirchenraum gleichmäßig.

Dem Hauptportal direkt gegenüber liegt als Blickfang der monumentale Hochaltar. Das Altargemälde verbindet sich mit dem davor aufgestellten Gnadenbild. Gottvater schaut vom Himmel herab auf die drei leeren Kreuze auf Golgota. Davor stehen die Frauen, Johannes und Josef aus Arimathäa. Sie blicken auf das vor ihnen stehende Gnadenbild: Maria hält ihren Sohn, der für die Erlösung der Menschen gestorben ist, auf dem Schoß.

Wallfahrtsmuseum Steinhausen

Gegenüber der Wallfahrtskirche lädt in der Alten Schmiede ein kleines Museum in die Ausstellung »Ein gottgefälliges Leben will ich führen« ein. Zu sehen sind Zeugnisse christlicher Andacht und Frömmigkeit vom Barock bis zur Gegenwart. Nähere Informationen unter Tel. 07583/2713.

i

Dominikus-Zimmermann-Str./
Dorfstr., OT Steinhausen, 88427 Bad Schussenried
Tel.: 07583/2377 (Kath. Pfarramt Steinhausen)
Internet: www.kg-steinhausen.de

Historisch bedeutsame Kirchen

Dom St. Petri in Bautzen

St. Michael in Fulda

St. Nikolai in Leipzig

St. Lamberti in Münster

Benediktinerabtei Wessobrunn

Schlosskirche in Wittenberg

Grossmünster in Zürich

Dom St. Petri in Bautzen – Älteste Simultankirche Deutschlands

Bautzen, das etwa 40.000 Einwohner zählende Zentrum der Oberlausitz, wurde 1921 Sitz des neuerrichteten Bistums Meißen. Seit der Verlegung des Bischofssitzes nach Dresden im Jahre 1980 ist der Petridom zweite Bischofskirche der Diözese Dresden-Meißen, zugleich aber auch eine evangelisch-lutherische Pfarrkirche.

Bereits um das Jahr 1000 stiftete der dritte Meißner Bischof Eido (955–1015) in Bautzen eine erste Kirche. Für ein vermutlich 1213 gegründetes Kollegiatstift errichtete man ein größeres, 1221 geweihtes Gotteshaus. Ende des 13. Jahrhunderts begann die gotische Umgestaltung der Kirche. Nach einem schweren Stadtbrand im 15. Jahrhundert erhielt der Dom seine heutige Gestalt. Doch auch später kam es immer wieder zu Veränderungen. Lange dauerte es nach dem Stadtbrand 1634, bis der Bau gesichert war und eine barocke Ausstattung erhielt. Ende des 19. Jahrhunderts wollte man den gotischen Dom »wiederherstellen«, doch blieben wichtige Ausstattungsstücke der Barockzeit glücklicherweise erhalten. Nach Schäden durch Kampfhandlungen in den letzten Kriegstagen im April 1945 erfolgte bis 1955 die Wiederherstellung der Kirche, bei der ein Teil der neugotischen Ausstattung wieder entfernt wurde.

In der Reformationszeit nahm die große Mehrheit der Einwohner Bautzens das lutherische Bekenntnis an. Nur das Domkapitel und wenige Bautzener blieben katholisch. Trotzdem gelang es Domdekan Johannes Leisentrit (1527–1586), den Dom für die Katholiken zu erhalten. Im Chor feierte das Domkapitel weiterhin die Messe, während das Schiff dem evangelischen Gottesdienst diente. Noch heute ist der Bautzener Dom eine Simultankirche, die älteste in Deutschland.

Blick zum Hochaltar

Der evangelische Abendmahlsaltar

St. Petri gehört zu den spätgotischen Hallenkirchen. Bedeutende Ausstattungsstücke sind im katholischen Teil der Hochaltar des Italieners Giovanni Maria Fossati mit dem Altarbild der Schlüsselübergabe durch Christus an Petrus, der Kreuzaltar mit dem 1713/14 von Balthasar Permoser (1651–1732) geschaffenen Kruzifix, ein spätgotischer Marienaltar (um 1450) und der Sakramentsaltar aus dem Jahr 1783. Im evangelischen Teil verdienen der Abendmahlsaltar von 1640 und die Fürstenloge (1673/74) Beachtung.

Domschatzkammer in Bautzen

Seit 1985 werden die im Laufe der Jahrhunderte für den Dom St. Petri in Bautzen gestifteten liturgischen Gewänder, Geräte und Gefäße sowie Gemälde in der Domschatzkammer in Bautzen gezeigt. Die Schatzkammer wurde im Domdekanat des Domstiftes St. Petri eingerichtet. Zu sehen sind auch einige Stücke aus der Hofkirche in Dresden. Zusammen mit dem Archiv und der Bibliothek repräsentiert die Domschatzkammer die über tausendjährige Geschichte des Bistums Dresden-Meißen. Ältestes Stück der Domschatzkammer ist ein um 1220 am Niederrhein gefertigter Tragaltar. Auf blaugoldenem, in Emailtechnik gefertigtem Grund, erhebt sich eine vergoldete Kreuzigungsgruppe. Aus der Zeit um 1500 blieben Kelche, Reliquiare, ein Weihrauchfass, eine Monstranz und ein Osterleuchter erhalten. Zahlreiche Stücke aus der Barockzeit weisen auf reiche Geschenke hin, die das Domkapitel nach der Konversion des sächsischen Kurfürsten August des Starken (1670–1733) zur katholischen Kirche von diesem und seinen Nachfolgern erhielt.

i

Fleischmarkt (Dom), An der Petrikirche 6 (Domschatzkammer), 02625 Bautzen
Tel.: 03591/31180 (Kath. Pfarramt); 03591/36970 (Ev.-Luth. Pfarramt); 03591/351950 (Domschatzkammer)
Internet: www.dompfarrei-bautzen.de; www.st-petri-bautzen.de

Eingang zum Domstift

Der katholische Sakramentsaltar

St. Michael in Fulda – Mittelalterliche Bausymbolik

Als kreisrunder Zentralbau folgt die auf dem Michaelsberg in Fulda gelegene Michaeliskirche dem Typus frühchristlicher Grabbauten. Abt Eigil (um 750–822) ließ die nur einen Steinwurf weit vom Fuldaer Dom entfernte Kirche zwischen 820 und 822 im karolingischen Baustil, einem Vorläufer der Romanik, errichten. Sie diente dem Fuldaer Kloster als Totenkapelle. Vermutlich hatten die Anastasis-Rotunde der Grabeskirche in Jerusalem, die Rundkirchen Santa Costanza und Santo Stefano Rotondo in Rom oder auch die Aachener Pfalzkapelle Vorbildfunktion für diese in Deutschland einzigartige Kirche.

Eigil von Fulda

Eigil kam um das Jahr 750 als Sohn einer bayerischen Adelsfamilie zur Welt. Bereits als Kind wurde er von seinen Eltern als Oblate dem Kloster Fulda übergeben, dessen erster Abt Eigils Onkel Sturmi (wohl nach 700–779) war. Im Kloster Fulda übernahm Eigil die Ämter des Propstes und eines Schöffen im Abtsgericht. Als Abt Ratgar durch seine harte und kompromisslose Leitung des Klosters den Widerstand der Mönche heraufbeschwor, floh Eigil mit einigen Brüdern aus dem Kloster. Nach Ratgars Absetzung wählten die Mönche Eigil zum Nachfolger. Er reformierte das Kloster und erlaubte seinem Vorgänger die Rückkehr in ein Nebenkloster. Als Nachfolger erkor er den Leiter der Klosterschule Hrabanus Maurus (um 780–856), der später Erzbischof von Mainz wurde.

Nur die Krypta der Michaeliskirche blieb vom karolingischen Bau erhalten. Doch die ursprüngliche Konzeption der Kirche, beschrieben in der Vita Eigils, erfuhr bei der Erneuerung im 10. und 11. Jahrhundert keine Veränderung. Ein einfacher Umgang führt um den runden Mittelraum der Michaeliskirche. Säulen und Rundbögen

trennen das obere Geschoss optisch vom unteren Stockwerk. In der Bausymbolik des Hrabanus Maurus deuten die acht Säulen auf die Auferstehung Jesu am achten Tag und die acht Seligpreisungen der Bergpredigt hin. Wer die Seligpreisungen erfüllt, wird damit wie eine Säule zur Stütze der Kirche. Die Mittelsäule in der gewölbten und nur von außen zugänglichen Krypta symbolisiert Christus. Mit der Kreisform verbindet sich die Vorstellung des ewigen Lebens.

Ursprünglich gab es in der als Grablege Eigils konzipierten Krypta keinen Altar. Das Grab Eigils findet sich im östlichen Teil des Umgangs. Vermutlich aus der von Sturmi erbauten ersten Kirche aus der zweiten Hälfte des 8. Jahrhunderts stammt das archaisch wirkende Kapitell der Mittelsäule.

Im 10. und 11. Jahrhundert erweiterte man den kreisrunden Bau in Kreuzesform und fügte einen Westturm hinzu, der in der zweiten Hälfte des 12. Jahrhunderts ein Glockengeschoss erhielt. Den Turm über der Rotunde erhöhte man 1618 und bekrönte ihn mit dem noch heute vorhandenen spitzen Helm. Fresken des 11. Jahrhunderts blieben im Inneren der Kirche erhalten. An der Nordseite der Kirche baute man in den Jahren 1715/16 eine dem hl. Rochus geweihte Kapelle an.

Im Westturm der Michaeliskirche hängen drei Glocken. Zwei Glocken wurden im Jahre 1958 gegossen, die dritte bereits 1712 von Michael Wittwerck in Danzig. Ursprünglich hing sie im Turm der 1288 gegründeten Dorfkirche St. Jakobus im Dorf Wusen im ostpreußischen Kreis Braunsberg. Nach dem Zweiten Weltkrieg kam die Glocke von einem Glockenfriedhof nach Fulda.

Mittelsäule der Krypta

i
Michaelsberg 1, 36037 Fulda
Tel.: 0661/73370 (Kath. Dompfarramt)
Internet: www.dompfarrei-fulda.de

St. Nikolai in Leipzig – Ausgangspunkt der »Friedlichen Revolution« 1989

Leipzig, mit rund 540.000 Einwohnern größte Stadt Sachsens, wurde im Jahr 1015 von dem Chronisten und Bischof Thietmar von Merseburg (975–1018) erstmals erwähnt und erhielt um 1165 Stadtrecht. Ende des 12. Jahrhunderts erbauten die Bürger der Stadt die romanische Nikolaikirche, von der die Turmanlage bis heute erhalten blieb. Im 14. Jahrhundert erfolgte die Errichtung des gotischen Chores, und 1513 begann unter der Leitung von Benedikt Eisenberg der Bau des spätgotischen, drei Schiffe umfassenden Langhauses. Wahrscheinlich 1526 erfolgte die Weihe der Nikolaikirche. Den Mittelturm entwarf um 1550 Hieronymus Lotter (um 1497–1580), die beiden kleineren Seitentürme stammen aus dem 14. Jahrhundert. Mit der Reformation, in Leipzig nach dem Tode Herzog Georgs des Bärtigen 1539 eingeführt, wurde St. Nikolai eine der evangelisch-lutherischen Pfarrkirchen der Leipziger Altstadt.

Bis heute prägt die durchgreifende klassizistische Umgestaltung des Inneren am Ende des 18. Jahrhunderts durch den Leipziger Stadtbaumeister Johann Friedrich Carl Dauthe (1746–1816) das Gotteshaus. Die Architekturtheorie des französischen Jesuiten Marc-Antoine Laugier (1713–1769) beeinflusste den Umbau. Laugier äußerte sich positiv über die Kirchenbauten der Gotik, wollte sie aber in klassischen Formen korrigieren und ihre Schmuckelemente beseitigen. So verwandelte er die Pfeiler in stuckierte Säulen, aus deren Kapitellen hellgrüne Palmblätter sprießen, die den Ansatz der gotischen Gewölbe ver-

bergen. Das Gewölbe bildete er zu einer klassizistischen, mit Rosetten besetzten Kassettendecke um. Alles ist in den Farben Weiß, Rosa und Hellgrün gehalten. Gleichzeitig entstanden Altar, Kanzel und Taufstein. Adam Friedrich Oeser (1717–1799), Goethes Zeichenlehrer, malte den Chor aus und schuf die Emporen- und Altargemälde. Im Jahr 2004 konnte die durch den Autohersteller Porsche unterstützte Restaurierung der Ladegast-Orgel aus dem Jahre 1862 durch die Firma Eule aus Bautzen beendet werden.
Aus dem Mittelalter blieben nur wenige Ausstattungsstücke der Nikolaikirche erhalten. Dazu zählt die unter dem Namen »Lutherkanzel« bekannte, um 1520 geschaffene Sandsteinkanzel. Heute kann man die reich gestaltete Kanzel in der Nordkapelle bewundern. Fünf mit Ast- und Laubwerk verzierte Nischen, in denen Christus als Schmerzensmann und die vier lateinischen Kirchenväter zu sehen sind, gliedern den Kanzelkorb. Die Theologie der Aufklärung kann man an den Oeserschen Bildern ablesen: So kann man im Chor ganz im Sinne der Zeit »Jesus als Arzt der Kranken«, »Weisheitslehrer« und »Kinderfreund« erkennen. Das Altarbild mit der Aufer-

stehung Jesu ist ein Gleichnis für den Aufschwung der Seele zur Religion. Engel, Regenbogen und die Taube mit dem Blatt des Ölbaums symbolisieren den Frieden mit Gott als Zielpunkt des Bildprogramms der Nikolaikirche, das schon die Zeitgenossen als »Oeserbibel« bezeichneten.

i

Nikolaikirchhof, 04109 Leipzig
Tel.: 0341/1245380 (Ev.-Luth. Pfarramt)
Internet: www.nikolaikirche-leipzig.de

»Friedliche Revolution« 1989

Anfang der 1980er Jahre begannen in der Nikolaikirche die Friedensgebete. Die sich 1989 daran anschließenden Montagsdemonstrationen wurden zum Auslöser der »Friedlichen Revolution« in der DDR. Seit 1999 erinnert die Friedenssäule auf dem Nikolaikirchhof daran. Der Leipziger Künstler Andreas Stötzner (* 1965) schuf dafür die Nachbildung einer der Säulen aus dem Kircheninneren.

St. Lamberti in Münster – Erinnerung an das »Königreich der Wiedertäufer«

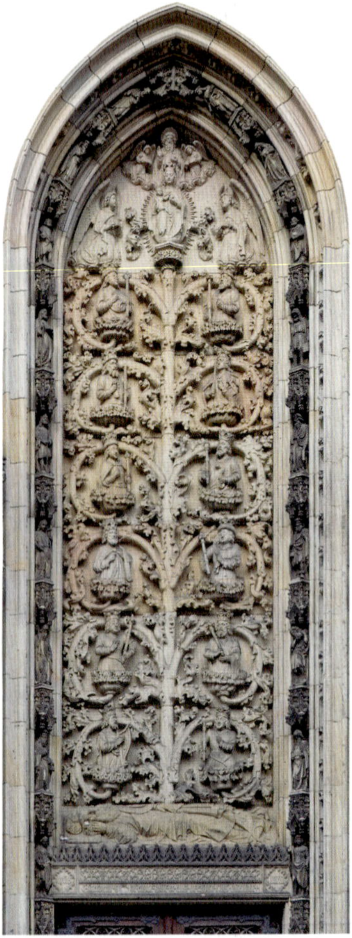

»Wurzel Jesse« am Hauptportal

Am Schnittpunkt alter Fernstraßen entstand St. Lamberti in Münster um das Jahr 1000 als Marktkirche der Kaufleute unterhalb der bereits 200 Jahre früher angelegten karolingischen Domburg. Erst im Laufe des 12. Jahrhunderts bekam die Kirche einen fest umgrenzten Sprengel und wurde zur Stadtkirche von Münster. Vor seiner Berufung zum Bischof von Münster wirkte hier Clemens August Graf von Galen (1878–1946) zwischen 1929 und 1933 als Gemeindepfarrer.

Der heutige Bau, eine typisch westfälische Hallenkirche, geht auf die Zeit zwischen 1375 und 1470 zurück. Strebepfeiler und riesige, maßwerkgegliederte Fenster betonen die Schlankheit des Bauwerks. Mit ihren drei reich mit Skulpturen geschmückten Portalen präsentiert sich die Südseite der Kirche als Schaufassade. Ein Hochrelief am Hauptportal zeigt eine reich ausgeschmückte »Wurzel Jesse«, bekrönt von Maria mit dem Jesuskind, vor denen Engel anbetend knien. Über der »Brautpforte« ist die Geburt Jesu zu sehen, und über dem Zugang zur

Chorkapelle weist Christus als Schmerzensmann auf seine Erlösungstat hin. Beachtung verdient auch das Marienportal an der Kirchennordseite. Das Portal behielt sein Aussehen aus dem 15. Jahrhundert mit einer lieblichen Madonna weitgehend bei.

Einen weiträumigen und lichten Eindruck vermittelt der dreischiffige Innenraum mit seinen schlanken Säulen. Mit nur vier Jochen hat das Kirchenschiff fast den Charakter eines Zentralraumes. Schlanke Säulen und Pfeiler trennen kaum wahrnehmbar Haupt- und Seitenschiffe. Erst Ende des 19. Jahrhunderts kam der hochgewachsene, an das Freiburger Münster erinnernde Turm hinzu. Er ersetzte den baufällig gewordenen, das mächtige Satteldach nur wenig überragenden Turm.

Die bilderfeindlichen Wiedertäufer, die neugotische Umgestaltung am Ende des 19. Jahrhunderts und die Bomben des Zweiten Weltkrieges vernichteten immer wieder die Ausstattung der Kirche. Heute schmücken ein kleiner Flügelaltar (um 1500) mit Szenen aus dem Marienleben, das Gemälde »Martyrium des Kirchenpatrons St. Lambertus« (um 1790), der Apostelzyklus (um 1600) im Chor und eine Kreuzigungsgruppe (um 1550) das Gotteshaus.

»Königreich der Wiedertäufer«

In den Jahren 1534/35 gelang es radikalen Predigern, die von auswärts kamen, in Münster ein »Königreich der Wiedertäufer« aufzurichten. Jan Matthys (um 1500–1534) aus dem niederländischen Haarlem übernahm im Februar 1534 die Führung der Täuferbewegung. Er forderte alle Einwohner auf, sich wiedertaufen zu lassen, ließ bis auf die Bibel alle Bücher verbrennen, führte Gütergemeinschaft und die Ehe mit mehreren Frauen ein. Für Ostern 1534 verkündete er das Erscheinen Christi in der Stadt. Als dieses Ereignis ausblieb, wagte er mit seinen Getreuen einen Ausfall aus der mittlerweile von katholischen und evangelischen Fürsten belagerten Stadt, bei dem er ums Leben kam. Jan van Leiden (1509–1536) übernahm nun die Führung der Täufer. Man rief ihn sogar zum König aus. Doch die Situation der belagerten Stadt wurde immer auswegloser. Nach mehr als anderthalb Jahren fiel Münster, mehr als 650 Täufer kamen ums Leben. Im Januar 1536 wurden die drei Hauptschuldigen Jan van Leiden, Bürgermeister Bernd Knipperdolling (um 1495–1536) und der Prediger Bernd Krechting (vor 1500–1536) grausam hingerichtet. Zur Abschreckung hängte man ihre Leichen in eisernen Käfigen am Lambertikirchturm auf. Dort hängen die Käfige noch heute, direkt über der Turmuhr.

Jan van Leiden

i Lambertikirchplatz, 48143 Münster
Tel.: 0251/44893 (Kath Pfarramt)
Internet: www.st-lamberti.de

Die eisernen Käfige am Lambertikirchturm

Benediktinerabtei Wessobrunn – Fundort des ältesten christlichen Textes deutscher Sprache

Wessobrunn liegt im oberbayerischen Landkreis Weilheim-Schongau südwestlich des Ammersees. Die Gründungslegende der Abtei berichtet, dass Bayernherzog Tassilo III. (um 741–um 796) hier im Jahre 753 während einer Jagd eine Nacht im Wald verbringen musste. Im Traum sah er eine Quelle, die in vier Richtungen floss. Eine Leiter, an der Engel auf- und niederstiegen, führte von der Quelle zum Himmel. Am oberen Ende der Leiter stand der ins Stundengebet vertiefte Apostel Petrus. Sein Jäger entdeckte am nächsten Tag die Quelle in der Form eines Kreuzes, und Tassilo verstand den Traum als Aufforderung, hier ein dem hl. Petrus geweihtes Kloster zu errichten.

Wahrscheinlich jedoch gründete eine bayerische Adelsfamilie in der zweiten Hälfte des 8. Jahrhunderts Wessobrunn als Eigenkloster. Mönche aus dem etwas mehr als 30 Kilometer entfernten Benediktbeuern sollen das neue Kloster zuerst besiedelt haben. Im Ungarnsturm des Jahres 955 ging das Kloster unter. In der Folgezeit lebten Kanoniker in Wessobrunn. Propst Adelbero begründete 1064 erneut ein

Die Klosteranlage

Im Kloster

Der »Graue Herzog« und die Pfarrkirche

Fragmente der romanischen Klosterkirche im Bayerischen Nationalmuseum in München

Benediktinerkloster und wurde dessen erster Abt. Seine heutige Gestalt erhielt die Klosteranlage am Ende des 17. Jahrhunderts. Geldmangel verhindert jedoch die vollständige Ausführung der Pläne. Im Jahre 1803 hob man das Kloster Wessobrunn im Zuge der Säkularisation auf. Mehr als 100 Jahre später schenkte Freiherr von Cramer-Klett die Klosteranlage den Missions-Benediktinerinnen aus Tutzing, die hier ein neues Kloster begründeten.

Franz Johann Schmuzer (1642–1701) aus der Wessobrunner Stuckaturenschule begann 1680 mit der barocken Umgestaltung des Klosters. In seiner Gesamtanlage war Wessobrunn vergleichbar mit den noch heute vorhandenen Klöstern Ettal und Tegernsee. Jedoch wurde in Wessobrunn der Großteil der Gebäude mitsamt der Klosterkirche 1810 abgerissen. Von der romanischen Kirche blieb lediglich der heute einsam im Hof stehende Turm, der »Graue Herzog«, erhalten. Der Fürsten- und Prälatentrakt und das Treppenhaus, ausgeschmückt mit prachtvollem Stuck von Johann Schmuzer, bewahren bis heute die Erinnerung an die Pracht des Klosters. Ende des 19. Jahrhunderts legte man die Fundamente der Kirche frei und entdeckte dabei romanische Steinplastiken. Teile davon sind im Glockenturm, die meisten jedoch im Bayerischen Nationalmuseum in München zu sehen. Einen Besuch lohnt auch die 1757/58 neu errichtete Pfarrkirche mit schönen Deckenfresken und einem romanischen Kruzifix (um 1250) aus der alten Klosterkirche.

i

Klosterhof 4, 82405 Wessobrunn
Tel.: 08809/9211-0
Internet: www.kloster-wessobrunn.de

Das Wessobrunner Gebet

Das Kloster Wessobrunn gab dem ältesten deutschen Sprachdenkmal christlichen Inhalts seinen Namen. Um 814 entstand die Abschrift des Wessobrunner Gebets, das um 790 oder kurz danach entstand. Unbekannt sind sowohl der Verfasser als auch der Herkunftsort des Gebets. Wissenschaftler vermuten Regensburg oder Augsburg als Entstehungsort. Ein angelsächsischer Missionar könnte das Gebet verfasst haben, um heidnische Sachsen auf die Taufe vorzubereiten. Das Gebet setzt ein mit einem Schöpfungsbericht, der den Gedanken der Existenz Gottes vor aller Zeit und auch vor Beginn der Schöpfung betont. Den Germanen waren solche Ideen fremd. Ein Gebet um Weisheit und Kraft, um dem Bösen zu widerstehen, schließt sich an. Heute bewahrt die Bayerische Staatsbibliothek in München das wertvolle Pergament auf.

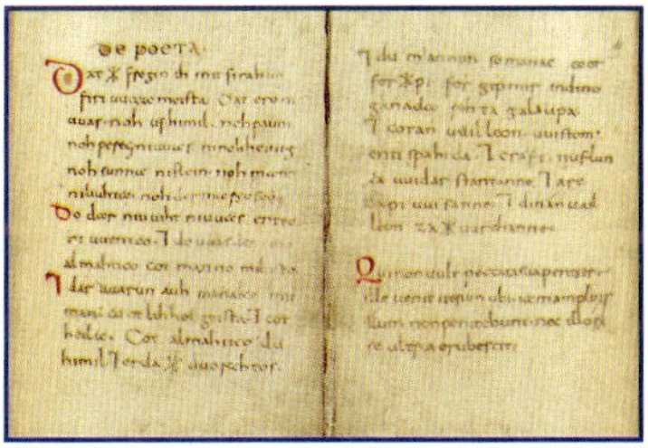

Wessobrunner Gebet

Schlosskirche Wittenberg – Ausgangspunkt der Reformation

Mit dem Namen der knapp 50.000 Einwohner zählenden Stadt Wittenberg im Osten Sachsen-Anhalts ist wie mit keinem anderen die Erinnerung an Martin Luther und die Reformation verbunden. Unter Friedrich dem Weisen (1463–1525) erlebte die kurfürstliche Residenz eine einzigartige Entwicklung. Nach dem Neubau von Residenzschloss und Schlosskirche setzte mit der Gründung der Universität im Jahre 1502 ein Aufschwung ein, der mit dem Wirken von Martin Luther (1483–1546) und Philipp Melanchthon (1497–1560) seinen Höhepunkt erreichte.

Stadtkirche

Stadtkirche St. Marien

Schon aus der Ferne erkennt der Besucher die stadtbildbeherrschende Doppelturmfassade der Stadtkirche St. Marien. Zunächst errichtete man den zweischiffigen Chor mit dem hohen Backsteingiebel (um 1280). Zwischen 1411 und 1439 wurde das alte Langhaus durch eine geräumige, aber nur vier Joche lange Halle ersetzt. Prächtige Portale, Maßwerkfenster und Strebepfeiler machen das Gotteshaus zu einem Hauptwerk der Spätgotik in Mitteldeutschland.

Bedeutend ist auch die Innenausstattung, vor allem das 1539 von Lucas Cranach d. Ä. (um 1475–1553) gemalte Altarbild. Auf diesem Hauptwerk der großen Reformationsaltäre sind Taufe, Beichte, Abendmahl und Predigt dargestellt. Cranach bezog auch Luther und Melanchthon in das Bildgeschehen ein.

Schlosskirche

Wittenberg kam 1423 an die Wettiner. Friedrich der Weise ließ das alte Askanierschloss zu einer prächtigen

Lutherdenkmal auf dem Markt

Schlosskirche

Residenz ausbauen. Gleichzeitig entstand die Schlosskirche, von der aber nur die Umfassungsmauern erhalten blieben. Friedrich Adler (1827–1908) gestaltete das Gotteshaus von 1883 bis 1892 zu einem Denkmal der Reformation um. Bis heute blieb dieser Zustand nahezu unverändert erhalten. Viele Kunstwerke überstanden die wiederholte Zerstörung der Kirche. Hans Vischer (um 1489–1550) und sein Bruder Peter (1487–1528) gossen die Epitaphien der Kurfürsten Friedrich des Weisen und seines Bruders Johann des Beständigen (1468–1532). Zutaten aus dem Jahr 1885 sind die beiden Grabplatten, die die Gräber Luthers und Melanchthons bezeichnen. Das Tympanon über der Thesentür zeigt vor dem Hintergrund der Stadtsilhouette die beiden unter dem Gekreuzigten knienden Reformatoren. Luther hält die deutsche Bibel, Melanchthon die Augsburger Konfession in der Hand. Aus Bronze wurden die beiden Türflügel mit dem Text der 95 Thesen gegossen.

Lutherhaus und Melanchthonhaus

Vor dem prächtigen Renaissance-Rathaus aus der Mitte des 16. Jahrhunderts stehen unter gotisierenden Baldachinen die Standbilder Luthers (1821) und Melanchthons (1865). Verlässt man den Marktplatz und folgt der Collegienstraße, so kommt zuerst das Melanchthonhaus in den Blick. Kurfürst Johann Friedrich ließ es 1536 für Philipp Melanchthon erbauen, um ihn an Wittenberg zu binden. Das schmale Haus mit dem schönen Staffelgiebel zählt zu den schönsten Renaissancebauten der Stadt. Über Leben und Werk des Mitstreiters von Martin Luther informiert die im Jahre 1997 neugestaltete Ausstellung. Nur wenige Meter weiter befindet sich das Lutherhaus. Bereits 1532 wurde das alte Kloster der Augustinereremiten vom Kurfürsten an Martin Luther verschenkt. Anlässlich des Reformationsjubiläums im Jahre 1883 erfolgten im Lutherhaus umfassende Umbauten, bevor die »Lutherhalle« eröffnet werden konnte. Sie beherbergt heute das größte reformationsgeschichtliche Museum der Welt.

Lutherhaus

Thesentür

i

Kirchplatz (Stadtkirche), Schlossplatz (Schlosskirche), Collegienstr. 54 (Lutherhaus), Collegienstr. 60 (Melanchthonhaus), 06886 Lutherstadt Wittenberg
Tel.: 03491/62830 (Ev. Pfarramt Stadtkirche); 03491/505348 (Ev. Pfarramt Schlosskirche); 03491/42030 (Stiftung Luthergedenkstätten in Sachsen-Anhalt)
Internet: www.stadtkirchengemeinde-wittenberg.de; www.schlosskirche-wittenberg.de; www.martinluther.de

Grossmünster in Zürich – Ausgangspunkt der Schweizer Reformation

Das Grossmünster in Zürich, der größten Stadt der Schweiz, ist eine evangelisch-reformierte Kirche in der Altstadt. Im 14. Jahrhundert setzte sich die heute gängige Bezeichnung »Grossmünster« durch. Patrone der Kirche waren Felix, Regula und Exuperantius. Die beiden Erstgenannten gehörten zur Thebäischen Legion, die im 3. Jahrhundert wegen ihres Übertritts zum Christentum den Märtyrertod erlitt. Felix und Regula wurden in Zürich hingerichtet. Karl der Große soll nach einer Legende ihre Gräber wiederentdeckt haben. Zur Ehre der Märtyrer gründete er eine Propstei, die später als Reichsstift über viele Besitzungen verfügte.

Vom Grossmünster ging die Reformation in der deutschsprachigen Schweiz aus. Der Reformator Huldrych Zwingli (1484–1531) predigte hier seit 1519 als Leutpriester. Auf seine Initiative hin ließ der Stadtrat 1524 die Altarbilder aus der Kirche entfernen. Ein Kan-

Zwinglis Geburtshaus in Wildhaus

Huldrych Zwingli und die Schweizer Reformation

Zwingli, der den Taufnamen Ulrich trug und diesen später in Huldrych (»Huldreich«) veränderte, kam am 1. Januar 1484 in Wildhaus im Kanton St. Gallen zur Welt. Der Sohn einer Bauernfamilie studierte in Wien und Basel und empfing 1506 die Priesterweihe. Er lernte Griechisch und konnte das Neue Testament im Original lesen. Ab 1518 begann er, die Missstände in der Kirche zu kritisieren. Ein Jahr später nahm er eine Berufung an das Grossmünster in Zürich an. Hier begann er, das Evangelium für alle verständlich auszulegen, und verfasste ab 1522 auch verschiedene reformatorische Schriften. Aus mehreren Disputationen mit altgläubigen Theologen ging Zwingli als Sieger hervor. Er schaffte nun Messe, Bilder in den Kirchen und den Zölibat ab. Im Gegensatz zu Luther verwarf er die leibliche Gegenwart Jesu im Abendmahl. Zwischen 1524 und 1529 übersetzte er die Bibel in die Eidgenössische Kanzleisprache (»Zürcher Bibel«). Zwingli fand 1531 nach der Schlacht bei Kappel den Tod, als er in die Hand katholischer Soldaten fiel.

zellettner aus den zerstörten Altären trennte den Chor vom Kirchenschiff ab. Damit wurde deutlich, dass die Predigt die Messe an den Altären ersetzte. Zwinglis Nachfolger Heinrich Bullinger (1504–1575) vollendete in Zürich die Reformation.

»Zürcher Bibel von 1531«

Das romanische Grossmünster wurde zwischen 1100 und 1220 errichtet. Reste eines Vorgängerbaus konnten bei Restaurierungsarbeiten in den 1930er Jahren ausgegraben werden. Man vermutet, dass sie einem Bau des 11. Jahrhunderts angehören. Mehrfach veränderte man den ursprünglichen Bauplan, um Rücksicht auf den sich während der langen Bauzeit weiterentwickelnden Baustil zu nehmen. Ende des 15. Jahrhunderts erhöhte man die Türme auf gleiche Höhe und versah sie mit Nadelhelmen. 1498 kam noch ein

Dachreiter hinzu. Ein Blitzschlag zerstörte 1763 die Glockentürme, die Ende des 18. Jahrhunderts ihre bis heute das Stadtbild prägenden charakteristischen neogotischen Abschlüsse erhielten. Am triumphbogenartigen Hauptportal an der Nordseite begann ein Prozessionsweg zu Ehren der Kirchenpatrone. Schlicht und damit typisch reformiert zeigt sich der Innenraum. Er enthält nur die Kanzel (1853) und den Taufstein (1598), der zugleich als Abendmahlstisch dient. Neu hinzugekommen sind im 20. Jahrhundert die Chorfenster von Augusto Giacometti. Die 1933 geschaffenen, farbigen Fenster erzählen die Weihnachtsgeschichte. In der Mitte steht die ganz in Blau gekleidete Maria, zu ihren Füßen das neugeborene Kind. Links und rechts sind zwei der drei Weisen aus dem Morgenland zu sehen. Engel scheinen die ganze Szene zu bewachen.

i

Grossmünsterplatz, CH-8001 Zürich
Tel.: +41(0)44/2525949 (Münsterbüro)
Internet: www.grossmuenster.ch

Blick zum Chor

Holzkirchen

Schifferkirche in Ahrenshoop

Marktkirche in Clausthal-Zellerfeld

Russische Kirche in Gifhorn

Stabkirche in Hahnenklee

»Schwedische« Kapelle in Ralswiek

St. Anna in Rohrmoos

Schifferkirche in Ahrenshoop – Kirchenbau gegen alle Widerstände

Zwischen Ahrenshoop und dem Nachbardorf Wustrow auf der Halbinsel Fischland-Darß-Zingst verlief die ehemalige Grenze zwischen Pommern und Mecklenburg. Bereits im 14. Jahrhundert gab es etwas nordöstlich des heutigen Dorfes eine Ansiedlung gleichen Namens. Herzog Bogislaw VI. von Pommern-Wolgast (um 1350–1393) wollte den damals Arneshop genannten Ort zu einer größeren Handelsstadt ausbauen und ließ eine Burg anlegen. Doch die nahegelegene Hansestadt Rostock sah ihre Interessen bedroht. Bereits 1395 zerstörten die Rostocker den 500 Einwohner zählenden Ort und schütteten den Hafen zu.

Glockenturm

Im Jahre 1760 wurde Ahrenshoop an seiner heutigen Stelle von Seefahrern gegründet. Es entstand ein kleines Fischerdorf, in dem sich ab 1880 Künstler niederließen. Ahrenshoop entwickelte sich zum Seebad. Im 1909 erbauten »Kunstkaten« fanden seither viele Ausstellungen statt. Heute leben knapp 700 Einwohner in dem Ostseebad.

Seit 1949 gab es Planungen für den Bau einer kleinen Kirche in Ahrenshoop, das bis dahin zur Pfarrei Prerow gehörte. Die Kirche wurde 1950 bis 1951 von dem zufällig in Ahrenshoop weilenden Architekturstudenten Hardt-Waltherr Hämer (1922–2012) konzipiert und errichtet. Die staatlichen Behörden behinderten den Kirchenbau und verhängten sogar zeitweise einen Baustopp. Man beschlagnahmte Baumaterial an der innerdeutschen Grenze und erklärte ganz plötzlich den gesamten Ort als unter Denkmalschutz stehend. Nach

Überwindung aller Probleme konnte die Kirche am 14. Oktober 1951 eingeweiht werden.
Ganz aus Holz errichtet, wird das Äußere der Ahrenshooper Schifferkirche durch das tief herabreichende Satteldach mit Rohrdeckung und die große gläserne Eingangswand gekennzeichnet. Die Grundstruktur bilden sechs Dreigelenkbinder. Sowohl im Inneren als auch von außen sind die hölzernen Rippen sichtbar. Ein vom Fußboden aufsteigendes, spitzbogiges Tonnengewölbe umschließt den an der Rückwand getäfelten Innenraum. Dieses gotisch wirkende Gewölbe erinnert an einen kieloben liegenden Schiffsrumpf. Mit Ziegelsteinen pflasterte man den Fußboden. Auf der Empore steht eine kleine Schuke-Orgel (1961). Zwei Fensterbahnen im reetgedeckten Dach tauchen den kleinen Altarplatz in helles Licht.
Aus dem Holz einer auf dem Kirchenbauplatz gefällten Pappel schuf die Bildhauerin Doris Oberländer die bescheidene Innenausstattung. So entstanden ein Ständer für die Taufschale und das kleine Pult. Als Altarplatte dient die Schreibtischplatte des Vaters des Architekten. Eine aus Russland mitgebrachte Messingschüssel findet noch heute als Taufschale Verwendung. Der Ahrenshooper Kapitän

Altarraum

Heinrich Voss baute und stiftete in den 1950er Jahren die vier von der Decke herabhängenden Schiffsmodelle. Diese symbolisieren Glaube, Liebe, Hoffnung und Frieden.

Nach 50jähriger Nutzung zeigte die Schifferkirche starke Schäden, nicht zuletzt verursacht durch den Finanz- und Materialmangel der Bauzeit. So riefen Kirchengemeinde und Architekt 2001 einen Förderverein ins Leben, der sich die Sanierung der Kirche zum Ziel setzte. Im Jahre 2005 konnte die Kirche saniert und durch den Anbau einer Sakristei funktioneller gemacht werden.

i

Paetowweg, 18347 Ahrenshoop
Tel.: 038233/69133
Internet: www.schifferkirche-ahrenshoop.de

Orgel

Marktkirche in Clausthal-Zellerfeld – Deutschlands größte Holzkirche

Das niedersächsische Clausthal-Zellerfeld liegt rund 10 Kilometer südlich von Goslar im Oberharz. Die Stadt entstand 1924 durch den Zusammenschluss der Bergstädte Clausthal und Zellerfeld. Im Ortsteil Clausthal steht die Marktkirche zum Heiligen Geist, Deutschlands größte Holzkirche.

Ein Großbrand vernichtete am 20. September 1634 große Teile von Clausthal und so auch die erst 1610 fertiggestellte Marktkirche. Etwa die Hälfte der 3000 Einwohner Clausthals hatten ihr Obdach und so kurz vor Beginn des Winters darüber hinaus auch alle ihre Vorräte verloren. Trotz der großen Not, noch dazu mitten im Dreißigjährigen Krieg, begannen umgehend die Planungen für einen Neubau. Oberbergmeister Georg Illing und sein Sohn Kaspar hatten sich schon um die künstlerische Ausstattung des Vorgängerbaus bemüht. Ihrem Engagement und Einfluss ist auch der rasche Wiederaufbau der Marktkirche in Clausthal zu verdanken. Am Pfingstfest des Jahres 1642 konnte die 2000 Personen Platz bietende neue Heilig-Geist-Kirche eingeweiht werden.

Zuvor hatte man jedoch schon den Turm der neuen Kirche errichtet. Mit dem Anläuten der Schlagglocke wurden die zeitlichen Abläufe des Bergwerksbetriebes geregelt. Eine funktionierende Turmuhr war also lebensnotwendig. Die Trümmer der alten Kirchenglocken transportierte man schon 1636 nach Einbeck, um neue Glocken gießen zu lassen. Anfang des folgenden Jahres begann die Aufrichtung des Turmes, der am 12. September mit dem Aufsetzen der Wetterfahne fertiggestellt wurde. Zwei weitere Glocken vervollständigten 1639 das neue Geläut.

Südansicht

Das Äußere der 57 Meter langen, in hellem Grau gestrichenen Hallenkirche prägen die fünf Treppenhäuser, der Dachreiter auf dem westlichen Dachabschluss und der westlich vor die Kirche gestellte quadratische Glockenturm mit welscher Haube. Mit Ausnahme der Bleibedachung besteht das ganze Gotteshaus aus Holz. Mehrere Emporen und ein schmuckloses Tonnengewölbe bestimmen den Raumeindruck des Inneren. So richtet sich die ganze Aufmerksamkeit auf Orgel, Altar, Kanzel und Taufe – hervorragende barocke Schnitzwerke von Andreas Gröber (um 1600/1610–1662).

Ein besonderes Augenmerk sollte der reich geschnitzten Kanzel gelten. Am Kanzelkorb zu sehen ist Christus als Salvator, der die Weltkugel in seiner Hand hält. Ihn umgeben die vier Evangelisten, Paulus und Johannes der Täufer. Den Schalldeckel zieren die Apostel und einige weitere Heilige, insgesamt 16 Figuren. Moses trägt wie eine Säule den Korb der Kanzel, ein weit verbreitetes Motiv. In den Händen scheint er die Gesetzestafeln zu halten. Doch zu lesen sind hier nicht die 10 Gebote, sondern ein Zitat aus dem Evangelium nach Matthäus (22,37-39): »Du solt lieben Gott dei-

nen Herrn von gantzem Hertzen von gantzer Seelen von gantzem Gemuthe; und deinen Nechsten als dich selbst.« Im Jahr 2001 begann die Sanierung der in ihrem Bestand gefährdeten Kirche. Ein Gutachten stellte Wasser- und Fäulnisschäden an Fundament, Dach und Fachwerkkonstruktion fest und schätzte die Kosten auf 10 Millionen Euro. Mittlerweile konnte die Sanierung weitgehend abgeschlossen werden.

i

An der Marktkirche, 38678 Clausthal-Zellerfeld
Tel.: 05323/7005
Internet: www.kirchengemeinde-clausthal.de

Kanzel

Russisch-orthodoxe Kirche in Gifhorn – Wiederentdeckte Handwerkskunst

Das bekannte Wind- und Wassermühlenmuseum im niedersächsischen Gifhorn beherbergt zahlreiche unterschiedliche Mühlen aus der ganzen Welt. Sie wurden entweder restauriert oder originalgetreu nachgebaut. Hier steht aber auch die 1995 vom Moskauer Patriarchen Aleksij II. (1929–2008) dem hl. Nikolaus geweihte, 27 Meter hohe Holzkirche mit acht teilweise vergoldeten Kuppeln. Dabei handelt es sich um den Nachbau einer russischen Dorfkirche. Über 400 Kubikmeter bestes Lärchenholz benötigte man für den Bau der Kirche, der alle Beteiligten vor große Herausforderungen stellte.

Aus dem Jahr 1756 stammt die Christi-Verklärungskirche im zentralrussischen Dorf Kosljatjewo, das Vorbild der Gifhorner Kirche. Das kleine Dorf liegt rund 75 Kilometer westlich der Gouvernementshauptstadt Wladimir. Fedossja Nikititschna Poliwanowa, die Gutsherrin des Dorfes, stiftete das Gotteshaus. Ehemals hatte die Kirche drei Altäre. Als besonders schönes Beispiel der russischen Holzbaukunst versetzte man die Kirche 1965 in ein Freilichtmuseum nach Susdal. Dort kann sie noch heute besichtigt werden. Allerdings ging ein Teil der Innenausstattung verloren, und Gottesdienste werden in der Museumskirche auch nicht mehr gefeiert.

Horst Wrobel, der Gründer und Besitzer des Mühlenmuseums, entdeckte die Kirche bei einem Besuch des Susdaler Museums und fasste den Entschluss, diese nachzubauen. Das wurde möglich, da man beim Umsetzen

der Kirche detaillierte Bauzeichnungen angefertigt hatte. Trotzdem gab der Bau etliche Rätsel auf, da viel Wissen der alten Holzbaumeister inzwischen verloren ging. Zunächst wurde ein Modell der Kirche im Maßstab 1:10 angefertigt, bevor der Bau im März 1994 beginnen konnte. Ein Jahr später feierte man Richtfest, und im November 1995 kamen die Arbeiten zum Abschluss. Finanziert wurde der Bau ohne öffentliche Zuschüsse einzig und allein durch von Familie Wrobel aufgenommene Kredite. Jetzt feiert jeden Sonntag ein in Wolfsburg wohnender Priester mit der Gemeinde einen russisch-orthodoxen Gottesdienst. Acht zum Teil vergoldete Kuppeln geben dem Äußeren der Kirche das typisch russische Aussehen. Mächtige Balken von bis zu 40 x 30 Zentimetern Umfang und bis zu 12 Metern Länge kamen beim Bau zur Verwendung. Den Grundriss der Kirche bildet ein Kreuz.

Das Innere des Gotteshauses ist bis zur Spitze hin offen. So entsteht ein großartiger Raumeindruck, obwohl die Kirche nur etwa 17 Meter lang und 13 Meter breit ist. Besonders beeindruckt die prächtige Ikonenwand. Traditionell zeigt die mittlere Tür der Ikonenwand eine Darstellung der Verkündigung an Maria. Links und rechts schließen sich Ikonen von Maria, Jesus und den Erzengeln Michael und Gabriel an. In der Reihe darüber sind wichtige Ereignisse aus dem Leben Jesu zu sehen. Darüber erscheint Christus, umrahmt von Aposteln und Propheten. Den Abschluss bilden das Abendmahl und die Kreuzigung Jesu. In den Kreuzarmen setzt sich die Ikonenwand noch fort. Auf der Nordseite erzählen die Bilder aus dem Leben des Kirchenpatrons Nikolaus, von der Hochzeit zu Kana und der Auferweckung des Lazarus. Die Ikonen der Südseite zeigen Johannes den Täufer, die Taufe Jesu, die Ausgießung des Heiligen Geistes zu Pfingsten, Mariä Entschlafen und eine Kopie der berühmten Dreifaltigkeitsikone von Andrej Rubljow (um 1360–1430).

Ikonenwand

i

Bromer Str. 2, 38518 Gifhorn
Tel.: 05371/55466 (Mühlenmuseum), 05361/894700 (Russ.-Orth. Pfarramt)
Internet: www.muehlenmuseum.de, www.russisch-orthodoxe-holzkirche.de

Stabkirche in Hahnenklee – Ein Stück Norwegen im Harz

Seit der Eingemeindung im Jahr 1972 gehört der etwa 1200 Einwohner zählende Ort Hahnenklee zur Stadt Goslar. Das kleine, im Oberharz gelegene Bergarbeiterdörfchen geht auf das 16. Jahrhundert zurück und wurde 1882 zum Kurort erhoben. Nach der Einstellung des Bergbaus entwickelte sich der beginnende Fremdenverkehr zur

Stabkirche Borgund in Norwegen

Stabkirche von Borgund

Abseits der Ortschaften steht die Stabkirche Borgund in der Kommune Lærdal in der norwegischen Provinz Sogn og Fjordane. Sie gehört zu den 28 noch erhaltenen der ehemals wohl rund 1000 Stabkirchen des mittelalterlichen Norwegen. Wahrscheinlich wurde die Kirche Ende des 12. Jahrhunderts errichtet. Mit ihren vielen noch erhaltenen mittelalterlichen Bauteilen zählt die Kirche Borgund zu den am besten erhaltenen Stabkirchen. Diese sind Zeugnisse des Übergangs vom heidnischen Glauben zum Christentum. Charakteristisch für die Stabkirche Borgund ist der sechsstufige Aufbau. Giebeldächer bedecken sowohl das Hauptschiff als auch den Chor. Drei weitere kleine Giebeldächer sitzen über dem Dach des Hauptschiffs, bekrönt von einer Spitze mit Wetterfahne. Drachenköpfe recken sich an den Ecken der Dächer in den Himmel. Diese sollten das Böse von der Kirche fernhalten.

wichtigsten Einnahmequelle. Besonders in den Sommermonaten konnte der alte Betsaal im Dachgeschoss des damaligen Schulhauses die Gottesdienstbesucher nicht mehr fassen. In den Jahren 1907/08 erbaute man nach Plänen des Baurates Professor Karl

Mohrmann (1857–1927) eine Stabkirche nach dem Vorbild der Kirche im norwegischen Borgund. Man war bestrebt, sich mit dieser Holzkirche in größtmöglichem Maß der Gebirgslandschaft anzupassen.

Die nach dem schwedischen König Gustav Adolf (1594–1632) benannte Kirche in Hahnenklee errichteten einheimische Handwerker aus Fichtenholz, das an der Nordseite des Bocksberges geschlagen wurde. Vom norwegischen Vorbild wich man allerdings bei der Größe der Kirche ab. Bieten die alten Stabkirchen nur etwa 50 Personen Platz, kann die Kirche in Hahnenklee 350 Plätze vorweisen. Lange rang man um den Standort. Schließlich entschied man sich für den Ortsteil, der dem benachbarten Dorf Bockswiese am nächsten liegt. Denn auch die Bewohner des Nachbardorfes gingen und gehen nach Hahnenklee zum Gottesdienst.

Auf der Westseite steht ein eigener Glockenturm vor der Kirche. Neben den vier Glocken des Geläuts beherbergt der Turm auch ein »Carillon«, ein Glockenspiel aus dem Jahre 1975. Im Jahr 2002 kamen zu den vorhandenen 18 noch 5 neue Glocken hinzu. Gespielt wird das Carillon wie eine Orgel über einen Spieltisch, allerdings mit Fäusten und Füßen. Spenden ermöglichten mittlerweile den Einbau weiterer Glocken und einer elektronischen Steuerung, mit der Liedmelodien auch automatisch gespielt werden. Mit Holzschindeln wurde das Dach eingedeckt, ganz dem norwegischen Vorbild entsprechend. Zwölf runde Holzstützen, in der Zimmermannssprache als »Stiele« bezeichnet, gliedern den Innenraum und tragen die Emporen. Nordische Symbole schmücken die bleigefassten Fenster. Decken und Wände sind mit Holz verkleidet. So strahlt die ganze Kirche eine warme Atmosphäre aus. Der Goslarer Bildhauer Hans Seegebarth schuf den Altar. An der byzantinischen Kunst orientieren sich die Malereien. Das von den Symbolen der Evangelisten umrahmte Gotteslamm ist über dem Altar zu sehen.

i

Prof.-Mohrmann-Weg 1, 38644 Hahnenklee-Bockswiese
Tel.: 05325/2378 (Ev.-Luth. Pfarramt)
Internet: www.stabkirche.de

Altarraum

»Schwedische« Kapelle in Ralswiek – Von Stockholm nach Rügen

Ralswiek, eines der historisch bedeutsamsten Dörfer auf Deutschlands größter Insel Rügen, liegt versteckt hinter bewaldeten Hügeln am südlichen Ufer des Großen Jasmunder Boddens. Die hier ansässigen Ranen, ein westslawischer Stamm, unternahmen von Ralswiek aus mit ihren seetüchtigen Schiffen ausgedehnte Handelsreisen über die Ostsee. Wie archäologische Funde belegen, war Ralswiek bereits im frühen Mittelalter ein wirtschaftliches Zentrum der Insel. So wurden persische und arabische Münzen, Specksteinschalen aus Norwegen, Gefäße aus Schweden und sogar vier Boote entdeckt. Heute kommen jedes Jahr zahlreiche Besucher nach Ralswiek, um Aufführungen der seit 1993 auf der Naturbühne veranstalteten Störtebeker-Festspiele zu erleben.

Nach der dänischen Eroberung Rügens im Jahr 1168 und der damit ver-

Propstei

Die Liebe höret

Schloss Ralswiek

bundenen Christianisierung wurde Ralswiek Stützpunkt des Bistums Roskilde und kirchliches Verwaltungszentrum der Insel. Allerdings ist Ralswiek niemals Kirchdorf gewesen. Für die wenigen Fischer und Bauern wurde Gottesdienst im Gebäude der Propstei gehalten.

Die kleine, am Ortsausgang zwischen Bäumen stehende Holzkapelle erhielt Ralswiek im Jahr 1907 als Geschenk von Hugo Sholto Oskar Georg Graf von Douglas (1837–1912). Seine Vorfahren waren 1772 aus Schottland nach Aschersleben gekommen und als Prediger der kleinen und armen reformierten Gemeinde tätig. Da das Geld nicht ausreichte, waren sie nebenher als Bauern tätig. Wilhelm Douglas, Hugos Großvater, entdeckte bei Aschersleben Braunkohlevorkommen und eröffnete eine Grube. Sein Sohn Gustav (1798–1877) schaffte den Aufstieg zum Bürgermeister und Abgeordneten des Kreistages. Hugo Douglas schließlich eröffnete neue Braunkohlen- und auch Kaligruben, vergrößerte den Wohlstand der Familie und zog in das preußische Abgeordnetenhaus ein. Im Jahr 1888 wurde er in den Grafenstand erhoben. Graf Douglas erwarb 1891 das Gut Ralswiek und ließ sich 1893/94 ein Herrenhaus im Stil der französischen Loireschlösser erbauen. Durch den Bau einer Schule, mehrerer Häuser und von Straßen förderte er die Entwicklung Ralswieks und dachte auch an die Errichtung einer Kirche. Als er 1907 in Stockholm weilte, sah er auf einer Ausstellung eine als Muster ausgestellte kleine Holzkapelle. Douglas kaufte die Kapelle, ließ sie abbauen und nach Ralswiek transportieren. Noch im gleichen Jahr wurde die Kirche wiederaufgerichtet und eingeweiht.

Das Äußere der Kapelle mit Dachreiter und weiß abgesetzten Balken ist in typischem Schwedenrot gehalten und erinnert so an die fast zwei Jahrhunderte (1648–1815), in denen Rügen und Vorpommern zur schwedischen Krone gehörten. Links und rechts des kleinen, etwas vorgesetzten Portals kann man die Inschrift »Die Liebe höret nimmer auf« (1 Kor 13,8) lesen. Über dem einfachen Altartisch zeigt ein an byzantinische Ikonen erinnerndes großes Wandbild die Kreuzigung Jesu. Vier Engel umschweben die Querbalken des Kreuzes. Einige Frauen und Johannes beobachten das Geschehen, Maria scheint in Ohnmacht zu fallen. Zwei Männer knien anbetend zu Füßen des Gekreuzigten.

i

18528 Ralswiek
Tel.: 038309/136 (Ev. Pfarramt Schaprode),
Internet: www.kirche-mv.de/Schaprode.22287.0.html

Kapelle St. Anna in Rohrmoos – Die älteste Holzkapelle des Alpenraums

Rohrmoos ist ein kleiner Weiler im westlichen Teil des bayerischen Landkreises Oberallgäu. Heute gehört Rohrmoos zum bekannten, knapp 12 Kilometer entfernten Kurort Oberstdorf. Etwa in der Mitte des Starzlachtales liegt die Ansiedlung in einer Höhe von 1070 Metern. Man erreicht Rohrmoos vom Oberstdorfer Ortsteil Tiefenbach über eine mautpflichtige Straße, die gerne von Fahrradtouristen genutzt wird.

Reichserbtruchsess Jakob von Waldburg-Wolfegg († 1589) ließ in Rohrmoos 1586 die kleine, der hl. Anna geweihte Holzkapelle erbauen. Ein Jahr später erfolgte die Ausmalung des Kirchleins. Die Kapelle gilt als älteste bis heute erhaltene Holzkapelle im Alpenraum.

Mit ihrer vollständig erhaltenen Bemalung zählt die Rohrmooser Kapelle zu den Kleinoden der Sakralbaukunst in Bayern. Das in gestrickter Blockbauweise errichtete Gotteshaus steht auf einem Bruchsteinsockel. Mit Brettern verschalt ist das schlichte Äußere. Eine kleine Glocke im Dachreiter ruft zu Gottesdiensten, Taufen und Trauungen.

Wirkt die kleine Kirche von außen bescheiden, so überrascht den Besucher eine reiche Innenausstattung. Das Bildprogramm an den Wänden der mit einer Brettertonne eingewölbten Kapelle umfasst Szenen aus dem Marienleben (Geburt, Verkündigung, Heimsuchung, Krönung), Darstellungen der Apostel mit gerollten Schriftbändern und das eindrucksvolle

Flügelaltar

Jüngste Gericht an der Westwand. Zu sehen sind die Scheidung der Seligen von den Verdammten, Christus als Weltenrichter, Engel mit Heiligen und Georg mit dem Drachen. Vorbild des Wandgemäldes war ein niederländischer Kupferstich. Das Wappen des Stifters der Kapelle schmückt den Chorbogen. Aus dem Jahr 1568 stammt der Flügelaltar, der somit 20 Jahre älter ist als die Kapelle. Seine Bilder zeigen links die Anbetung der Hirten, in der Mitte die Kreuzigung Jesu mit einer Darstellung Jerusalems vor hohen Bergen im Hintergrund und rechts die Anbetung der Könige. Die Altarbilder orientieren sich an damals schon gedruckt vorliegenden Holzschnitten Albrecht Dürers (1471–1528). Unbekannt bleibt bis heute der Name des Künstlers.

Wer genau hinsieht, kann auf dem linken Flügel des Altargemäldes eine Besonderheit entdecken. Im Hintergrund des Bildes mit der Anbetung der Hirten steht ein Mann. Neben der mit knappen, schwarzen Pinselstrichen gemalten Gestalt weidet eine Schafherde. Offensichtlich handelt es sich um einen Hirten. Mit seinen Händen um-

Weltgericht

fasst er ein langes, rohrenförmiges Instrument. Das Instrument endet mit dem für Blasinstrumente typischen Schallbecher. Diese unscheinbare Darstellung gilt als erste nachweisliche Abbildung eines Alphornbläsers.

Bis heute hat sich die Kirche im Originalzustand erhalten. So gibt es keine Steckdosen, keinen Strom und auch keine Heizung. Kirchenmaler Kaspar Schleibner restaurierte die Malereien im Jahre 1901 äußerst behutsam. Eine letzte Instandsetzung der Kapelle erfolgte 1987.

i

87561 Rohrmoos
Tel.: 08322/977550 (Kath. Pfarramt Oberstdorf)
Internet: www.katholische-kirche-oberstdorf.de

Anbetung der Hirten mit Alphornbläser

Musikalische Rekorde – Orgeln und Kirchenmusik

Bach, Thomaskirche und Thomaner in Leipzig

Hofkirche St. Leodegar in Luzern

Dom St. Stephan in Passau

Silbermannorgeln in Rötha

Stiftskirche Notre-Dame-de-Valère in Sion

Leipzig – Johann Sebastian Bach, Thomaskirche und Thomaner

Johann Sebastian Bach

Johann Sebastian Bach (1685–1750), einer der bedeutendsten deutschen Komponisten geistlicher Musik, wirkte von 1723 bis zu seinem Tod als Thomaskantor in Leipzig. Das im Jahre 2010 neugestaltete Bach-Museum präsentiert auf 750 Quadratmetern Fläche das Leben und Wirken Bachs und seiner Familie in einer interaktiven und multimedialen Ausstellung. Zu den Höhepunkten des Rundgangs zählt die Schatzkammer, in der originale Handschriften Bachs und andere Kostbarkeiten gezeigt werden. Einzigartige Ausstellungsstücke sind der Spieltisch der Leipziger Johanniskirchenorgel, die Bach 1743 selbst geprüft hat, ein Kästchen mit Überbleibseln aus dem Bach-Grab oder eine Geldkassette aus dem Besitz der Familie.

Bachdenkmal

Bereits seit 1904 fanden in Leipzig Festivals zu Ehren von Johann Sebastian Bach statt. Bei den seit 1999 jährlich veranstalteten Bachfesten stehen die geistlichen Werke Bachs im Mittelpunkt. Zu den etwa 100 Konzerten kommen mehr als 50.000 Besucher aus aller Welt nach Leipzig, um Bachs Kompositionen an seinen authentischen Wirkungsstätten zu erleben.

Thomaskirche

Bach und dem Thomanerchor verdankt die Leipziger Thomaskirche ihre weltweite Berühmtheit. Markgraf Dietrich von Meißen (1162–1221) gründete 1212 an St. Thomas ein Augustiner-Chorherren-Stift. Der zunächst errichtete Chorraum hat sich im Ostteil des Gotteshauses erhalten.

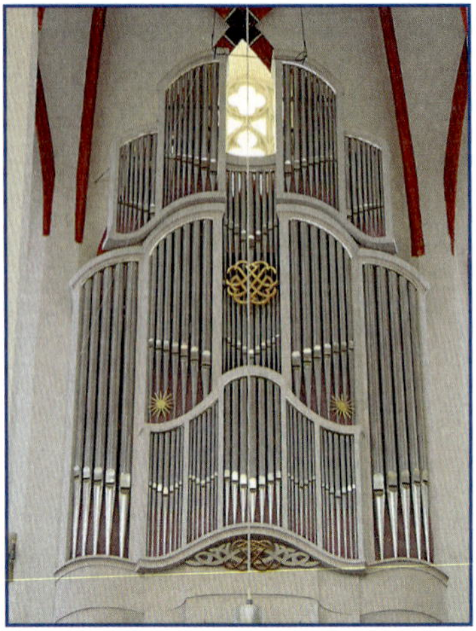

Woehl-Orgel

Das Innere der in spätgotischen Formen errichteten dreischiffigen Hallenkirche erhielt zwischen 1482 und 1496 seine heutige Gestalt, während das Äußere auf die Jahre 1872 bis 1879 zurückgeht. Im Altarraum, unter einer Bronzeplatte aus dem Jahr 1950, liegen die Gebeine Bachs. Hier fand 1993 auch der spätgotische Flügelaltar der 1968 auf Veranlassung Walter Ulbrichts (1893–1973) gesprengten Pauliner-Universitätskirche einen neuen Platz. Nach Fertigstellung des Neubaus der Universitätskirche am Augustusplatz soll der Altar dort aufgestellt werden.

Die Thomaskirche verfügt über zwei Orgeln. Im Bach-Jahr 2000 entstand die neue Bach-Orgel auf der Nordempore, gegenüber dem Bach-Fenster. Sie dient der Wiedergabe der Orgelwerke Bachs und wurde von der Marburger Orgelwerkstatt Woehl erbaut. Der Klang des Werkes (61 Register, 4 Manuale) orientiert sich am mitteldeutschen Orgelbau des 18. Jahrhunderts.

Thomanerchor

Mit dem Thomanerchor hat Leipzig einen der ältesten und bedeutendsten Knabenchöre dei Welt vorzuweisen. Zweifellos gehörte zu dem 1212 gegründeten Stift der Augustiner-Chorherren schon bald eine Schule. Ein kleiner Teil der Schüler bildete einen Chor. Seine Aufgabe war es, den Gesang der Chorherren zu bereichern und bei besonderen Ereignissen, etwa Prozessionen, mitzuwirken.

Seit der Reformation sind die Aufgaben des Thomanerchores im Wesentlichen ähnlich geblieben. An Sonn- und Feiertagen singen die Thomaner im Gottesdienst der Thomaskirche. Motetten, Kantaten und weitere geistliche Chorwerke Bachs, aber auch anderer Komponisten, erklingen hier in engem Bezug zu Kirchenjahr und Predigt.

Thomanerchor

Herauszuheben sind vor allem die Aufführungen des Weihnachtsoratoriums und der verschiedenen Passionen Bachs. Die Motette am Sonnabend, ein musikalisch reich ausgestalteter Vespergottesdienst, besteht in ihrer heutigen Form seit 1811. Konzertreisen unternimmt der Chor seit 1920.

i

Thomaskirchhof 15/16 (Bach-Museum; die Thomaskirche liegt gegenüber), 04109 Leipzig
Tel.: 0341/9137202 (Bach-Museum); 0341/9137300 (Informationen Bachfest); 0341/22224100 (Ev.-Luth. Kirchgemeinde);
Internet: www.bach-leipzig.de; www.thomaskirche.org; www.leipzig-online.de/thomanerchor

Bachfenster

Hofkirche St. Leodegar in Luzern – Die größte, älteste und schwerste Orgelpfeife der Welt

St. Leodegar in Luzern hält den Weltrekord in dieser Kombination. Genau in der Mitte des Prospekts und direkt über dem Spieltisch platzierte Johann Geisler aus Salzburg die über 10 Meter lange Pfeife. Der Koloss wiegt 383 Kilogramm und erreicht einen Durchmesser von 57 Zentimetern. Weitere vier Pfeifen des offenen 32′-Prinzipals umgeben den Rekordhalter. Das flankierende Hauptwerk verschwindet fast neben den fünf Riesenpfeifen.

Johann Geisler baute diese Pfeifen im Jahr 1650 als Teil der heute 5 Manuale, 84 Register und 5945 Pfeifen umfassenden Orgel. Aus dem 17. Jahrhundert stammen 18 Register. Im 19. Jahrhundert kamen beim Umbau durch Friedrich Haas 35, und schließlich durch die Schweizer Orgelbau Kuhn AG 1977 noch einmal 28 und 2001 letztlich 3 weitere Register hinzu. Seit 2010 erfolgt der Einbau eines Echowerks im Chor mit älteren, zwischenzeitlich ausgebauten Pfeifen und einem zweiten, transportablen Spieltisch. Nach Abschluss der Arbeiten soll die Luzerner Hofkirchenorgel 103 Register besitzen. Im Fernwerk der Orgel befindet sich die weltweit einzige bekannte Regenmaschine: In einer Blech-Holztrommel sorgen Metallkugeln für das täuschend echte Geräusch eines Regenschauers.

Regenmaschine

An der vielfach umgebauten und erweiterten Orgel erklingen sowohl barocke wie romantische Kompositionen in Vollendung. Selten gelang im Orgelbau eine solch vollkommene Synthese. Schon der amerikanische Schriftsteller Mark Twain (1835–1910) gehörte im Jahr 1878 zu den

Besuchern der Orgelkonzerte: »Die Hofkirche ist wegen ihrer Orgelkonzerte berühmt. Den ganzen Sommer lang strömen die Touristen gegen sechs Uhr abends in diese Kirche, bezahlen ihren Franken und lauschen dem Lärm. Sie bleiben nicht, um alles zu hören, sondern stehen auf und trampeln über den hallenden Steinfußboden hinaus, wobei sie Zuspätkommenden begegnen, die geräuschvoll hereinpoltern. […] Unterdessen tost und kracht und donnert die Große Orgel dahin und tut, was sie nur kann, um zu beweisen, dass sie die größte und lauteste Orgel Europas ist, und dass eine kleine enge Kiste von Kirche der günstigste Ort ist, um ihre Gewalt abschätzen und würdigen zu können. Es ist wahr, dass gelegentlich leise und barmherzige Stellen vorkamen, aber das Trapptrapp der Touristen gestattete nur dann und wann gewissermaßen einen flüchtigen Blick davon zu erhaschen. Dann ließ der Organist gleich wieder eine neue Lawine los.«

Als »kleine enge Kiste« kann man die Stifts- und Hofkirche St. Leodegar, die wichtigste Kirche der knapp 80.000 Einwohner zählenden Schweizer Kantonshauptstadt Luzern und eines ihrer bedeutendsten Baudenkmäler, wirklich nicht bezeichnen. Die 1644 geweihte Pfeilerbasilika ist eine der wenigen großen Spätrenaissancekirchen nördlich der Alpen. Von Niklaus Geisler (1585–um 1665) aus Schweinfurt stammt die stilistisch einheitliche Innenausstattung. Besonders sehenswert sind der Mariä-End-Altar (Relieftafel um 1500) und der Seelaltar. Das Chorgitter ist das früheste Beispiel eines perspektivischen Gitters. Der Stiftsschatz zählt zu den kunsthistorisch wertvollsten Sammlungen in der Schweiz.

Der romanische Vorgängerbau, Klosterkirche eines im 8. Jahrhundert gegründeten Benediktinerklosters, brannte 1633 nieder. Unter Einbeziehung der vom Feuer verschonten spätgotischen Westtürme wurde daraufhin die Hofkirche errichtet. Sie gehört zu den wenigen in der Zeit des Dreißigjährigen Krieges errichteten Kirchen.

i

Sankt-Leodegar-Str., CH-6006 Luzern
Tel.: +41(0)41/4182020 (Kath. Pfarramt)
Internet: www.kathluzern.ch/de/werwowasmain/bezirke/bezirkstleo; www.hofkirche.ch

Dom St. Stephan in Passau – Die größte Kirchenorgel der Welt

Passau entstand auf einer Landzunge am Zusammenfluss von Inn, Donau und Ilz. Schon die Römer legten hier um 270 n. Chr. ein Kastell an. Bonifatius (672/73–754/55) machte die Stadt im Jahre 739 zum Bischofssitz. Damals galt Passau als »Vorwerk Roms gegen Byzanz«. Nach dem Sieg Ottos I. (912–973) über die Ungarn wurde das Bistum die größte Diözese des Heiligen Römischen Reiches. Mit der Aufhebung des Fürstbistums kam Passau im Jahre 1803 an Bayern.

Vom gotischen Dom, der wie ein Teil der Stadt 1662 einer Brandkatastrophe zum Opfer gefallen war, blieben der Ostchor und das Querhaus in Formen reicher Spätgotik erhalten. Der aus dem Tessin stammende Architekt Carlo Lurago (1615–1684) baute den Westteil der Kathedrale in Formen des italienischen Barock von 1668 bis 1678 neu auf. Die originell geschweifte Helmkuppel über der spätgotischen Vierung ist eine Zutat des 18. Jahrhunderts. Erst 1896 erfolgte die Bekrönung der beiden Westtürme mit den achteckigen Obergeschossen nach dem Vorbild des Salzburger Domes.

Das Innere hingegen wirkt wie aus einem Guss. Man weiß nicht, ob man sich in einer Kirche oder einem Ballsaal befindet. Besonders ins Auge fällt die übermäßige Verwendung von

Stuck in der Gesimszone. Mit einer außerordentlich reichen Vielfalt von Kapitellen, Gewölbestützen und Friesen bewiesen die Stuckateure Giovanni Battista Carlone (1640/42–1718/21) und Paolo d'Aglio (1655–1729) ihre schöpferische Phantasie.

Gänzlich barockisiert wurde der gotische Chor: Man teilte die großen Fenster, und anstelle der gotischen Rippen tragen Atlanten die neue Wölbung. Carlo Antonio Bussy (1658–1690) und Carpoforo Tencalla (1623–1685) malten die Kuppelräume mit Fresken aus. Die vor allem in Gold- und Blautönen gehaltenen Bilder thematisieren biblische Geschichten und Heiligenlegenden. Die wohl von einem Wiener Meister um 1725 geschnitzte Kanzel weist vor allem durch die Beschwingtheit der Figuren schon zum Rokoko hin. Im Chor überrascht ein moderner Hochaltar aus den Jahren 1952/53 mit einer vielfigurigen Plastik der Steinigung des hl. Stephanus.

Mit seinen fünf Orgeln besitzt der Passauer Dom die größte Kirchenorgel der Welt. Das 1978 bis 1980 und

1993 durch die Passauer Firma Eisenbarth unter Verwendung von Teilen der 1924 erbauten Steinmeyer-Orgel errichtete Instrument besteht aus fünf getrennten, selbstständigen Orgelwerken. Doch alle Orgelwerke – eine technische Glanzleistung – werden von einem Hauptspieltisch aus gemeinsam gespielt. Auf der Westempore steht die Hauptorgel in einem barocken Gehäuse, 1731/33 von Joseph Matthias Götz (1696–1760) erbaut. Auch auf der Westempore stehen die »Evangelienorgel« im nördlichen und die »Epistelorgel« im südlichen Seitenschiff, beide in Gehäusen aus dem Jahr 1715. Einen modernen Prospekt erhielt die Chororgel. Auf dem Dachboden über dem Langhaus steht die Fernorgel. Die Verbindung zum Kirchenraum stellt das »Heiliggeistloch« her. Insgesamt besteht die Passauer Domorgel aus 233 Registern und 17.774 Pfeifen. Während die größte Pfeife mehr als 10 Meter misst, erreicht die kleinste gerade einmal die Länge von 5,5 Millimetern. Hinzu kommen noch vier Glockenspiele mit 134 Glocken.

i

Domplatz, 94032 Passau
Tel.: (0851) 2372 (Kath. Dompfarramt)
Internet: www.bistum-passau.de/dom-st-stephan

Rötha – Zwei Silbermannorgeln in einer sächsischen Kleinstadt

Südlich von Leipzig, inmitten der von Braunkohletagebauen zerfurchten und langsam rekultivierten Landschaft, findet man in der sächsischen Kleinstadt Rötha gleich zwei Instrumente des berühmten Orgelbauers Gottfried Silbermann (1683–1753). Im Jahre 1718 schloss Kirchenpatron Christian August Freiherr von Friesen (1674–1737) mit dem damals bereits berühmten Silbermann einen Vertrag zum Bau einer neuen Orgel für die Stadtkirche St. Georgen. Das Werk erhielt 23 Register, verteilt auf 2 Manuale und Pedal. Thomaskantor Johann Kuhnau (1660–1722) aus Leipzig und Hoforganist Gottfried Ernst Bestell aus Altenburg prüften das Instrument und rühmten dessen vortreffliche Ausführung. Insgesamt enthält die Orgel 1365 Pfeifen aus »bestem geschlagenen Englischen Zinn, Metall und Holtz«. Silbermann erhielt für den Bau der Orgel 1000 Taler, daneben freie Kost und Logis für sich und seine Gesellen. Die Kosten für Material und Malerarbeiten des Orgelprospekts betrugen noch einmal 400 Taler. Diese damals stattliche Summe entspricht umgerechnet in etwa dem, was heute der Neubau einer Orgel kosten würde. Letztmalig 1980 von der Firma Eule aus Bautzen sehr behutsam und aufwendig restauriert, befindet sich das am 10. November 1721 eingeweihte Instrument heute in einem sehr guten Zustand. Die meisten Pfeifen blieben im Originalzustand erhalten.

Georgenkirche

Auf dem nicht weit von der Stadtkirche St. Georgen entfernten Friedhof

Orgel der Georgenkirche

Altarraum der Marienkirche

Gottfried Silbermann

Johann Gottfried Silbermann erlernte bei seinem Bruder Andreas (1678–1734) in Straßburg das Handwerk des Orgelbauens. Als Meister kehrte er 1710 in seine sächsische Heimat zurück. Zusammen mit seinem Bruder schuf er etwa 50 Orgeln, von denen 31 bis heute erhalten geblieben sind. Dazu zählen vier Orgeln in Freiberg, das Instrument der ehemaligen Hofkirche und heutigen Kathedrale St. Trinitatis in Dresden und kleinere Orgeln in Sachsen und Thüringen. Silbermann gilt als der bedeutendste sächsische Orgelbauer der Barockzeit.

am Rande des Zentrums der 4000 Einwohner zählenden Stadt Rötha steht die ursprünglich als Wallfahrtskirche errichtete Marienkirche. Von der nie zu Ende gebauten Kirche existiert nur der Chorraum. An seiner Größe kann man die geplanten Ausmaße der Kirche erahnen. Silbermann sollte die alte Orgel aus St. Georgen reparieren und in die Marienkirche versetzen. Doch er lehnte ab, da sich die mehrfach reparierte Orgel als mittlerweile unbrauchbar erwiesen hatte.

So erhielt Silbermann den Auftrag zum Bau einer zweiten Orgel in Rötha. Das einmanualige Werk mit 10 Registern und Tremulant wurde 1722 in Dienst genommen.

Um 1942 befand sich die Marienkirche in einem sehr schlechten baulichen Zustand. Damals lagerte man die Orgel aus. So stand das Instrument während des Bachfestes 1950 im Alten Rathaus in Leipzig und später in der Bachausstellung in Berlin. Nach der Reparatur des Kirchendachs kehrte die Orgel 1960 wieder in die Marienkirche zurück. Die im Jahre 2008 abgeschlossene grundlegende Restaurierung der Firma Orgelbau Ekkehart Groß, Waditz, unternahm den Versuch, dem Instrument wieder seine historische mitteltönige Temperatur zu geben. Nun befindet sich auch die zweite Röthaer Orgel in einem sehr guten Zustand. Oft erklingen beide Orgeln in Gottesdiensten und Konzerten.

i

Johann-Sebastian-Bach-Platz 11 (St. Georgen), Marienstraße (St. Marien), 04571 Rötha
Tel.: 034206/54109 (Ev.-Luth. Pfarramt)
Internet: www.orgelstrasse-ll.de; www.foerderverein-marienkirche.de

Marienkirche

Orgel der Marienkirche

Stiftskirche Notre-Dame-de-Valère in Sion – Die älteste spielbare Orgel der Welt

Um das Jahr 15 v. Chr. eroberten die Römer das bis dahin keltische Wallis. Sie legten die Siedlung Sedunum an, vermutlich gab es hier schon eine Ortschaft. Bereits um 381 ist ein Bischof von Sion bezeugt. Im 6. Jahrhundert wurde Sion zur politischen Hauptstadt des Wallis und blieb es bis heute. Seit dem Jahr 999 amtierte der Bischof auch als Landesherr. Sion, das den deutschen Namen »Sitten« trägt, war noch Mitte des 19. Jahrhunderts eine zweisprachige Stadt. Heute dominiert das Französische.

Auf einem der beiden die Stadt beherrschenden Burghügel erhebt sich die Festung Valeria mit der im 12. und 13. Jahrhundert errichteten Stiftskirche Notre-Dame-de-Valère. Bereits in keltischer Zeit angelegt, fanden Burg und

Kirche 1049 ihre erste urkundliche Erwähnung. Die Kirche und das befestigte Schloss dienten dem Domkapitel von Sion als Residenz. Seit einigen Jahren wird im Schloss die Ausstellung des Kantonalen Historischen Museums aufgebaut.

Um 1100 begann der Bau der Burgkirche im hochromanischen Stil. Den Glockenturm nutzte man gleichzeitig als Bergfried. Im Inneren der Kirche trennt ein Lettner das Schiff vom Chor und markiert die Grenze zwischen dem romanischen und dem gotischen Teil. Der romanische Chor wurde im gotischen Stil umgebaut und eingewölbt. In der Apsis blieben Wandmalereien des 15. Jahrhunderts erhalten, die Propheten, Apostel und Landesheilige zeigen. Sehenswert sind die skulptierten Kapitelle aus dem 12. Jahrhundert. Eine schöne Madonna mit Jesuskind aus dem frühen 15. Jahrhundert wird als Gnadenbild verehrt. Die aus Marmor geschaffene Statue, das wichtigste Ausstattungsstück der Kirche, steht auf dem Hochaltar. Im Südquerschiff befindet sich eine

reiche Sammlung byzantinischer und orientalischer Stoffe.
Die sich an der Westwand befindende Schwalbennestorgel aus dem 14. Jahrhundert gilt als älteste spielbare Orgel der Welt. Heute verfügt die kleine Orgel über 10 Register. Als Erbauungsjahr des Instruments vermutet man das Jahr 1435. Eine Untersuchung mit der Radiokohlenstoffmethode kam zur Möglichkeit dieses Ergebnisses. Damals erhielt das Gehäuse der Orgel seine Bemalung. Auf dem linken, ausklappbaren Flügel ist die mystische Vermählung der hl. Katharina von Alexandrien mit dem auf dem Schoß seiner Mutter Maria sitzenden Jesuskind zu sehen. Katharina ist die Patronin der Stadt und des Kantons. Der rechte Flügel zeigt den Auferstandenen, der von der durch ein Salbgefäß identifizierbaren Maria von Magdala

für den Gärtner gehalten wird.

Vermutlich befand sich die Orgel schon immer an ihrem jetzigen Standort. Mitsamt der Flügeltüren blieb das mit gotischem Maßwerk verzierte Gehäuse im Originalzustand erhalten. Von den 376 Pfeifen des Instruments stammen noch 180, also fast die Hälfte, aus der Erbauungszeit. Diese Pfeifen wurden aus Blei gegossen. Mit Zinn belegte man die Vorderseiten der im Orgelprospekt sichtbaren Pfeifen.

Zwischen 1686 und 1688 erweiterte Christoph Aebi das Instrument um vier Register zu einer Barockorgel. Immer wieder reparierte man die Orgel. Nach den letzten Arbeiten im Jahr 1827 verschlechterte sich ihr Zustand bis zur Unbespielbarkeit. Eine provisorische Instandsetzung erfolgte 1944, 1954 und nochmals 2004 restaurierte man die Orgel erneut. Heute erklingt das Instrument bei Gottesdiensten und gelegentlichen Konzerten.

Schwalbennestorgel

i

Château de Valere, CH-1950 Sion (VS)
Tel.: +41(0)27/3277727 (Tourist-Information)
Internet: www.cath-vs.ch/sous-sites/chapitre-sion/valeria.html

Kirchenbauten des 20. und 21. Jahrhunderts

»Hundertwasserkirche« in Bärnbach

Kaiser-Wilhelm-Gedächtniskirche in Berlin

Universitätskirche und neue Propsteikirche in Leipzig

Bruder-Klaus-Kapelle in Mechernich

Botta-Kirche in Mogno

Maria Königin des Friedens in Neviges

Volkenroda

St. Barbarakirche Bärnbach – Die »Hundertwasserkirche«

Die kleine Stadt Bärnbach im österreichischen Bundesland Steiermark zählt nur etwas mehr als 5000 Einwohner. Glasproduktion und Kohlebergbau verhalfen Bärnbach in der zweiten Hälfte des 20. Jahrhunderts zu einem starken Bevölkerungswachstum und schließlich 1977 zur Stadterhebung.

Überregionale Bekanntheit erlangte Bärnbach jedoch durch die sogenannte »Hundertwasserkirche«. Pfarrer Monsignore Friedrich Zeck (1933–2012) konnte den berühmten Architekten Friedensreich Hundertwasser (1928–2000) für die Neugestaltung der zwischen 1948 und 1950 von Karl Lebwohl in einem nüchternen und strengen Stil erbauten Stadtpfarrkirche St. Barbara gewinnen. Hundertwasser stellte allerdings die Bedingung, dass auch das Umfeld der Kirche in diese Umgestaltung mit einbezogen werden sollte. So umgeben heute 12 Tore das Gotteshaus. Sie stehen für die großen Religionen und Kulturen, für Toleranz, Ökumene und Gemeinsamkeit.

Fassadendekoration

Vor allem das Äußere des fröhlich und bunt wirkenden Bärnbacher Gotteshauses – der Turm mit seiner goldenen Zwiebel, das bunt gestaltete Ziegeldach, farbige Putzflächen und kunstvolle Keramikmosaiken an den Fassaden – tragen Hundertwassers Handschrift. Mit rundlichen Gliederungen an den Eckpunkten der Kirche durchbrach er den bisherigen, schmucklosen Stil: »Eine Kirche muss schön sein, man muss sich in ihr geborgen fühlen, und es soll in ihr eine Atmosphäre herrschen, in der man eine Brücke zur Natur, zur Schöpfung und zu Gott findet.«

Einheimische Künstler gestalteten den Innenraum in nach wie vor klaren Linien und Strukturen. Franz Weiss fertigte die Entwürfe der Glasfenster, und auf Kurt Zisler geht ein Fensterzyklus

Friedensreich Hundertwasser schuf auch das Fenster mit dem Spiralmotiv

Eines der 12 Tore, die die St. Barbara-Kirche umgeben, steht für das Judentum

Friedensreich Hundertwasser

Der österreichische Künstler Friedensreich Hundertwasser wurde 1928 in Wien mit dem bürgerlichen Namen Friedrich Stowasser geboren. Der Vater starb kurz nach seinem ersten Geburtstag, seine Mutter Elsa zog ihn alleine groß. Obwohl sie Jüdin war, ließ sie ihren Sohn 1935 katholisch taufen. Er besuchte die Montessori-Schule. Dort erkannten die Lehrer schon früh sein außergewöhnliches Talent. Ein nach dem Abschluss der Schule begonnenes Studium an der Wiener Akademie der bildenden Künste schloss er nicht ab. Bereits damals

nahm er den Künstlernamen »Hundertwasser« an: Hundert heißt im Russischen »Sto«. Friedensreich Hundertwasser arbeitete mit Architekten zusammen und bezeichnete sich selbst als »Architekturdoktor«. Sein Anliegen war es, den Rationalismus und die Funktionalität in der Architektur aufzubrechen zugunsten eines individuellen, naturverbundenen Bauens. Hundertwasser malte aber auch, zeichnete Entwürfe für Briefmarken und schuf Einbände von Büchern. Für eine Bibelausgabe (1995) fertigte er eigens 80 ganzseitige Bilder an, darunter 30 Collagen. Friedensreich Hundertwasser starb im Jahr 2000 und wurde auf seinem Grundstück in Neuseeland begraben.

zum »Vaterunser« zurück. Hundertwasser selbst schuf für das Kircheninnere den Strahlenkranz hinter dem Altar, den Boden des Presbyteriums und die Spirale des Fensters hinter dem Taufbecken. Im September 1988 fand die Einweihung der umgestalteten Pfarrkirche statt.

i

Piberstraße 15, A-8572 Bärnbach
Tel.: +43 (0) 3142/62581 (Kath. Pfarramt)
Internet: www.baernbach.at/cms/beitrag/10000464/207316/Die_Stadtpfarrkirche_Sankt_Barbara.html

Kaiser-Wilhelm-Gedächtniskirche in Berlin – Ruine und Neubau

Kirche und Glockenturm der Berliner Kaiser-Wilhelm-Gedächtnis-Kirche – eingeweiht am 17. Dezember 1961 durch Landesbischof Otto Dibelius (1880–1967) – sowie Kapelle und Foyer entstanden nach Plänen von Prof. Dr. Egon Eiermann (1904–1970). Eiermann hatte den 1956 ausgeschriebenen Architekturwettbewerb für einen Neubau der kriegszerstörten Kirche gewonnen. Er sah den Abriss der Kirchenruine vor. Eine heftig geführte Debatte hatte zur Folge, dass die Turmruine schließlich als Mahnmal stehen blieb.

Das Ensemble von Kirche, Glockenturm, Kapelle und Foyer nimmt die Turmruine der alten Kirche schützend in ihre Mitte. Als Baustoffe kamen Beton, Stahl und Glas zur Anwendung. In das stählerne Gitterwerk der Kirche wurden nahezu quadratische Betonwaben eingefügt. Ein 3 Meter breiter Hohlraum zwischen Außen- und Innenwand sorgt für erstaunliche Stille inmitten der lauten Großstadt. Oberhalb des Gebäudesockels sind diese Wabenfelder ausgefüllt mit farbigem Glas in blauen, rubinroten, smaragdgrünen und gelben Tönen. Die Farbkompositionen hat der Glaskünstler Gabriel Loire (1904–1996) aus Chartres gestaltet.

Über dem Altartisch der Kirche schwebt Christus. Die Figur, eine Treibarbeit aus Tombak (eine Messingart mit erhöhtem Kupfergehalt), schuf der Bildhauer Karl Hemmeter (1904–1986). Sie misst in der Länge 4,60 Meter und wiegt annähernd 6 Zentner. Ursprünglich hatte Eiermann für die Wand über dem Altar ein filigranes, lichtdurchströmtes Kreuz entworfen. Er war der Auffassung, dass moderne evangelische Christen nicht unbedingt eines Abbildes des Gekreu-

Altarraum

zigten bedürfen. Bischof Dibelius war vom genauen Gegenteil überzeugt und stiftete einen Christus am Kreuz. Eiermann war zutiefst empört. Bei einem persönlichen Gespräch mit Hemmeter erreichte er, dass dieser seinen Entwurf überarbeitete. Insbesondere entfiel nun das Kreuz hinter der Figur. Die großformatige Skulptur ist so gestaltet, dass der vertikal gebildete Leib und die horizontal ausgebreiteten Arme die Kreuzigungsthematik andeuten; zugleich verweist ihr scheinbares Schweben auf die Auferstehung Christi.

Peter Tauchnitz schuf aus vergoldetem Silber das mit Bergkristallen besetzte Altarkreuz. Die hinter dem Altar stehenden 12 Leuchter können sowohl die 12 Stämme Israels, die 12 Jünger Jesu als auch die 12 Tore des himmlischen Jerusalems symbolisieren.

An die Opfer von Nationalsozialismus und Krieg erinnern eine Bronzetafel für die zwischen 1933 und 1945 ums Leben gekommenen evangelischen Glaubenszeugen, die bekannte »Madonna von Stalingrad« (Kohlezeichnung von Kurt Reuber, 1942) und eine Marienikone aus Wolgograd. Die aus Holz geschnitzte Ikone überreichte Erzbischof Pimen der Gemeinde im Jahr 1989 als Zeichen der Aussöhnung zwischen russischen und deutschen Christen.

Heute dient die alte Eingangshalle in der Turmruine als Gedenkhalle. Erhalten haben sich die prächtigen Mosaiken, die Christus als Pantokrator und eine Prozession der Hohenzollern zeigen. Auch hier erinnern das Nagelkreuz von Coventry, ein russisches Ikonenkreuz und die beschädigte Christusfigur vom Altar der alten Kirche an die Leiden und Schrecken des Krieges.

i

Breitscheidplatz, 10789 Berlin
Tel.: 030/2185023 (Ev. Pfarramt)
Internet: www.gedaechtniskirche-berlin.de

Turmruine

Christus als Gekreuzigter und Auferstandener

Universitätskirche und neue Propsteikirche in Leipzig – Kirchen des 21. Jahrhunderts

Universitätskirche St. Pauli

Am 30. Mai 1968 ließen die Machthaber der DDR, allen voran der in Leipzig geborene Walter Ulbricht (1893–1973), die Universitätskirche St. Pauli sprengen. Im Zweiten Weltkrieg hatte die Kirche nur leichte Schäden davongetragen. Doch in den 1960er Jahren stand sie der sozialistischen Neugestaltung von Stadt und Universität im Weg, mit den kriegszerstörten Gebäuden der Universität musste auch die Kirche weichen.

Ende der 1990er Jahre begann die Diskussion um eine Neugestaltung des Areals. Die Universitätsleitung wollte eine Aula errichten lassen, der Paulinerverein eine möglichst originalgetreue Rekonstruktion des Gotteshauses. Der Freistaat Sachsen genehmigte im Jahr 2004 einen Bauentwurf des Rotterdamer Architekten Erik van Egeraat, der ein modernes, äußerlich an die Kirche erinnerndes Gebäude vorsah. Bis heute heftig umstritten sind die Namensgebung (Universitäts-

Altes Universitätshochhaus und Neubau der Universitätsgebäude (rechts), im Zentrum die Paulinerkirche

Paulinerkirche

Die Gemeinde auf dem Bauplatz der neuen Propskikirche

kirche St. Pauli oder Paulinum), der Einbau einer den etwa 200 Sitzplätze umfassenden Andachtsraum vom Kirchenschiff abtrennenden Glaswand und die Aufstellung der aus dem Jahre 1521 stammenden Kanzel. Ende 2014 sollen die Bauarbeiten mit fünf Jahren Verspätung abgeschlossen sein.

Die Paulinerkirche wurde 1240 als Dominikanerklosterkirche geweiht. Nach der Reformation erhielt die Universität das Kloster. Luther weihte 1545 die Klosterkirche als evangelische Universitätskirche, die bis zur Zerstörung sowohl als Gottesdienstraum als auch als Aula diente.

Propsteikirche St. Trinitatis

Gleichzeitig mit der neuen Universitätskirche entsteht in Leipzig noch ein zweiter Kirchenneubau. Mitten im Zentrum der Stadt, dem Neuen Rathaus direkt gegenüberliegend, erfolgte im August 2011 der erste Spatenstich. Im Sommer 2014 soll das neue Gotteshaus der Propsteigemeinde eingeweiht werden. Damit kehren Leipzigs Katholiken zurück in die Mitte der Stadt, wo alles begann.

Nach der Einführung der Reformation 1539 erlosch das katholische Gemeindeleben in Leipzig. Erst ab 1697, dem Jahr der Konversion des sächsischen Kurfürsten August des Starken (1670–1733), durften in Privatwohnungen wieder katholische Messen stattfinden. Der Kurfürst stellte 1710 die ehemalige Hofstube der Pleißenburg, an gleicher Stelle steht heute das Neue Rathaus, für öffentliche Gottesdienste zur Verfügung. Erst 1847 konnte eine erste katholische Kirche in Leipzig geweiht werden. Bei einem schweren Bombenangriff am 4. Dezember 1943 sank diese alte Propsteikirche in Trümmer.

Nach 1945 wuchsen die katholischen Gemeinden der Stadt durch die aus den deutschen Ostgebieten Vertriebenen stark an. Doch die neuen Machthaber ließen auf dem repräsentativ im Zentrum gelegenen Kirchengrundstück keinen Neubau zu. Erst zwischen 1979 und 1982 konnte auf einem abseits der Stadtmitte gelegenen Grundstück eine neue Kirche errichtet werden. Bald jedoch stellten sich Schäden ein. Eine Sanierung der auf sumpfigem Gelände erbauten Kirche erwies sich als schwierig und teuer. So fasste die Gemeinde den Entschluss zum Bau einer neuen Kirche.

Nach einem Architektenwettbewerb fiel die Entscheidung zugunsten eines Entwurfs des Leipziger Büros Schulz & Schulz Architekten. Kirche und Turm des Neubaus betonen die Eckpunkte des Baugrundstücks. Einheitlich und zurückhaltend soll die Fassadengestaltung mit Rochlitzer Porphyr ausfallen. Die Innenausstattung, auch hier wurde ein internationaler Wettbewerb ausgeschrieben, wird Jorge Pardo aus Los Angeles anfertigen. Falk Haberkorn aus Leipzig wird die Fenster gestalten. Auf der 22 Meter langen und 3 Meter hohen Fensterfläche soll in übereinander liegenden Schichten der gesamte Text der Bibel lesbar sein. Etwa 15 Millionen Euro wird der Neubau für die wachsende, über 4000 Mitglieder zählende Gemeinde kosten. Den Hauptteil übernimmt das Bistum Dresden-Meißen.

Der Entwurf der neuen Propskikirche

i

Augustusplatz (Universitätskirche St. Pauli), Roßplatz/Wilhelm-Leuschner-Platz (Neubau Propsteikirche), 04109 Leipzig
Tel.: 0341/9839976 (Paulinerverein Leipzig); 0341/9800635 (Kath. Propsteipfarramt)
Internet: www.paulinerverein.de; www.stiftung-universitaetskirche.de; www.propstei-leipzig.de

Bruder-Klaus-Kapelle in Mechernich – Einsiedelei im Dinkelfeld

Unwirklich erhebt sich zehn Minuten südwestlich des in der Eifel gelegenen Mechernicher Ortsteils Wachendorf auf einem Hügel eine Kapelle. Als solche ist sie zunächst nicht zu erkennen. Zwölf Meter ragt sie als Betonblock aus einem Dinkelfeld in die Höhe. Wanderer hielten das Bauwerk schon für ein Silo oder einen Wehrturm.

Die Felder ringsum gehören Hermann-Josef Scheidtweiler und seiner Frau Trudel, Bauern aus Wachendorf. Am Ende eines Sonntagsspaziergangs unterbreitete er seiner Frau die Idee,

auf eigenem Grund und Boden eine Kapelle zu errichten: Zum Lob Gottes und aus Dankbarkeit für ein gutes Leben. Patron der Kapelle sollte Nikolaus von Flüe (1417–1487) werden. Der »Bruder Klaus« genannte Einsiedler, Mystiker und Friedensstifter aus der Schweiz ist auch Schutzpatron der Katholischen Landjugendbewegung. Hermann-Josef Scheidtweiler war in der Landjugendbewegung groß geworden und viele Jahre ehrenamtlich tätig gewesen.

Als Architekten für die Kapelle konnte der 1943 in Basel geborene Peter Zumthor gewonnen werden. Der gelernte Möbelschreiner studierte in Basel und New York Architektur und Design. Lange war er als Denkmalpfleger im Kanton Graubünden tätig. Seit 1979 arbeitet er als Architekt. Besonderen Wert legt er auf die Auswahl der zu verwendenden Baumaterialien. Er schuf u. a. die Benediktskapelle in Sumvitg in der Schweiz (1989), das Kunsthaus Bregenz (1997) und das Kolumba-Kunstmuseum des Erzbistums Köln (2007). Für die Bruder-

Klaus-Kapelle in Mechernich verzichtete Zumthor sogar auf sein Honorar, da der Schweizer Einsiedler ein Lieblingsheiliger seiner Mutter war.

Durch eine dreieckige Chromstahltür betritt man die fensterlose Kapelle. Lässt das blockhafte Äußere des auf fünfeckigem Grundriss errichteten Baues noch an eine trutzige Gottesburg denken, weckt das Innere völlig andere Assoziationen. Man meint, in einer dunklen Höhle zu sein. Vielleicht wollte Peter Zumthor damit an die im Wald gelegene Einsiedelei des hl. Nikolaus von Flüe erinnern. Wie ein Zelt verjüngt sich die Kapelle nach oben. Eine kleine Öffnung lässt den Blick zum Himmel frei, aber auch Regen oder Schnee einfallen.

Durch zwei unterschiedliche Schalungsmethoden erreichte der Architekt die Gegensätzlichkeit zwischen dem Äußeren und dem Innenraum der Kapelle. Stampfbeton – Zement mit Sand und groben Kieseln aus der Voreifel – wurde für den Außenbau konventionell in horizontalen Schichten geschalt. Dementgegen ist das Innere das Ergebnis der fast vertikalen Schalung aus 120 Fichtenstämmen. Ein 14

Tage schwelendes Feuer in der Kapelle führte schließlich zur Ablösung der Baumstämme vom Beton, mit dem sie sich völlig verbunden hatten. Zurück blieben nur die Abdrücke der Baumstämme im dunkel glänzenden Beton. Die entstandenen kleinen Öffnungen verschloss man mit mundgeblasenen Glastropfen, in denen sich die von oben einfallenden Lichtstrahlen brechen. Einen Altar besitzt die Kapelle nicht. Ein Radzeichen aus Messingguss, Meditationszeichen von Bruder Klaus, befindet sich an der Wand. Der Schweizer Bildhauer Hans Josephsohn gestaltete eine kleine Stele mit einer Halbfigur des Heiligen. Ein Kerzenständer und eine schmale Sitzbank vervollständigen die karge Ausstattung.

Die Bruder-Klaus-Kapelle ist täglich außer montags zugänglich, in der Sommerzeit von 10 bis 17 Uhr und in der Winterzeit von 10 bis 16 Uhr.

i

Iversheimmer Str., 53894 Mechernich-Wachendorf (Besucherparkplatz)
Internet: www.feldkapelle.de

Chiesa di San Giovanni Battista in Mogno – Wiederbelebung eines Bergdorfes

Eine Lawine zerstörte am 25. April 1986 zusammen mit einigen Häusern auch die alte, 1629 erbaute Kirche des kleinen Dorfes Mogno im Tessin. Der Schweizer Stararchitekt Mario Botta, der als Meister der Präzision gilt, entwarf die weithin bekannte und 1996 fertiggestellte elliptische Chiesa di San Giovanni Battista (Kirche des hl. Johannes des Täufers).

Bis ins 18. Jahrhundert war der kleine Ort Mogno ganzjährig bewohnt. Seitdem dient die Siedlung als Maisäss, als nur in den Sommermonaten bewohnter Weiler. Die Umgebung wird landwirtschaftlich genutzt. Durch den in den letzten Jahren auch durch den Neubau der Kirche zunehmenden Tourismus kam es zur Sanierung einiger Häuser, die teilweise wieder ganzjährig bewohnt werden.

Bottas Entwurf für eine neue Kirche fand nicht nur Zustimmung. Gegen die Baupläne wurde sogar eine Unterschriftensammlung gestartet. Heute ist die etwa 15 Personen Platz bietende Kirche ein Wahrzeichen des Ortes und zieht zahlreiche interessierte Besucher an. Marmor aus Valle di Peccia und Gneis aus dem Valle Maggia fanden als Baumaterial Verwendung. Altar und Taufstein wurden aus Cristallina-Marmor gefertigt.

Kreise, Rechtecke, Quader und Zylinder prägen zusammen mit geraden Linien und ebenmäßigen Böden die Architektur dieses modernen Gotteshauses. Das Äußere der kleinen Kirche hat die Form eines schräg abgeschnittenen Zylinders. Ein Glasdach erhellt den fensterlosen Innenraum. Bei entsprechender Sonneneinstrahlung entstehen herrliche Lichtreflexe. Das die Sinne trübende Schachbrettmuster gibt dem Altarraum sein besonderes Gepräge. Hinter dem Altar befindet sich eine rundbogige, abgestufte Durchgangsnische, durch die man die Sakristei betritt. Diese bleibt von außen unsichtbar, da sie aufgrund der Hanglage unterirdisch erbaut werden musste. Unter einem kleinen treppenförmigen Aquädukt verbirgt sich der Zugang zur Kirche. Über diese »Wassertreppe« fließt Regen- und Schmelzwasser vom Dach ab. Im Inneren setzt

sich diese Treppe als bogenförmige »Himmelsleiter« direkt unter dem Glasdach fort. Sehr auffallend ist das die Kirche sowohl innen als auch außen bestimmende hell-dunkle Streifenmuster, das durch die Verkleidung der Betonwände mit weißem Marmor und grauem Gneis entstand. Im Fußboden des Gotteshauses sind die Namen der Spender zu lesen.

> **i**
> CH-6696 Fusio (TI), Ortsteil Mogno
> Tel.: +41(0)91/9133232 (Tourist-Information Lugano)
> Internet: www.myswitzerland.com/de/erlebnisse/ausfluege/kloster-kirchen/die-bergkirche-von-mario-botta.html

Außenansicht

Maria Königin des Friedens in Neviges – Moderne Hülle für ein altes Gnadenbild

Zwischen Essen und Wuppertal liegt im Bergischen Land der Marienwallfahrtsort Neviges, heute ein Stadtteil von Velbert. In der Reformationszeit trat die Bevölkerung zum reformierten Bekenntnis über. Johann Sigismund von Bernsau, der auch über Neviges herrschte, konvertierte aber zur katholischen Kirche. Seine Witwe holte Mönche des Franziskanerordens nach Neviges.

Das ganze Jahr über ist Neviges eine vielbesuchte Wallfahrtsstätte. Die Franziskaner, die seit 1676 die Seelsorge an der Pfarrkirche in Neviges ausübten, brachten aus ihrem Kloster in Dorsten ein kleines Marienbild mit. Der unscheinbare Kupferstich des 17. Jahrhunderts zeigt die Jungfrau Maria im Strahlenkranz als unbefleckt Empfangene über der Mondsichel. Unter den Füßen der Gottesmutter ist die von ihr zertretene Schlange zu sehen. Maria erschien dem Franziskaner Antonius Schirley und forderte den Ordensbruder auf: »Bring mich nach dem Hardenberg, da will ich verehret sein!« Diese Erscheinung und eine Krankenheilung begründeten die Wallfahrt.

Der Paderborner Fürstbischof Ferdinand von Fürstenberg (1661–1683) förderte die sich herausbildende Wallfahrt, da er selbst aus Dank für seine Genesung 1681 nach Neviges pilgerte. Kurfürst Johann Wilhelm von der Pfalz (1679–1716) stiftete 1682 einen Altar für das Andachtsbild, seine Ehefrau Anna Maria von Österreich fügte eine vergoldete Tragemonstranz hinzu, mit der das Gnadenbild bei Prozessionen mitgeführt werden konnte.

Mariensäule

Rasch wuchs die Zahl der Pilger, als der Generalvikar des Kölner Erzbischofs die Wallfahrt 1688 offiziell genehmigte. Vor dem Ersten Weltkrieg zählte man 100.000 Wallfahrer jährlich. In Krisenzeiten blühte die Wallfahrt förmlich auf. So kamen 1935 340.000 Pilger. Der Neubau einer Kirche, die den Wallfahrern ausreichend Platz bot, wurde jedoch immer wieder verschoben.

Schließlich gab der Kölner Erzbischof Joseph Kardinal Frings (1887–1969) den Anstoß zu einem Architekturwettbewerb, den Gottfried Böhm (* 1920) gewann. Das Äußere der von 1966 bis 1968 errichteten Kirche wird durch das Dach geprägt. Mehrere unregelmäßige Flächen laufen auf Spitzen zu. So erscheint die Kirche wie ein riesiges

Zelt, Symbol für das durch die Zeiten wandernde Gottesvolk, das seine Zelte immer wieder abbrechen und neu aufschlagen muss.

Über einen breiten, zum Teil über Stufen ansteigenden Pilgerweg erreicht man die Kirche. So wird die Kirche zur »Stadt Gottes auf dem Berge«. Wie eine Monumentalplastik türmt sich der mächtige Stahlbetonbau auf. Seine kubischen und asymmetrischen, felsartig zerklüfteten Formen geben dem Gotteshaus ein expressionistisches Aussehen. Im Zentrum der mehr als 6.000 Menschen fassenden Kirche steht der nur durch eine Stufe erhöhte Altar, um den sich die Gemeinde versammelt. Grauer Beton ist der dominierende Baustoff auch im Innenraum, der jedoch durch das Farbspiel der Fenster übermalt wird.

Das kleine Gnadenbild befindet sich heute in der 1971 geschaffenen Mariensäule. Hinter der gewaltigen Kanzel ragt der Lebensbaum auf, der auf Christus zuwächst. Als Beichtraum dient die stimmungsvolle Krypta. Elmar Hillebrand schuf neben der Mariensäule auch die sieben Meter hohe Sakramentsstele.

i

Löher Straße, 42553 Velbert
Tel.: 02053/931850 (Kath. Pfarramt), 02053/9318-0 (Franziskanerkloster)
Internet: www.mariendom.de, www.neviges.de

Gnadenbild

Volkenroda – Expo-Pavillon in altem Kloster

Auf der Expo 2000 in Hannover überraschten Evangelische und Katholische Kirche mit einem Gemeinschaftsprojekt. Auf dem Ausstellungsgelände ließen sie einen temporären Sakralbau errichten. Der bekannte Architekt Meinhard von Gerkan (* 1935) entwarf eine Stahl-Glas-Konstruktion, den sogenannten Christus-Pavillon. Vorgesehen war eine anschließende Dauernutzung in der sanierten und neu belebten Klosteranlage in dem thüringischen Dorf Volkenroda bei Mühlhausen. Dort bildet der im Sommer 2001 wiedererrichtete Christus-Pavillon, integriert in das wiederaufgebaute Kloster, den südlichen Abschluss der historischen Kirche.

Ein Innenhof ist dem würfelförmigen Christus-Pavillon vorgelagert. Ein rechteckiger Kreuzgang umschließt die Anlage. Neun Zugänge führen in den Innenraum des Pavillons. Glas, Stahl und Marmor sind die einzigen Baumaterialien. Der Pavillon hat eine Grundfläche von 24 x 24 Metern und eine Höhe von 17 Metern. Neun kreuzförmige Stahlstützen tragen das Dach. Von den schlanken Säulen wird der Blick des Besuchers förmlich nach oben gezogen. Durch Isolierglas fällt Licht. Die Säulen werden durch den Lichteinfall betont und erinnern so ein wenig an die Säulen großer gotischer Kirchen. Hingegen zeigen die drei hohen Eingangsportale an der Innenhofseite Bezüge zur romanischen Architektur.

Christus-Pavillon

Klosterkirche

Neubau der Konventsgebäude

Aus dünnen Platten griechischen Marmors bestehen die hellen Wände des Innenraums. Andreas Felger entwarf das Holzkreuz. Raue Formen und eingekerbte Wundmale erinnern an Christi Leiden, die goldene Platte hinter dem Kreuz an seine Auferstehung. Leer blieben die Wände. Damit wird die Tradition der Zisterzienser neu aufgenommen, die 1131 nach Volkenroda kamen.

Bereits im frühen Mittelalter stand in Volkenroda eine Burg, die 1074 zerstört wurde. Im Jahr 1128 erhielt Gräfin Helinburgis das Gelände, um hier ein Kloster zu gründen. Sie berief Mönche aus dem im guten Ruf stehenden Kloster Altenkamp am Niederrhein nach Volkenroda und gründete hier das vierte Zisterzienserkloster auf deutschem Boden.

Von der mittelalterlichen Klosterkirche blieben nur Querschiff, Chorraum und Vierung erhalten. Im Bauernkrieg des Jahres 1525 hielt Thomas Müntzer (um 1489–1525) in Mühlhausen aufrührerische Reden gegen Klerus und Klöster. Die Bauern stürmten auch Kloster Volkenroda, zerstörten und plünderten. Unverzüglich wurde das Kloster wiedereingerichtet, doch die Reformation brachte 1540 die Auflösung des Konvents. Im Dreißigjährigen Krieg erlitt das Kloster weitere Schäden, und in der Folgezeit verfiel die Anlage zusehends.

Die 1968 wegen Baufälligkeit geschlossene Kirche konnte erst nach der politischen Wende wiederhergestellt werden. Im Inneren beeindruckt die Weite der Vierung und vermittelt einen Eindruck von der ursprünglichen Größe der Klosterkirche. Der Verzicht auf Einwölbung und figürlichen Schmuck steigert die Monumentalität des Bauwerks. Zu den Ausstattungsstücken gehören eine bei Ausgrabungen geborgene Grabplatte aus dem Jahr 1295, eine 1525 gegossene Bronzeglocke im Dachreiter und ein stark beschädigtes spätmittelalterliches Kruzifix mit Korpus (um 1480/1500). In der linken Seitenapsis steht eine kleine Marienstatue, deren Herkunft ungeklärt ist. Vermutlich stammt auch dieses Kunstwerk aus dem späten Mittelalter, worauf Gestalt und Faltenwurf hindeuten. Bemalung und Veränderungen in der Krone hingegen legen eine Überarbeitung im 19. Jahrhundert nahe.

i

Amtshof 3, 99998 Körner-Volkenroda
Tel.: 036025/5590 (Kloster)
Internet: www.volkenroda.de

Marienstatue aus der Klosterkirche

Schlussstein aus dem Kreuzgang

Register

Aachen, Dom 80
Ahrenshoop, Schifferkirche 354
Altenberg, Dom 84
Altötting, Wallfahrtskirche 294
Augsburg, Dom Unserer Lieben Frau 58
Augsburg, St. Ulrich und Afra 60

Bad Doberan, Münster 88
Bamberg, St. Michael 168
Bamberg, Dom St. Peter und Georg 122
Bärnbach, St. Barbara 402
Basel, Münster 126
Bautzen, Dom St. Petri 324
Berlin, Kaiser-Wilhelm-Gedächtniskirche 406
Berlin, Dom 130
Bern, Münster 8
Birnau, Klosterkirche St. Maria 214
Brannenburg, Wendelsteinkircherl 12
Bremen, Dom St. Petri 134

Chorin, Kloster Chorin 218
Clausthal-Zellerfeld, Marktkirche 358

Darmstadt, Russische Kirche St. Maria Magdalena 256
Dresden, Frauenkirche 92

Einsiedeln, Kloster Einsiedeln 222
Erfurt, Dom St. Marien 16
Erfurt, St. Severi 19
Essen, Münster St. Maria, Cosmas und Damian 138
Ettal, Kloster Ettal 226

Freiberg, Dom St. Marien 96
Freiburg, Münster Unserer Lieben Frau 20
Fulda, Dom St. Salvator und Bonifatius 298
Fulda, St. Michael 328

Gernrode, Stiftskirche St. Cyriakus 62
Gifhorn, Russische Kirche im Mühlenmuseum 362
Görlitz, Heiliges Grab 172
Greifswald, Klosterruine Eldena 260

Hahnenklee, Stabkirche 366
Halberstadt, Dom St. Stephanus und Domschatz 100
Halberstadt, Liebfrauenkirche 100
Hamburg, St. Michaelis 24
Heiligenkreuz, Zisterzienserabtei 230
Helfta, Kloster St. Marien 234
Hildesheim, Dom St. Mariä Himmelfahrt 176
Hildesheim, St. Michael 176

Kevelaer, Gnadenkapelle 302
Köln, Dom St. Peter und Maria 28
Königssee, Wallfahrtskapelle St. Bartholomä 264

Landshut, St. Martin 32
Leipzig, Universitätskirche St. Pauli 410
Leipzig, Neue Propsteikirche St. Trinitatis 412
Leipzig, Nikolaikirche 332
Leipzig, Thomaskirche 380
Linz, Mariä-Empfängnis-Dom 36

Locarno/Orselina, Madonna del Sasso 306
Lübeck, Dom 40
Lübeck, St. Marien 42
Luzern, Hofkirche St. Leodegar 384

Magdeburg, Dom 104
Mainz, Dom 142
Marburg, Elisabethkirche 108
Maria Laach, Benediktinerabtei 238
Mariazell, Wallfahrtskirche Mariae Geburt 310
Maulbronn, Kloster 242
Mechernich, Bruder-Klaus-Kapelle 414
Meißen, Dom St. Johannes und Donatus 146
Melk, Benediktinerstift 268
Mogno, Chiesa di San Giovanni Battista 418
München, Asamkirche St. Johann Nepomuk 112
München, Dom Unserer Lieben Frau 150
Münster, Lambertikirche 336

Naumburg, Dom St. Peter und Paul 116
Neviges, Wallfahrtskirche Maria Königin des Friedens 420
Niederaltaich, Benediktinerabtei St. Mauritius 180
Nürnberg, Lorenzkirche 184

Ostritz, Kloster St. Marienthal 246

Passau, Dom St. Stephan 388
Potsdam, Friedenskirche 188
Quedlinburg, Stiftskirche St. Servatius, 272

Ralswiek, Holzkapelle 370
Regensburg, Dom St. Peter 154
Reichenau, Klosterinsel 276
Riva San Vitale, Baptisterium 66
Rohrmoos, Kapelle St. Anna 374
Rostock, Weidendom 192
Rötha, St. Georgen 392
Rötha, St. Marien 392

Salzburg, Dom 158
Schwangau, Kirche St. Coloman 280
Sion, Stiftskirche Notre-Dame-de-Valère 396
Speyer, Kaiserdom 44
St. Gallen, Kloster 250
Steingaden, Wieskirche 314
Steinhausen, Wallfahrtskirche St. Peter und Paul 318
Stralsund, St. Nikolai 196
Suurhusen, Dorfkirche 48

Trier, Dom St. Peter 70
Trier, Konstantinsbasilika 72
Trier, St. Matthias 200

Ulm, Münster 52
Vitt, Kapelle 284
Volkenroda, Christus-Pavillon 424
Waase (Ummanz), Dorfkirche 204
Weltenburg, Kloster Weltenburg 288
Wessobrunn, Benediktinerabtei 340
Wien, Stephansdom 162
Wittenberg, Stadtkirche St. Marien 344
Wittenberg, Schlosskirche 344
Wittenberg Lutherhaus 347
Wittenberg Melanchthonhaus 347
Xanten Dom St. Victor 74

Zittau, Kirche zum Heiligen Kreuz mit dem Großen Zittauer Fastentuch 208
Zürich, Großmünster 348

Abbildungsnachweis

6: © Jörg Hackemann/shutterstock; 8: © Andreasdz/Wikipedia; 9: © Erich Westendarp/pixelio; 10: © Ben Burger/fotolia; 11 o, 128 u, 161 r u, 227, 228, 229 u: © Taxiarchos228/Wikipedia; 11 u, 317 u: © Waldteufel/fotolia; 12: © sigrid rossmann/pixelio; 13: © Simon Koopmann/Wikipedia; 14: © picture-alliance/Peter Kneffel; 15 l: © 360b/fotolia; 15 r, 90: © etfoto/fotolia; 16, 19 o, 117, 119 u, 124, 170: © Frank/fotolia; 17: © El Gaucho/fotolia; 18, 49, 106: © picture-alliance/dpa; 19 u: © twoandonebuilding/fotolia; 20: © reises/fotolia; 21, 22, 58, 85, 87, 108, 113, 115 r, 139, 235, 251, 252, 253 o, 277, 279 u, 314, 407: © Kunstverlag Josef Fink, Lindenberg/Allgäu; 23 o: © Stefan Merkle/fotolia; 23 u: © Andrea-L./pixelio; 24: © Ajepbah/Wikipedia; 25: © roe007/fotolia; 26, 105: © picture alliance/Bildarchiv Monheim; 27 o: © Biker/fotolia; 27 u: © Arnim Schulz/fotolia; 28: © Templermeister/pixelio; 29: © Michael Kügler/fotolia; 30 l: © wasenmeister/fotolia; 30 r: © Adam Molata/Wikipedia; 31 o: © bilderstoeckchen/fotolia; 31 u: © manza49/fotolia; 32, 34, 35 l: © Demidow/Wikipedia; 33, 156 l, 157 r: © Otto Durst/fotolia; 35 r o: © High Contrast/Wikipedia; 35 r u: © Jumo/fotolia; 36: © Wolfgang Sauber/Wikipedia; 37: © Alois/fotolia; 38: © Dein Freund der Baum/Wikipedia; 39 o, 141 o, 141 u: © Gryffindor/Wikipedia; 39 u: © DerHHO/Wikipedia; 40: © Thorsten Wiechmann/fotolia; 41: © herb/fotolia; 42, 43 o: © Lotharingia/fotolia; 43 u: © Xiongmao/fotolia; 44, 145 u: © World travel images/fotolia; 45: © footomasch/fotolia; 46: © richirik/fotolia; 47 o, 125 o, 125 u, 201, 202, 203 o: © Berthold Werner/Wikipedia; 47 u: © Nailia Schwarz/fotolia; 48: © Matthias Süßen/Wikipedia; 50: © mad-max/pixelio; 51 o: © Matthias Mittenentzwei/fotolia; 51 u, 298, 328, 359: © Udo Kruse/fotolia; 52: © Günter Förg/pixelio; 53: © foroping/fotolia; 54: © weha/fotolia; 55 l: © Joachim Köhler/Wikipedia; 55 r o: © picture-alliance/akg-images/Erich Lessing; 55 r u: © JWS/fotolia; 56: © Pecold/shutterstock; 59: © Johannes Böckh/Wikipedia; 60, 61 u, 297 u, 335 u: © Rolandst/fotolia; 61 o: © Karl Weidenbacher/pixelio; 62, 424–427: © Dirk Klingner; 63, 101, 275 o, 393: © picture alliance/akg-images; 64, 261: © sailer/fotolia; 65 l, 65 r o: © RomkeHoekstra/Wikipedia; 65 r u: © Karina Baumgart/fotolia; 66: © Peter Berger/Wikipedia; 67, 69, 250, 348: © Adrian Michael/Wikipedia; 68: © picture-alliance/DUMONT Bildarchiv; 70: © idea e. V. Evangelische Nachrichtenagentur; 71: © Kawa/fotolia; 72: © Petair/fotolia; 73 o: © Marco Birn/fotolia; 73 u: © Karin Wabro/fotolia; 74: © Harald07/fotolia; 75, 76, 77 o: © Beckstet/Wikipedia; 77 u, 86, 422: © Thomas Max Müller/pixelio; 78: © S Hagebusch/fotolia; 80, 82: © davis/fotolia; 81: © ann triling/fotolia; 83 l: © Sonstwer/Wikipedia; 83 r: © maartenhoek/fotolia; 83 u: © Stefan Sieg/fotolia; 84: © Boris Franz/fotolia; 88: © altix5/fotolia; 89: © Dirk Schoenau/shutterstock; 91 o: © Jule Berlin/shutterstock; 91 u: © Rico K./fotolia; 92: © mias/fotolia; 93: © Michael Schlenstedt/fotolia; 94: © Klaus Bueth/fotolia; 95 o: © clearlens/shutterstock; 95 u: © digi_dresden/fotolia; 96, 98 r: © Fotoginseng/fotolia; 97, 102, 373, 383 o: © picture-alliance/ZB; 98 l: © Frederico di Campo/fotolia; 99 o: © C. Cossa/Wikipedia; 99 u: © picture-alliance/akg-images/Schuetze/Rodemann; 100, 103 u, 104, 107 o, 107 u: © Uwe Graf/fotolia; 103 o, 196, 371: © Henry Czauderna/fotolia; 109, 111, 324: © Thomas Becker/fotolia; 110: © Bwag/Wikipedia; 112: © lagom/fotolia; 114: © Jenifoto/fotolia; 115 l: © N.Schmitz/pixelio; 116: © Petropoxy/Wikipedia; 118: © picture-alliance/akg-images/Hilbich; 119 o: © Linsengericht/Wikipedia; 120: © Christian Draghici/shutterstock; 122: © Reinhard Kirchner/Wikipedia; 123: © Kautz15/fotolia; 126: © Franz K./pixelio; 127: © lucazzitto/fotolia; 128 o: © Taxiarchos228 aka Wladyslaw/Wikipedia; 129 o: © The Yorck Project/Wikipedia; 129 u: © Wladyslaw/Wikipedia; 130: © Sergey Kohl/fotolia; 131: © karnizz/fotolia; 132: © Xtravagan/fotolia; 133 o: © Alexi TAUZIN/fotolia; 133 u: © Bernd Kröger/fotolia; 134: © Sven Klingner; 135, 355: © BildPix/fotolia; 136: © AK-Photo Hannover/Fotolia; 137 l, 137 r o: © Jürgen Howaldt/Wikipedia; 137 u, 169, 171 o, 176, 179 o, 179 u: © Barbara Klingner; 138: © Martin Engelbrecht/Wikipedia; 140: © Hic et nunc/Wikipedia; 142: © WernerHilpert/fotolia; 143: © picture alliance/united archives; 144: © Josef Becker/fotolia; 145 o: © leiana/fotolia;

6: © Kolossos/Wikipedia; 147: © digi-dresden/fotolia; 148: © Oslm/Wikipedia; 149 o: © ALCE/fotolia; 49 u: © Ralf Gosch/fotolia; 150: © Stuelpner/pixelio; 151, 158: © Gary/fotolia; 152, 154 r u: © Goran Bogicevic/fotolia; 153 o: © Arnd Drifte/fotolia; 153 l u: © schweitzer-degen/fotolia; 154: © m.schuckart/fotolia; 155, 199 o: © picture alliance/Bildagentur Huber; 156 r: © picture-alliance/dpa/dpaweb; 157 l: © Stefan Hölzl/fotolia; 159: © anyaivanova/fotolia; 160: © Vladislav Gajic/fotolia; 161 o: © Gina Sanders/fotolia; 161 l u: © Dorotheum/Wikipedia; 162, 165 u: © Vaclav Zilvar/fotolia; 163: © Hartmut910/pixelio; 164 o: © Tupungato/fotolia; 164 u, 185: © picture-alliance/Daniel Karmann; 165 o: © Spectral-Design/fotolia; 166, 191 u: © Wolfgang Staudt/Wikipedia; 168, 173, 175 o, 175 u, 214, 234, 339 o, 342 u, 389: © Andreas Praefcke/Wikipedia; 171 u: © Jan Schuler/fotolia; 172: © unknown/Wikipedia; 174 o, 174 u, 325, 327 u, 420, 421, 423 o: © Frank Vincentz/Wikipedia; 177, 332: © HIRO/fotolia; 178: © Birgit-Winter/pixelio; 180: © High Contrast/Wikipedia; 181: © Aconcagua/Wikipedia; 182, 183 u: © Benediktinerabtei Niederaltaich; 183 o: © Th. Schmidt/pixelio; 184: © DeVIce/fotolia; 186: © melanieplusdaniel/fotolia; 187 o: © picture-alliance/Presse-Bild-Poss; 187 u, 387 u: © MatthiasKabel/Wikipedia; 188: © Increa/fotolia; 189: © gary718/shutterstock; 190: © www.Rudis-Fotoseite.de/pixelio; 191 o, 204, 205, 206, 207 u: © Karl-Heinz Meurer/Wikipedia; 192–195: © Freundeskreis Weidendom e. V.; 197: © picture alliance/Arco Images GmbH; 198: © Lotti886/fotolia; 199 l u, 354: © Klugschnacker/fotolia; 199 r u: © Carl-Ernst Stahnke/pixelio; 200: © Workshop of Simone Martini/Wikipedia; 203 u: © Szilas; 207 o: © Marie-Lan Nguyen/Wikipedia; 208, 392, 394, 395 o, 395 u: © Jwaller/Wikipedia; 209–211: Abegg-Stiftung Riggisberg, Christoph von Virág, © Städtische Museen Zittau; 212, 231–233: © www.stift-heiligenkreuz.at; 215, 216: © mpgphoto/fotolia; 217 o: © Rotatebot/Wikipedia; 217 u, 278, 285, 286, 287 o, 287 u: © Gerhard Giebener/pixelio; 218, 220: © nicky39/fotolia; 219: © makuba/fotolia; 221 o: © FrankyG/fotolia; 221 u: © Waltraud Seitz/pixelio; 222: © lorri/fotolia; 223: © picture-alliance/Imagno; 224: © Rainer Wolf/fotolia; 225 o: © Martin Lehptkay/fotolia; 225 u: © T.M.O.F./Wikipedia; 226: © Achim Lückemeyer/pixelio; 229 o, 292: © Christa Eder/fotolia; 230: © photo 5000/fotolia; 236: © Thomas Guffler/Wikipedia; 237: © Bildungs- und Exerzitienhaus Kloster Helfta gGmbH; 238: © Holger Weinandt/Wikipedia; 239: © Pixelwolf2/fotolia; 240: © DKrieger/Wikipedia; 241 o: © smarti/fotolia; 241 u: © gonniwell/fotolia; 242, 244, 245 r: © Echino/pixelio; 243: © focus finder/fotolia; 245 l: © Rainer Brückner/pixelio; 246: © fotografci/fotolia; 247: © Buesi/fotolia; 248: © detlef menzel/fotolia; 249 o: © Frank-Peter Funke/fotolia; 249 u: © Christian Suhrbier/fotolia; 253 u: © Sven Krause/fotolia; 254: © Marco Tesch/Wikipedia; 256: © Mrlopez2681/Wikipedia; 257: © picture alliance/Friedel Gierth; 258: © Makrodepecher/pixelio; 259: © ReSeandra/fotolia; 260: © Marco Barnebeck/pixelio; 262: © Botaurus/Wikipedia; 263 o: © C.Löser/Wikipedia; 263 u: © 1970gemini/Wikipedia; 264: © Geolina163/Wikipedia; 265: © sehlavie/fotolia; 266: © AndreasEdelmann/fotolia; 267 o: © BotMultichill/Wikipedia; 267 u: © inka schmidt/fotolia; 268: © Karel Gallas/shutterstock; 269: © Reinhard Marscha/fotolia; 270: © EXTREMFOTOS/fotolia; 271 o, 271 u: © Karl-Heinz Laube/pixelio; 272: © Detlev Beutler/pixelio; 273: © Fotolyse/fotolia; 274: © Tatjana Balzer/fotolia; 275 u: Fingalo Christian Bickel/Wikipedia; 276: © Barbara Großmann/pixelio; 279 o: © Albrecht E. Arnold/pixelio; 280: © Wolkenkratzer/Wikipedia; 281: © Mny-Jhee/fotolia; 282: © BESTWEB/shutterstock; 283 o: © Hubert Berberich/Wikipedia; 283 u: © LianeM/fotolia; 284: © Unukorno/Wikipedia; 288: © Christian Bürger/pixelio; 289: © vieraugen/fotolia; 290, 388: © Bergfee/fotolia; 291 o: © Thomas Morshäuser/fotolia; 291 u: © wl.steinacker/pixelio; 315, 316, 345: © AndreasJ/fotolia; 295: © S. Finner/Wikipedia; 296: © Jo Graetz/fotolia; 297 o: © Julius Kramer/fotolia; 299: © Himmelstürmer/fotolia; 300: © Circumnavigation/fotolia; 301 o: © vom/fotolia; 301 u, 331 u: © Sven Teschke/Wikipedia; 302, 305 o, 312: © ErnstPieber/fotolia; 303: © Th. Blenkers/pixelio; 304, 305 u: © Anne Bermüller/pixelio; 307: © Magica/fotolia; 308: © Bruno BEHIER/fotolia; 309 o: © Elvezio/Wikipedia; 309 u: © Mike Lehmann/Wikipedia; 310, 311, 313 o, 313 u: © Renáta Sedmáková/fotolia; 317 o: © Kurt F. Domnik/pixelio; 318, 319, 321: © Patrick Poendl/fotolia; 320: © Jürgen Remmer/fotolia; 322: © elxeneize/shutterstock; 326, 327 o: © Peter

Bohot/pixelio; 329: © Flexmedia/fotolia; 330: © St. Sorek/pixelio; 331 o: © Petrus Silesius; 333: © die haugk/pixelio; 334: © Uwe Steinrich/pixelio; 335 o: © Ellie Nator/fotolia; 336: © Carschten/Wikipedi 337: © H-J Spengemann/pixelio; 338 l: © JWBE/Wikipedia; 338 r: © laguna35/fotolia; 339 u: © Martina Berg/fotolia; 340, 384, 385, 386, 396: © Magnus Manske/Wikipedia; 341: © Juerschick/Wikipedia; 342 o: © juergen2008/fotolia; 343: © Nutzer2206/Wikipedia; 344, 347 u: © ArTo/fotolia; 346: © Tobias Richter/fotolia; 347 o: © Biggi/pixelio; 349: © thomas.andri/fotolia; 350: © Sigmund Widmer/Wikipedia; 351 o: © Roland zh/Wikipedia; 351 u: © roland zh/Wikipedia; 352: © steveurbanczyk/fotolia; 356: © Schiwago/fotolia; 357 o, 357 u: © Cmcmcm1/Wikipedia; 358: © Skram/Wikipedia; 360: © Jan Stubenitzky/Wikipedia; 361 o, 369 o: © Ub12vow/Wikipedia; 361 u: © Rabanus Flavus/Wikipedia; 362, 363, 365 u: © christian-colista/fotolia; 364: © Frank Radel/pixelio; 365 o: picture alliance/Bildagentur-online/Falkenstein; 366 © Jan-Dirk/fotolia; 367: © claudia hake/fotolia; 368: © gmsfotos/fotolia; 369 u: © Misburg3014/Wikipedia; 370: © Lapplaender/Wikipedia; 372: © Michael Eichhorn/fotolia; 374: © Manfred Pudell/Wikipedia; 375: © Franzfoto/Wikipedia; 376: © Campomalo/pixelio; 377 o, 377 u: © Alexander Hauk_bayern-nachrichten.de/pixelio; 378: © Intrepix/shutterstock; 380: © Joachim Opelka/fotolia; 381: © Harald Lange/fotolia; 382: © Morn/Wikipedia; 383 u: © Henner Damke/fotolia; 387 o: © emicristea/fotolia; 390: © Bildpixel/pixelio; 391 o: © Tobi 87/Wikipedia; 391 u: © Allie_Caulfield/Wikipedia; 397: © Bolliger Hanspeter/pixelio: 398: © Julian Mendez/Wikipedia; 399 o: © Berra39/Wikipedia; 399 u: © Odrade123/Wikipedia; 400: © Kaspars Grinvalds/shutterstock; 402, 404 o: © Allegria/Wikipedia; 403: © picture alliance/Schütze/Rodemann/www.bildarch; 404 u: © picture alliance/Karl Schöndorfer/picturedesk.com; 405 o: © Michael Lorenzet/pixelio; 405 u: © Karl Gruber/Wikipedia; 406: © Jan Kranendonk/fotolia; 408: © rolandrossner/fotolia; 409 o: © Karsten Thiele/fotolia; 409 u: © paul prescott/fotolia; 410, 411: © Kai Michael Neuhold/fotolia; 412, 413: © Propstei Leipzig; 414: © Clearwaterfish/Wikipedia; 415: © Thomas von Arx/Wikipedia; 416: © Herbert Esser/fotolia; 417: © Till Niermann/Wikipedia; 419 u: © Robert Babiak/pixelio; 419 o: © Mihai-Bogdan Lazar/fotolia; 423 u: © Velopilger/Wikipedia